www.lenos.ch

Sumaya Farhat-Naser

Disteln im Weinberg

Tagebuch aus Palästina

Herausgegeben von
Chudi Bürgi, Martin Heule und Regula Renschler

Mit einem Essay von
Ernest Goldberger

Lenos Verlag

Die arabischen Namen wurden – soweit möglich – in ihrer Schreibweise der deutschen Aussprache angenähert. Zur Erleichterung der Aussprache wurden betonte lange Silben mit einem Zirkumflex (^) versehen.

Satz und Gestaltung: Lenos Verlag, Basel
Umschlag: Anne Hoffmann Graphic Design, Basel
Foto Umschlag: Christoph Minutillo
Printed in Germany
ISBN 978 3 85787 386 7

Im Gleichnis vom Weinberg erzählt der Prophet Jesaja, dass sein geliebter Freund einen Weinberg mit edlen Reben anlegte. Sie brachten aber nur schlechte Trauben hervor. Deshalb beschloss er, ihn verwüsten zu lassen, »Disteln und Dornen sollten darauf wachsen« (Jesaja 5,6).

Diese Geschichte gab dem vorliegenden Buch seinen Titel. Gott, der Weinbergbesitzer, liebt seine Menschen – die Reben. Er schenkt ihnen Leben, Nahrung und Pflege und erhofft sich von ihnen Menschlichkeit und Gerechtigkeit. Die Menschen aber gehen den falschen Weg. Er zürnt ihnen und richtet: Dem Weinberg droht das Verderben. Es herrscht Unmenschlichkeit und Rechtsbruch.

Disteln sind hartnäckig, schwer auszurotten und kehren immer wieder. Sie werden gefürchtet, weil sie Schmerz zufügen, und zugleich bewundert, weil sie sich durchsetzen, ausdauernd sind und prächtige Blüten treiben. Sie sind wehrhaft und bieten Schutz.

Wie die Disteln, wie die Olivenbäume, wie der Thymian und die Steine gehören auch die Weinreben zu unserem Leben. Wie die Olivenbäume sind die Reben tief verwurzelt und weit verzweigt. In ihrem Schatten fühlen wir uns geborgen, wir lieben und besingen sie. Die Reben sind grosszügig und duften wie gutes Leben. Sie verkünden Gelassenheit und Lebensmut – zum Schaffen und Hoffen.

Sumaya Farhat-Naser

Vorwort

Als wir Sumaya Farhat-Naser im Frühling 2006 als Konzept für ihr drittes Buch ein Tagebuch zu schreiben vorschlugen, wussten wir nicht, ob dieser Vorschlag ihre Zustimmung finden würde. Sie hat sich darauf eingelassen, obwohl ihr Leben nicht vorgegebenen Strukturen folgt; alles hängt von unvorhersehbaren politischen Gegebenheiten ab, und diese können sich von einem Tag auf den andern, von einer Stunde auf die andere, verändern. Gegebenheiten, Ereignisse, Vorkommnisse, die stets auch einen gefährlichen Verlauf nehmen können. So beschreibt Sumaya Farhat-Naser zum Beispiel am 22. Dezember 2006, wie Weihnachtseinkäufe wegen eines Gewaltausbruchs in den Strassen von Ramallah abgebrochen werden müssen. Gefahr droht ihr jedes Mal, wenn es an Checkpoints zu Auseinandersetzungen kommt. So verwundert es nicht, dass in Sumaya Farhat-Nasers Tagebuch von neun Monaten, von Mitte Juni 2006 bis Mitte März 2007, ein zermürbender Alltag beschrieben wird, der von immer wiederkehrender Angst und Beklemmung zeugt, hervorgerufen durch die Gewalt der Besatzung mit ihren mannigfachen Folgen. Dennoch ist der Alltag der Autorin auch ein Alltag: Sie kocht, kauft ein, betreut ihre alte Mutter, kümmert sich um ihre weit verzweigte Familie und um ihren Garten mit dem Olivenhain; sie kommt ihren Verpflichtungen an ihrer Schule nach, treibt ihre Friedensarbeit mit palästinensischen Frauen und Mädchen voran, reist ins Ausland, hält Vorträge. Ein Alltag, der viel

Kraft kostet. Doch Sumaya Farhat-Naser hat ihre ganz eigene Regeneration: In der Natur, im Garten, mit ihrer Familie erholt und ermutigt sie sich. Und vielleicht auch in den Analysen und Reflexionen über ihre Situation und die Situation ihres Landes.

Wie ein farbig gewebter Teppich breitet sich vor den Leserinnen und Lesern ein Leben in Palästina aus, ein im Vergleich mit den meisten ihrer Landsleute privilegiertes Leben, aber auch ein stets gefährdetes Leben. Dieses Tagebuch ist einzigartig und kann zum Verständnis einer für uns kaum vorstellbaren Realität beitragen.

Die Autorin lebt mit ihrem Mann in Birseit, wenige Kilometer von Ramallah entfernt, im Westjordanland. Deshalb wird Gasa, wo seit Mai 2007 die Hamâs das Sagen hat, während im Westjordanland die Fatach regiert, in ihrem Tagebuch nur am Rand erwähnt; sie kann nicht dorthin reisen, es gibt keine Kontakte, keine Verbindungen zwischen den beiden Regionen. Gasa findet im Westjordanland, wie bei uns, in den Medien statt.

Auch andere Kontakte gibt es nicht mehr. Im Unterschied zu ihrem zweiten Buch kann die Autorin in diesem Tagebuch nicht von der gemeinsamen Friedensarbeit mit den israelischen Friedensfrauen berichten, die israelischen Behörden haben diese wertvollen und spannenden Aktivitäten verunmöglicht. Nur unter grossen Schwierigkeiten gelingt einmal ein Treffen, es wird ein Freudenfest für beide Seiten. Sumaya Farhat-Naser ist eine Friedensfrau, sie verbietet sich jeden Hass und sie kommt in ihren Analysen letztlich auf dieselben Schlussfolgerungen wie Ernest Goldberger, der in seinem Essay schreibt:

»Der Nahostkonflikt ist nur mehr lösbar auf der Grundlage von Vernunft, Realitätssinn und Hochhaltung der universalen Menschenrechte für alle als oberstes Prinzip.«

Ernest Goldberger lebt in Tel Aviv, in einer anderen Realität. Seit vielen Jahren beobachtet und analysiert der Basler Sozialwissenschafter, der 1991 nach Israel auswanderte, die Geschichte Israels und die Politik der israelischen Regierungen und ihre Folgen für Israelis und Palästinenser. In seinem Essay unter dem Titel »Israels Verantwortung« zeigt er auf, was wider Vernunft und Realitätssinn geschah und geschieht, wie Menschenrechte verletzt werden und warum der Nahostkonflikt scheinbar unlösbar geworden ist. Der Essay ist nicht nur eine unerbittliche Analyse der Dauerkrise im Nahen Osten, er zeugt auch von der Hoffnung des Autors, Israel möge eines Tages zu seinen Idealen zurückfinden.

Regula Renschler und Martin Heule

Juni 2006

11. Juni
Heute, an meinem achtundfünfzigsten Geburtstag, öffne ich dieses Tagebuch, um die nächsten neun Monate von meinem Leben in Palästina zu berichten.

Es ist Sommer, und die Pracht des Frühlings ist längst vergangen. Doch es ist auf andere Weise bunt und schön: Das Grün der Olivenbäume, das Gelb der Weizenähren, das Braun der Erde und die vielen hellen Steine zwischen dem duftenden, hoch aufragenden Thymian widerspiegeln das Mosaikbild Palästinas. Zu meinem Geburtstag gehen wir zum Kasr im Olivenhain, einem massiven Rundbau aus Stein, und wir geniessen das Beisammensein in der Natur mit Salbei- und Pfefferminztee. Dabei erinnern wir uns an unsere Frühjahrswanderung und daran, wie unser Kasr entstanden ist.

Im April waren mein Mann Munîr, unser Sohn Anîs, unsere Töchter Ghâda und Hâla und ich durch Täler und über Hügel gewandert. Anemonen, Ginster, Zyklamen, wilde Tulpen, Lilien und Orchideen sowie wilde Rosen und Kletterpflanzen schmückten das Grün der Landschaft. Wir schwirrten nach allen Seiten aus und erkundeten die Vielfalt der Lebewesen. Wir suchten wilden Spargel, der sich im Gestrüpp der stachligen Beeren und Kletterpflanzen versteckte, wurden von Dornen zerkratzt und gestochen. Wie freuten wir uns, wenn wir die Köpfe der Spargelstangen aufragen sahen, als hätten sie auf uns gewartet. Wir jauchzten, pflückten davon, soviel wir konnten, und verglichen dann unsere Spargelsträusse.

Später gelangten wir zur grossen Mülldeponie von Birseit. Im ganzen Land wird der Müll, ohne Verarbeitung, einfach am Rande der Dörfer aufgeschüttet und der Bauschutt entlang der Strassen abgelagert. Wohnhäuser werden immer näher an die Deponien herangebaut.

Haufenweise lag der Müll offen verstreut. Rauch und Fäulnisgeruch raubten uns fast den Atem. Wir verhüllten das Gesicht, hielten den Atem an, kniffen die Augen zusammen und stiegen zügig, doch vorsichtig, über die Haufen, um die Müllandschaft möglichst schnell hinter uns zu lassen. Wir wollten einfach die Schönheit der Natur sehen.

Wir erreichten den Weinberg meines Grossvaters Ibrahîm. Heute wachsen dort Olivenbäume. Vergebens suchte ich den alten Johannisbrotbaum, unter dem wir uns jeweils ausgeruht und die gepflückten Weintrauben für den Verkauf in Kisten gelegt hatten. Traurig musste ich erkennen, dass er abgeholzt worden war. Ich erinnerte mich, wie Grossmutter Miriam damals im Tontopf auf dem Holzfeuer Frischgemüse gekocht und Fladenbrot gebacken hatte. Sie hatte auch die Ziegen versorgt und aus der gemolkenen Milch Frischkäse und Joghurt zubereitet.

In diesem Weinberg steht die Ruine eines Kasrs. Er gehörte Regina, der Schwester meiner Grossmutter. Wir krochen hinein, setzten uns auf den felsigen Boden und betrachteten das Gewölbe, das aus Steinen geschichtet ist, die sich ohne Mörtel neben- und übereinander stützen. Ein Kunstwerk aus früheren Zeiten. Wir berührten die Steine voller Achtung und spürten die Anwesenheit der Vorfahren, ihrer Arbeit und ihrer Seelen. Wir empfanden eine tiefe Verbundenheit mit der Familie über Generationen hinweg.

Ganz in der Nähe befindet sich auch eine römische Ruine. Wir besichtigten die grosse Anlage von eingestürzten Mauern, die noch die verschiedenen Räume und Gänge erkennen lassen. Die Zisterne zum Auffangen von Regenwasser deutet auf die Versorgung einer grösseren Zahl von Menschen hin. Tiefe Rinnen in den Felsen hatten die Stampf- und Pressstelle der Weintrauben mit dem Sammelbecken verbunden.

Es war heiss und das Laufen und Klettern auf dem bröckligen Gemäuer mühsam. Wir wollten zu den Ruinen des Kasrs zurück, doch die bunten Mosaiksteine, die Glas- und Tonscherben, die überall verstreut lagen, hielten uns auf. Wir fanden viele schöne Steine, kleine und grosse. Die schönsten waren die Mosaiksteine, die mit Kalkerde aneinandergeklebt waren. Wuchtige Säulen und Portale lagen zwischen den Acanthus-Disteln auf dem Boden. Eine einst blühende Kultur wurde sichtbar und sprach uns an.

Ein Bauer hatte auf den fruchtbaren Boden in den Trümmern der römischen Ruine Weizen gesät. Die Ähren, und dazwischen prachtvolle rosa- und lilafarbene Lilien, wuchsen üppig; Hâla, die mittendurch ging, verschwand fast darin. Im sanften Wind schienen sich Hâla, die Ähren und die Lilien wie Wellen im Pflanzenmeer zu bewegen. Dann kletterten wir auf die Ruine des Kasrs. Von oben konnten wir weit in die Ferne schauen und die Bewegungen auf der Nablusstrasse, die sich durchs Tal schlängelt, beobachten. Wir sassen wortlos lächelnd da und genossen die Stille. Aus den Ruinen früherer Zeiten könnten auch heute und morgen blühende Kulturen entstehen. Wir müssten es wollen, und es müsste uns nur erlaubt sein.

Wir pflückten Thymian, wilden Pfefferminz, Salbei und Wildgemüse, die wir zu Hause als Salat, gekocht oder in Teigtaschen gebacken geniessen werden. Wie schön ist das Ausruhen nach einer erschöpfenden Wanderung.

Während dreier Jahre waren wir im Frühling jeweils von einem Kasr zum nächsten gewandert. Munîr dokumentiert sie, er hat bereits mehr als hundertzwanzig dieser Rundbauten in Birseit registriert und viele schöne Geschichten dazu gesammelt. Sie sind etwa dreihundert Jahre alt. Es sind wunderbare Bauwerke, bei denen ein Stein den anderen stützt. Sie dienten der Wache in Wein- und Feigenpflanzungen. Sie bestanden aus einem runden Raum mit vier Meter Radius, bis zu vier Meter hohen dicken Mauern und einer runden Türöffnung, die nachts mit einer Steinplatte oder stachligem Gestrüpp versperrt wurde. Sie waren ein- oder zweistöckig. Den Abschluss bildete eine gedeckte Dachterrasse. Sie diente zum Wachehalten, Ausruhen und Schlafen.

Vielen dieser schönen Rundbauten droht der Zerfall, weil sie vernachlässigt wurden. In der Landschaft verbirgt sich der Schatz unserer Kultur, dort sind unsere Wurzeln. Inspiriert von den Wanderungen in den Hügeln, beschlossen wir vor einem Jahr, den verfallenen Kasr Reginas wieder aufzubauen. Wir begannen damit, als Munîr in den USA weilte. Kaum waren die ersten paar Reihen der Steinmauer aufgeschichtet, wurden viele Menschen in Birseit auf die Wiedergeburt einer alten Idee oben auf dem Hügel aufmerksam. Neugierig kamen sie herbei und wollten Genaueres wissen. Die Freude war gross, als sie feststellten, dass hier die Kultur und damit das Bebauen des Bodens neuen Schwung erlebten. Viele wollten bei der Entstehung dabei sein. Sie schleppten verstreut herumliegende Steine herbei, ordneten sie der Grösse nach und beteiligten sich am Wiederaufbau. Autos, die auf der gegenüberliegenden Hangseite vorbeifuhren, drückten mit einem Hupkonzert ihre Freude über die aussergewöhnliche Aktivität aus.

Die aufeinandergeschichteten grossen Steine brauchten kleine und noch kleinere Steine, die sie stützten. Diese Aufgabe übernahmen wir Frauen und Mädchen, und wir dachten dabei an das Sprichwort: Jeder Stein, wie gross er auch sein mag, braucht einen kleineren als Stütze. Freudenschreie erklangen, wenn wieder eine von uns es schaffte, den passenden Stein an den richtigen Platz zu legen.

Als Munîr, der eine grosse Vorliebe für Land und Terrassenbau hat, zurückkehrte, war er beglückt zu sehen, dass wir mit dem Bau begonnen hatten. Er übernahm die Baumeisterrolle, und jeden Tag nach Arbeitsschluss an der Universität Birseit ging er hin, um weitere Reihen zu bauen. Eine kleine Brücke führt von der nächsthöheren Bodenterrasse auf das Dach des Rundbaus. Dieses ist ringsum gesäumt von einer halbmeterhohen Steinbank, auf der etwa fünfzehn Leute sitzen können. Darüber spannten wir eine Jutedecke, die an vier Balken befestigt und mit Palm- und Olivenzweigen bedeckt ist. Am Fusse des Kasrs pflanzten wir zwei Weinreben, die an den Mauern hochklettern und ihn im nächsten Jahr umhüllen sollen.

Ein Ort der Begegnung, der Meditation und der Freude ist entstanden. Uns stört und ärgert jedoch, dass die Schlachter ihre Abfälle hinter unseren Weinberg kippen. Besonders bei Ostwind erreicht uns der Fäulnisgeruch. Oft verbrennen wir die Abfälle, damit keine Hunde, Katzen und Wildtiere angelockt werden, die Krankheitserreger ins Dorf schleppen. Eine Zisterne zum Sammeln des Regenwassers wurde gebaut, und die verfallenen Terrassenmauern wurden in mühseliger Arbeit repariert. Die alten Olivenbäume wurden gepflegt. Unter dem Gestrüpp entdeckten wir die Wurzelstöcke zweier Feigenbäume aus Urgrossmutters Zeit – ein Geschenk, das wir schätzen und pflegen. Wir pflanzten Bäume und Blumen; auch ein Gemüsegarten wurde angelegt. Das Stück Land lebt wieder und mit ihm alle, die sich an seiner Belebung beteiligten. Fast täglich treffen sich hier Freunde und auch Fremde, die sich über dieses Projekt freuen. Manche liessen sich dazu ermutigen, ihren eigenen Kasr wieder aufzubauen.

Sehnsüchtig hatten wir auf Regen gewartet. Plastikplanen wurden unter den Bäumen ausgelegt, um das Regenwasser aufzufangen und in die Zisterne zu leiten. Erst im April regnete es dann in Strömen. Sobald wir das Rauschen hörten, rannten wir ans Fenster. Wir lauschten dem Tropfen, Plätschern und Rauschen. Unsere Blicke folgten dem Strömen des Wassers ins Tal. Sobald der Regen aufgehört hatte, eilten wir zur Zisterne. Die matschige Terra-Rosa-Erde klebte an unseren Schuhen und Kleidern, doch dies gehörte dazu, ebenso wie die Spannung beim Messen der Wassermenge in der Zisterne. Viele Leute riefen an und wollten wissen, wieviel Regenwasser uns die Natur beschert habe.

12. Juni

Wie jeden Tag blätterte ich in der Zeitung. Nichts war darin zu lesen, was das Herz erfrischte, nur traurige und erschreckende Nachrichten. Zum Beispiel Berichte über den israelischen Luftangriff am Strand von Gasa:

Die elfjährige Huda Ghâlia überlebte, aber ihre ganze Familie wurde am Strand getötet: Ali Ghâlia (45), Raîfa Ghâlia (26), Alia Ghâlia (25), Ilhâm (7), Sabrîn (3), Hanadi (2) and Haitham (1). Gestern abend sah ich im Fernsehen, wie Huda neben der Leiche ihres Vaters weinte und ihn anflehte aufzuwachen, während die anderen Leichen zerfetzt um sie verstreut lagen.

Mir war schlecht. Ich konnte nicht mehr lesen, hinschauen und hinhören. Für einen kurzen Moment, denke ich, herrscht Empörung und Trauer. Aber was wird dann aus dem traumatisierten Kind, wer kümmert sich weiter um Huda? Israel äussert Bedauern, nie jedoch kommt eine Entschuldigung, denn das würde bedeuten, dass es die Verantwortung übernähme. Aus diesem Grund entschuldigt sich Israel prinzipiell niemals. Das steigert bei vielen Palästinensern Wut und Zorn, was in Hass und weitere Gewalt umschlägt.

Ich hatte zu nichts Lust. Ich räumte die Wohnung auf und ging ins Dorf einkaufen. Ich fand alles, was ich suchte, ausser frischen Tomaten und Auberginen. Kein Problem, sagte ich mir, dann essen wir heute Mudschaddara, das Reis- und Linsengericht mit gerösteten Zwiebeln, und dazu Joghurt. Kaum zu Hause angekommen, hörte ich den Gemüsemann aus dem fahrenden Lastwagen rufen. Von der Veranda aus antwortete ich ihm laut. Er blickte wie immer nach oben und winkte mir zu, er schien verstanden zu haben. Schnell ging ich auf die Strasse hinunter. Er hatte vielerlei frisches Gemüse, was mich sehr freute, und ich kaufte für die ganze Woche Gemüse und Obst. Achmad schleppte mir die Einkäufe die neununddreissig Treppenstufen hoch und stellte sie wie immer vor die Küchentür am hinteren Eingang. Er erzählte begeistert von seiner ersten Tochter und von seiner Frau, die die Geburt tapfer durchgestanden hatte. Ich gratulierte ihm und wünschte ihnen alles Gute. Ich gab ihm eine Schachtel Schokolade für die Familie und ein paar Seifenstücke für seine Frau. Dann kochte ich Auberginen mit Hackfleisch, Tomaten und Zwiebeln und dazu Reis.

Ich brachte meiner achtzigjährigen Mutter, die in der Nähe wohnt, ihr Essen und blieb eine Stunde bei ihr. Gegen zwei Uhr war ich wieder zu Hause, um mit meiner Familie zu essen.

13. Juni

Ich konnte es nicht lassen und las auch heute die Zeitung. Wieder eine blutige Nacht in Gasa: zwei Tote und fünfzehn Verletzte in Rafah, darunter drei Kinder, bei einer Schiesserei zwischen der Polizei des Präsidenten Abbâs und den Sicherheitskräften der Hamâs-Regierung. Maskierte Männer drangen in das Parlamentsgebäude ein, zerschlugen Türen und Fenster, verwüsteten Möbel und Büromaschinen und setzten öffentliche Gebäude in Brand. Ein Fatach-Abgeordneter wurde gekidnappt, nachdem zuvor Hamâs-Leute entführt worden waren.

Um dies zu verkraften, wandte ich mich meinen Aufgaben zu.

Heute wurde das Frauenseminar in Dair Ibsî wieder aufgenommen, nach der mehrwöchigen Pause, wenn die Kinder in der Schule Prüfungen haben. Alle Frauen berichteten über ihre Erlebnisse und Gedanken. Suzan und Nida waren nicht wiedergekommen. Sie waren mit ihren fünfköpfigen Familien in die USA ausgereist. Unser Seminar behandelte deshalb die erzwungene Auswanderung. Dabei stellten wir fest, dass auch Hadîl und Samar mit ihren Familien den Antrag zum Auswandern eingereicht hatten. Sie sagten: »Das Leben ist nicht mehr zu ertragen: Es gibt kein Einkommen, keinen Schutz, keine Zukunft.« Samar ist Sekretärin an der Universität und verdient dreihundert Dollar im Monat. Ihr Mann verkaufte Fliesen und Steine für Bauten. Doch seit drei Jahren gab es kaum mehr Arbeit, und sein Geschäft ging ein. Das Baugewerbe liegt genauso wie die meisten anderen Gewerbezweige darnieder. Es fehlt an Geld, und die Menschen riskieren keine Investitionen. Ohne Unterstützung durch die in den USA lebende Familie hätte Samar kaum überleben können. Ihr Haus liegt in der Nähe des Checkpoints Atara. Ständig fahren Militärjeeps und Panzer vorbei, und oft wird geschossen. Sie hat Angst um ihre Kinder.

Hadîl ist Hausfrau. Ihr Mann ist seit drei Jahren arbeitslos. Es gibt bei uns weder Arbeitslosenunterstützung noch Sozialhilfe noch Krankenversicherungen, denn wir haben keinen Staat. Wenn sie nichts zu essen haben, warten sie, bis sie von der Schwägerin eingeladen werden. Sie haben Schulden und wissen nicht weiter. Deshalb verlassen sie das Land. In Israel wird das als »Human Transfer« bezeichnet. »Man braucht den Menschen nur das Leben schwerzumachen, dann gehen sie freiwillig«, sagte Hadîl.

14. Juni

In der Zeitung steht, dass die fünfzigjährige Palästinenserin Nada Abu Chaisarân getötet wurde, weil sie mit dem israelischen Geheimdienst kollaborierte. Sie wurde beschuldigt, bei vielen Tötungen Beihilfe geleistet zu haben. Ich denke an die vielen, die von den eigenen Leuten getötet wurden, nur weil ein Verdacht bestand, ohne dass die Schuld bewiesen oder dem Opfer die Chance gegeben wurde, seine Unschuld zu beweisen. Alle Familienmitglieder werden zu Opfern, weil Schande auf sie fällt. Sie werden ausgestossen oder zur Kollaboration gedrängt.

Im Flüchtlingslager Balata bei Nablus schoss eine Gruppe bewaffneter Männer auf Hussâm Thaladsch (29) und verletzte ihn am Bein. Die Täter blieben unerkannt.

Jetzt beginnen unsere Jugendlichen auch noch sich gegenseitig zu beseitigen. Welch ein Jammer, ein solches Verbrechen!

Ich machte Wäsche, danach beantwortete ich Mails. Beim Besuch bei meiner Mutter erledigte ich das Nötigste in ihrem Haushalt, mass ihr den Blutdruck und kontrollierte die Medikamente. Dann begannen wir zu erzählen und uns zu erinnern, und wir lachten viel.

15. Juni

Heute bereitete ich zwei Stunden lang mit Reis, Fleisch und Gewürzen gefüllte Zucchini und Weinblätter zu. In einem grossen Topf trug ich sie zum Kasr. Obwohl wir nur zu viert waren, reichte das Essen für sieben, denn wir rechnen immer mit zufällig vorbeikommenden Gästen. Wir genossen den schönen Blick über die Hügel, die frische Luft und das Beisammensein. In solchen Stunden leben wir einfach dankbar, ohne Zwischenfälle. Danach las ich eine Weile und kümmerte mich dann um den Boden: Steine einsammeln und die Pflanzen pflegen.

In mir wächst die Sorge um meinen Sohn Anîs, der seit sieben Monaten eine Stelle als Arzt sucht. Er hatte vor zwei Jahren sein Studium in Innsbruck abgeschlossen, war nach Hause zurückgekehrt und hatte ein Ausbildungsjahr in der Klinik von Ramallah absolviert. Ganz Birseit und Umgebung freute sich mit uns. Die Leute kamen mit Blumen und Geschenken, um zu gratulieren, und wollten so ihre Hoffnung stärken, dass auch ihre gebildeten Söhne und Töchter eines Tages zurückkehren würden. Die Probleme, sich hier wieder einzuleben, sind enorm, doch Anîs bewältigt sie Schritt fur Schritt.

Entsprechend den Vorschriften der Ärztekammer arbeitete er ein Jahr in der Klinik auf allen Abteilungen, und nach einer Prüfung erlangte er die Erlaubnis zur Berufsausübung. Doch aufgrund der fehlenden Mittel im Gesundheitswesen ist es sehr schwierig, eine Anstellung zu bekommen. Seit sieben Monaten arbeitet er als Volontär in verschiedenen Kliniken und macht Hausbesuche – unentgeltlich, denn die meisten können nichts bezahlen. Für eine Spezialisierung müsste er nach Jerusalem. Doch dafür benötigt er eine Erlaubnis des Militärs, die ihm nicht gewährt wird. Ihm wurde gesagt, er müsse zuerst beim israelischen Geheimdienst um Begnadigung bitten; als Fünfzehnjähriger war er von israelischen Soldaten angeschossen und zwei Jahre später verhaftet worden. Er müsse seine Schuld bekennen und Reue aussprechen für das Böse, das er dem Staat Israel zugefügt habe, und sich zu Loyalität verpflichten. Anîs lehnt dies ab, weil er sich unschuldig fühlt. Ein solches Schreiben würde als Eingeständnis von Schuld gelten. Und es wäre zu befürchten, dass er zur Zusammenarbeit mit dem Militär erpresst würde.

Alte Wunden brachen auf, von denen wir gehofft hatten, sie wären nach fünfzehn Jahren wenn nicht geheilt, so doch zumindest vernarbt. Anîs beschloss dennoch, sich bei der Augenklinik in Jerusalem für eine Spezialisierung zum Augenarzt zu bewerben. Die ganze Familie zitterte, als er sich unter Gefahren zur Prüfung nach Jerusalem schmuggelte. Er gehörte zu den fünf Besten und wurde zum Vorstellungsgespräch eingeladen. Zwei Monate später rief das Krankenhaus an; sie wollten ihn als Stationsarzt anstellen. Aber noch immer durfte er nicht nach Jerusalem. So verlor er die Chance auf diese Arbeit.

Auch ich hatte vor eineinhalb Jahren eine Einreise nach Jerusalem beantragt, um in einer Schule Friedensarbeit für Schülerinnen, Eltern und Lehrerinnen anzubieten. Der Antrag wurde abgelehnt mit dem Hinweis, ich stünde auf der schwarzen Liste und müsse erst beim Geheimdienst vorsprechen. Ich gab meine Telefonnummer an, da sie mich anrufen wollten – noch in derselben Woche oder nächsten Monat oder erst in paar Jahren, wie der diensthabende Soldat mir mitteilte. Ich wartete drei Monate, ohne dass ein Anruf kam. Dann übergab ich den Fall einer israelischen Rechtsanwältin. Sie erreichte, dass ich zwei Monate später von der schwarzen Liste gestrichen wurde, ohne dass ein Treffen mit dem Geheimdienst nötig war. Ich ging mit dem Brief der Benediktinerabtei in Jerusalem, in dem bestätigt wurde, dass wir gemeinsam an einem Friedensprogramm arbeiten würden, zur Militärbehörde. Viele Menschen standen Schlange, und einer nach dem anderen durchlief die drei Durchsuchungsphasen vor dem Schalter. Als ich nach vier Stunden an der Reihe war, zeigte ich meine Identitätskarte, die es erlaubt, einen Antrag zu stellen, und reichte dem Soldaten dann den Brief der Abtei. Die Karte sei in Ordnung, sagte er, der Brief auch, aber er sei bereits vor zwei Monaten datiert. Ich müsse ein neues Schreiben mit einem aktuellen Datum bringen, dann sei alles in Ordnung. Die ganze Prozedur, bis ich an diesen Schalter gelangt sei, habe zwei Monate gedauert, sagte ich, aber sie meinten, es sei nicht zu ändern.

Ich besorgte einen neuen Brief mit einem neuen Datum und ging wieder hin. Nach stundenlangem Warten kam ich wieder zum Schalter und übergab die Unterlagen. Nach einer Stunde sagte man mir, es sei alles in Ordnung. Doch nicht ich müsse den Antrag stellen, sondern die Partnerorganisation in Jerusalem müsse beim israelischen Amt für Erziehungsangelegenheiten vorstellig werden. Diese Behörde müsse bestätigen, dass es sich um eine anerkannte

Institution handle und dass meine Arbeit in Jerusalem tatsächlich nötig sei.

Die Bestätigung haben wir bisher nicht bekommen. Es ist sehr hart und schmerzlich für mich, Jerusalem nicht besuchen zu dürfen. Aber mein Sohn wird für sein Leiden als Kind noch viel härter bestraft; ihm wird der Weg in die Zukunft versperrt. Mein 62jähriger Mann und unsere Töchter sind wegen Anîs auch auf der schwarzen Liste. Die ganze Familie ist mit ihm verurteilt. Diese Massnahmen gelten für Tausende von Familien, deren Söhne verhaftet, verletzt oder getötet wurden. Genehmigungen vom israelischen Militär sind auch notwendig, um von einer Stadt in die nächste zu gelangen. Werden sie verweigert, sind die Menschen in ihrer Bewegungsfreiheit und somit in ihren Arbeits- und Ausbildungsmöglichkeiten gelähmt. Als Konsequenz bleibt nur: das Land zu verlassen.

16. Juni

Meine Tochter Hâla leitet heute das Mädchenseminar in Birseit.

Auf die Idee, regelmässige Seminare mit jungen Mädchen zu organisieren, war ich gekommen, als ich im August 2002 ein Seminar mit fünfzig Mädchen zwischen sechzehn und achtzehn Jahren aus drei Schulen in Birseit durchgeführt hatte. Wir hatten das Thema »Töten« gewählt. Es ist ein Jammer, dass wir gezwungen sind, solche Themen auf die Tagesordnung zu setzen – weil fast jeden Tag jemand getötet wird und weil die Realität uns unserer Menschlichkeit beraubt und unsere Seelen zerstört. Nach einem Attentat der Israelis oder der Palästinenser lautet die erste Frage auf beiden Seiten: »Wie viele Tote von uns, wie viele von ihnen?« Und dann heisst es: »Ich bin dafür.« Oder: »Ich bin dagegen.« Vertiefte Gespräche darüber, warum man dafür und warum dagegen ist, finden selten statt, schon gar nicht in der Öffentlichkeit.

Ich präsentierte den Mädchen bekannte Fälle aus dem Alltag und wollte wissen, was sie davon hielten. Zum Beispiel: Ein junger Mann aus dem Nachbardorf Atara hatte auf dem Feld zwei Frauen vergewaltigt und getötet. Er wurde hingerichtet.

»Findet ihr das richtig?«

Die Mädchen fanden die Strafe grausam, doch diene sie der Abschreckung, damit sich Gleiches nicht wiederhole.

»Sollen Kollaborateure getötet werden?«

Die eine Hälfte war dafür: »Sie sind schuldig, weil sie dem israelischen Geheimdienst geholfen haben, meinen Bruder zu töten, meinen Vater gefangenzunehmen und zu foltern und die Besatzung aufrechtzuerhalten. Sie sind Verräter und Verbrecher.«

Drei der Mädchen begannen zu weinen und sagten: »Nein, sie sind unsere Brüder, Mütter, Tanten, Freundinnen, Väter. Ihr wisst nicht, was sie dazu bewegt hat und wie sie gezwungen und erpresst worden sind. Sie sind Täter und zugleich Opfer der Situation.« Dann begannen sie unter Schluchzen ihre Geschichten zu erzählen. Es folgte eine hitzige Diskussion, und die Atmosphäre war aufgeladen von Gefühlen der Trauer und der Verwirrung, von Entsetzen und Hilflosigkeit. Es war das Flehen nach Erbarmen, nach Befreiung von solchen Erfahrungen. Es braucht politische

Lösungen, die unseren Bedürfnissen entsprechen und unsere Gesellschaft gesund machen.

»Wer befürwortet das Töten von Israelis?«

Erst Schweigen, dann die Reaktion: »Nicht alle darf man töten, aber die Soldaten, und auch die Siedler.«

»Die Soldaten kommen, um uns zu töten, also sollen auch sie getötet werden.«

»Aber die Siedler sind Zivilisten!«

»Nein, sie sind bewaffnet, rauben unser Land und sind schuld daran, dass kein Friede zustande gekommen ist.«

»Würdest du jemanden töten? Wer von euch will töten, kann töten?«

Keine Antwort.

»Das Leben ist jedem geschenkt und anvertraut worden. Niemand hat das Recht, es zu beenden. Leben zu erhalten ist ein Grundprinzip der Menschlichkeit. Wir rufen nach Einhaltung der Menschenrechte, auch zu unserer Befreiung und Sicherheit. Wenn wir diese Rechte selber nicht einhalten, dann werden sie auch uns nicht gewährt.«

»Aber die Israelis und die ganze Welt negieren doch diese Rechte für uns!«

»Bedeutet das, dass wir sie deshalb auch verwerfen sollen? Müssen wir nicht vielmehr für die Respektierung und Einhaltung dieser Rechte sorgen? Das ist unsere einzige Rettung. Wenn wir unsere Menschlichkeit hervorheben und sie mit unseren Idealen des Glaubens und der Tradition speisen, dann machen wir unser Leiden sichtbar, unseren Schmerz begreifbar und lernen die eigenen Traumata und die der anderen zu respektieren und zu verstehen, um sie zu bewältigen.«

»Wenn wir ein einziges Mal das Prinzip des Tötens zulassen, dann ist der Weg frei für ein zweites, drittes und viertes Mal.«

Das Seminar hatte vier Stunden gedauert. Alle Mädchen baten darum weiterzumachen. »Genau das brauchen wir, öffentlich, in einer Gruppe über solche Dinge zu sprechen.« Dass ich nicht ihre Lehrerin war, sondern eine Aussenstehende, eine unabhängige Person, die sie als Dorfbewohnerin kannten, erleichterte das Gespräch und motivierte sie, sich zu öffnen und ihre Probleme und Sorgen zu äussern. Wir stellten eine Prioritätenliste für kommende Themen auf.

Es dauerte zwei Jahre, bis sich daraus ein festes Seminarprogramm entwickelte. Mit rund dreissig Mädchen im Alter von elf bis siebzehn Jahren finden nun wöchentlich in mehreren Gruppen Seminare statt. Eine vertraute Beziehung hat sich entwickeln können, und alle Gruppen sind gemischt, mit Musliminnen und Christinnen.

Ziel ist es, gewaltfreie Kommunikation und Dialogfähigkeit zu lernen und sie sich als Verhaltensprinzip anzueignen. Das heisst, Frieden mit und in sich selbst wie auch mit den anderen zu finden. Die Verantwortung für die Gestaltung der eigenen Persönlichkeit zu übernehmen setzt die Entwicklung von Selbstwertgefühl und Selbstvertrauen ebenso voraus wie Einfühlsamkeit und die Fähigkeit, sich auszudrücken und zuzuhören. Das ist die Basis, um Probleme definieren, ansprechen, aushalten und lösen zu können.

Die Mädchen haben ein grosses Bedürfnis, angehört und respektiert zu werden. Sie wollen frei denken und Fehler machen dürfen, ohne gleich als ganze Person beurteilt oder verurteilt zu werden. Sie lernen von den Fehlern und von den Erfahrungen der anderen. Wir üben, uns auszusprechen, die Stimme zu erheben und uns zu stärken.

18. Juni
Schon um sieben Uhr morgens rief meine Mutter an: »Schläfst du noch? Störe ich?« fragte sie.

»Nein, ich bin seit einer Stunde auf und trinke Kaffee.«

»Gut so«, sagte sie. Sie bat mich zu kommen, sie habe schlecht geschlafen und ihr tue alles weh.

Ich liess alles stehen und liegen und ging zu ihr. Sie begann sich zu entschuldigen, aber ich sagte zu ihr: »Jamma, ich bin glücklicher als meine Geschwister, die im Ausland leben, denn ich kann deinem Hilferuf folgen; sie können das nicht. Die Arbeit rennt mir nicht davon, und ich nehme mir die Zeit für das, was gerade am nötigsten ist.« Sie lächelte und segnete mich. Ich überprüfte, ob sie sich noch erinnerte, welche Telefonnummer wo gespeichert war, denn sie hatte nie lesen und schreiben gelernt. Dann kontrollierte ich ihren Medikamentenkasten. Sie leidet an Herzrhythmusstörungen, hohem Blutdruck, Diabetes und Schmerzen in den Knien. Nur mit Mühe schleppt sie sich durch die Wohnung, die sie täglich fegt und putzt, wie es sich gehört. Oft fällt sie hin und bleibt am Boden liegen, bis jemand ihre Rufe hört. Wir sind froh, wenn es bei Schrammen, Prellungen und Blutergüssen bleibt. Was wäre, wenn sie sich dabei etwas brechen würde? Gott schütze sie, sagt sie immer.

Mutter ist immer noch in tiefster Trauer, seit mein Bruder Bassâm 1998, mit dreiundvierzig Jahren, in New York an einem Herzschlag starb und dort begraben wurde, ohne dass Mutter dabeisein konnte. Weil wir einen Schock befürchteten, gab ihr der Arzt damals sofort Spritzen, die sie benommen machten und entkräfteten. Ihre Tränen waren blockiert, und sie schämte sich, weil sie nicht weinen konnte. Sie trauerte tief und trug jahrelang schwarz. Ihr zuliebe, und zu Ehren meines lieben Bruders, behielt auch ich die schwarzen Kleider drei Jahre lang an. Mein Mann und meine Kinder sagten mir oft: »Mama, jetzt ist genug.« Dann weinte ich, und sie schwiegen.

Mutter war diejenige, die uns Kinder zum Lernen und Studieren angespornt hatte. Ihr Herz ist so gross und weit, dass jeder in der Familie seine eigene besondere Nische darin hat. Niemals würde sie dulden, dass eine oder einer zu kurz kommt. Und wer im Leben besondere Schwierigkeiten habe, erhalte eine doppelte Portion Liebe, sagt sie, dann werde es ihm besser gehen.

Vater war beim jordanischen Militär und kam selten nach Hause. Später arbeitete er als Lastwagen- und Taxifahrer und war oft bis in die Nacht hinein unterwegs. Mutter versorgte, neben den eigenen neun Kindern, die sechs Kinder meines Onkels, weil deren Mutter erkrankt war. Jahrelang pflegte sie die bettlägerige Schwiegermutter, und ausserdem lebte auch Grossvater bei uns. Er übernahm oft die Rolle des abwesenden Vaters und dirigierte den Haushalt.

Mutter war Bäuerin und arbeitete im Weinberg und in den Oliven. Täglich holte sie vor Sonnenaufgang Wasser von der Quelle – mehr als einen Kilometer entfernt, den Hügel hinab und hinauf. Sie trug das Wasser in zwanzig Liter fassenden Ton- oder Blechbehältern, und dies vier- oder fünfmal täglich, auch wenn sie hochschwanger war. Sie sammelte Dornengestrüpp und Zweige, um die Reben zu bedecken, und später trug sie die vertrockneten Zweige in Bündeln auf dem Kopf nach Hause, um damit Feuer zu machen zum Kochen, Backen und Waschen. Sie nahm die Schule der Kinder sehr ernst und sorgte dafür, dass alle lernten. Jeden Abend sassen wir am Boden um den niedrigen, runden Tisch herum, mit der Öllampe in der Mitte, und lernten. Sie forderte uns einzeln auf, das Gelernte aufzusagen. Sie lernte mit, während sie ein Kleid bestickte, nähte oder Teig knetete. Sie war immer sehr fröhlich und lachte gerne. Mal verkaufte sie einen Fingerring, mal Ohrringe oder ein Armband, um das Schulgeld bezahlen zu können. Einige Jahre lang bestellte sie ein Gemüsefeld und verkaufte die Erzeugnisse an die Nachbarn. Sie erzählte gern Geschichten und erinnerte sich an viele Zahlen und Ereignisse. Manchmal lachten wir sie aus, wenn sie »Kambuta« statt Computer und »Kiissmuss« statt Christmas sagte. Dann lachte sie mit und sagte: »Seid froh, dass ich diese komischen Wörter überhaupt ausspreche. Hauptsache, ihr versteht, was ich meine. Wäre ich zur Schule gegangen, hätte ich es bestimmt bis an die Universität geschafft. Ich hätte vielleicht das Allerneueste studiert, nämlich Psychologie, davon habt ihr wenig Ahnung.« Dann lachten wir alle.

Mutter ruft mich täglich an. Wenn ich nicht zu Hause bin, geht der Anrufbeantworter an. Irritiert legt sie sofort auf. Danach sagt sie mir dann: »Ich habe dich angerufen und

Munîrs Stimme gehört, aber ich habe nichts verstanden, weil er Englisch gesprochen hat. Dabei weiss er doch, dass ich kein Englisch kann.« Ich sage ihr dann: »Du brauchst nicht zu antworten, denn wir erkennen deine Nummer und wissen, dass du angerufen hast.« Dann leuchten ihre Augen und sie sagt: »Gott ist gross! Soviel kann die Wissenschaft!«

Am Nachmittag feierten wir beim Kasr Anîs' Geburtstag.

23. Juni

Hâla, Ghâda und ich beschlossen, das Mädchenseminar heute auf englisch abzuhalten, damit die Mädchen sich in der englischen Sprache üben können. Sie hatten sich das gewünscht, und es lassen sich damit auch weitere Mädchen ansprechen.

Wir sprachen über Gewalt, die Gewalt hervorbringt, und besprachen Weisheiten von Mahatma Gandhi, unter anderem: »Das Ziel ist nur so gut wie die Mittel, die wir gebrauchen, um es zu erreichen.«

Die Mädchen diskutierten. »Wenn jemand mich schlägt oder verletzt, dann will ich zurückschlagen.« – »Das ist gerecht, denn nur so kann ich meine Wut rauslassen.« – »Aber tut es dir dann nicht mehr weh?« – »Ich ertrage den Schmerz so eher.«

Ghâda fragte: »Möchtest du den Schmerz ertragen oder dich vom Schmerz befreien?«

»Sich befreien wäre sicher besser, aber wie schütze ich mich vor weiteren Verletzungen?«

»Danke! Du hast uns zum Kern der Sache geführt. Ja, wie schütze ich mich vor Gewalt, wie reagiere ich?«

Die Vorschläge wurden zusammengefasst: Gewalt erkennen, benennen und ansprechen. Niemals Gewalt verharmlosen, auch wenn sie nur selten vorkommt. Niemals Gewalt relativieren und als »normal« hinnehmen. Es darf keine Rechtfertigung für Gewaltanwendung geben. Jede von uns kann Wege finden, um Gewalt zu vermeiden.

Als Einstieg gilt: Sprich deine Gefühle aus, sobald du dich verletzt fühlst. Frage nicht: Warum verletzt du mich? Die Frage wird als Angriff, als Beschuldigung verstanden und hat Verteidigung und Rechtfertigungen zur Folge, und du bist immer noch verletzt oder wirst sogar noch mehr verletzt.

Ein Mädchen intervenierte: »Was ist, wenn die Person, die mich verletzt, sagt: ›Ich will dich verletzen, du verdienst es.‹?«

«Dann sagst du: ›Ich respektiere deine Haltung, du wirst deine Gründe haben, und ich möchte sie gerne kennenlernen.‹«

Ein Mädchen sagte: »Wenn ich das sage, halten mich die anderen für schwach.«

»Hauptsache, du selber weisst, dass du stark bist. Stark in einer Verhaltensweise, die zum Guten gedacht ist. Stark in deiner Entschlossenheit, das Feuer zu löschen, anstatt es anzufachen. Stark in deinem menschlichen Mitgefühl. Übrigens, was ist denn so schlimm, wenn man Schwäche empfindet? Das gehört zum Menschsein. Schwäche eingestehen ist Teil der Stärke, die wir haben.«

Eine andere Weisheit von Gandhi: »Unsere Alpträume sollen nicht die Alpträume unserer Kinder werden.«

Ein Mädchen sagte: »Bedeutet das, dass wir einfach vergessen sollen, was uns angetan wurde? Die Israelis haben uns unser Land genommen, unsere Häuser zerstört, uns vertrieben, meinen Bruder getötet, viele Massaker unter unseren Leuten angerichtet. Soll ich das meinen Kindern und Enkeln verschweigen? Es heisst doch, wir sollen die Wahrheit sagen, oder?«

»Natürlich müssen wir die Wahrheit sagen und nie die Tatsachen vergessen. Wir sollen sie aber nicht so vermitteln, dass sie zu Alpträumen werden. Die Israelis haben viel Leid erfahren, auch durch uns, sie haben Ängste, die ihr Leben vergiften. Sie fühlen sich als Opfer, genau wie wir. Wenn wir unsere Alpträume und Ängste unseren Kindern weitergeben, dann finden sie und die Kinder der Israelis nie zueinander. Sie bleiben ewig Feinde. Wir und sie sind Opfer und Täter. Wir müssen beide einen Weg finden und uns aus unseren jeweiligen Rollen befreien. Das geht nur, wenn wir uns die Chance geben, unsere Herzen und unseren Verstand für Mitgefühl und für den Vergebungs- und Versöhnungsprozess zu öffnen.«

Ein Mädchen sagte: »Das kann ich niemals.«

»Ja, es ist sehr schwer, es braucht Zeit und vor allem die Perspektive, dass das schreckliche Unrecht, das uns heute angetan wird, aufhört und endlich eine politische Versöhnung in Kraft tritt.«

Ich erzählte ihnen eine Geschichte aus Birseit, um diese Weisheit von Gandhi zu erläutern: »In Birseit leben vier grosse christliche Sippen, die von einem gemeinsamen Urgrossvater abstammen. Ausserdem gibt es zwei grosse muslimische Sippen. Wenn vor hundertfünfzig Jahren ein Mann der einen Sippe einen Mann aus der anderen Sippe tötete, mit Absicht oder ungewollt, so war Rache die Antwort. Diese Geschichten werden von Generation zu Generation weitererzählt und lebendig gehalten. Feindseligkeit und Wut bleiben tief in den Kindern und Kindeskindern verankert. Bis heute verspüren einige Familien ein Unbehagen gegeneinander und können das vor langer Zeit Geschehene nicht verzeihen. Unsere Kinder tragen die Last des Bösen weiter in sich. Das sind die Alpträume, die wir nicht pflegen sollten. Wenn sich heute zwei Jungen zanken, wird die Vermutung wach, es sei vielleicht wegen der Blutrache, die seit hundertfünfzig Jahren zwischen den beiden Familien besteht. Sicherlich lehnen die meisten ein solches Denken heute ab, doch tief drin existiert die Rache weiter als Alptraum. Solche Äusserungen dienen der Ablenkung von den heutigen Problemen und vertiefen Gefühle der Feindseligkeit.

Mein Mann Munîr studiert die Geschichte der Sippen von Birseit. Er stellte neulich fest, dass zwischen den Familien Naser und Saadeh seit mehr als sechzig Jahren keine Verschwägerung mehr stattgefunden hat. Er fand heraus, dass vor siebzig Jahren ein Saadeh einen Naser getötet hatte. Als er neulich Georgette Saadeh traf, fragte er sie, ob sie sich an diesen Zwischenfall erinnere. ›Ja‹, sagte sie, ›wir denken immer wieder daran.‹ Ob es denn nicht schade sei, dass keiner von ihnen eine Frau der Naser-Familie geheiratet habe, wollte Munîr wissen. Ob es denn kein Verlust für die Naser sei, nicht mehr durch Heirat mit den Saadehs verbunden zu sein, gab sie zurück. Sie lachten beide.

Das meine ich mit den Alpträumen, die wir unseren Kindern nicht weitergeben dürfen«, sagte ich zu den Mädchen. »Wir sollten solche Geschichten wie Märchen aus vergangener Zeit erzählen: ›Es war einmal, dass unsere Familien sich stritten, und Rache war üblich. Doch heute sind wir davon befreit.‹ Dann können wir über die Eigenart unserer Urgrossväter lachen.«

24. Juni

Muhammad, ein früherer Student von mir, rief mich an. Er meldet sich von Zeit zu Zeit und berichtet von seinem Leben, so bleiben wir in Verbindung. Mo, wie er genannt wird, war ein aktiver Student und an allen Veranstaltungen präsent. Als er in zwei Prüfungen bei mir versagt hatte, fragte ich ihn nach dem Grund. Er antwortete, weil er soviel Politik mache, habe er keine Zeit mehr zum Lernen. Ich sagte ihm, dass gute Politiker und engagierte Verantwortungsträger dem Lernen höchste Priorität einräumten. Wegen der schlechten Noten drohte ihm der Ausschluss aus der Universität. Ich gab ihm die Chance, beide Prüfungen innerhalb eines Monats zu wiederholen. Diesmal bestand er. Das hat ihn gerettet, motiviert und seinen Werdegang geprägt. Er schloss sein Studium erfolgreich ab. Es freute mich sehr zu hören, dass er arbeitet und sich zugleich weiterbildet. Für seine Dissertation hatte er ein Tabuthema gewählt: »Wie Kinder zu Kollaborateuren gemacht werden.« Daraus wuchs sein grosses soziales Engagement für Jugendliche.

25. Juni

Ich las in der Zeitung: Gegen 05.15 Uhr morgens krochen in Gasa palästinensische Widerstandskämpfer in einem israelischen Camp aus einem Tunnel heraus und überraschten die Soldaten. Mehrere Jeeps und ein Panzer wurden zerstört und mehrere Soldaten getötet. Gegen acht Uhr bestätigten israelische Quellen, dass ein Soldat vermisst wurde.

Die Meldung lässt grosse Ängste hochkommen, denn wir wissen, Israel wird jetzt hart reagieren und Schlimmes anrichten. Viele Menschen werden sterben müssen, und Israel wird nicht bereit sein zu verhandeln, vor allem, wenn der Soldat getötet anstatt befreit wird. Was für ein Wahnsinn. Wie lange wird das noch weitergehen?

Unsere Familie beschloss, zu Hause zu bleiben und den Besuch in Ramallah auf später zu verschieben.

In der Nacht wurden wir durch Militärjeeps geweckt. Anscheinend suchte man nach Leuten und nahm Verhaftungen vor. Plötzlich wurden in meinem Kopf Erinnerungen an den Gefängnisaufenthalt meines Schwiegersohnes wach und liefen wie ein Film ab. Vor lauter Sorge konnte ich nicht mehr schlafen.

Marschûd war im Wüstengefängnis Negev in Administrativhaft. Es war eine grosse nervliche Belastung für uns alle: alle drei Monate zu hoffen, dass er freikomme, dann wieder die Verlängerung der Haft um weitere drei Monate, ohne Anklage, ohne Urteil. Nach zwei Jahren kam er endlich frei. Seither muss er sich ärztlich behandeln lassen. Er leidet unter Rücken-, Kopf- und Gelenkschmerzen, Schlaflosigkeit, Müdigkeit, Kraftlosigkeit und Ängsten.

Erst sieben Monate später fand er endlich eine Arbeit als Buchhalter in einem Restaurant. Er muss seinen Platz in der Gesellschaft erst wieder finden.

Seine Freilassung war wie ein Volksfest. Alle kamen von nah und fern, um ihm und der Familie zu gratulieren. Mir fiel auf, dass er zur Begrüssung selten die Hand gab, sondern die Leute umarmte. Als ich danach fragte, sagte er, dass er grosse Schmerzen in den Händen habe. Man habe sie ihm bei der Vernehmung im Gefängnis mit einem Plastikband so fest zugeschnürt, dass die Finger anschwollen und blau wurden. Um die Qual zu vergrössern, habe der Geheimdienstoffizier ihm immer wieder jeden der geschwollenen und schmerzenden Finger einzeln gestreckt. Seither leide er an diesen Schmerzen. »Ich muss erst wieder Vertrauen finden zu meinen eigenen Händen und zu den Händen der anderen.«

Er erzählte von einem Gefangenen, der seit elf Monaten im Gefängnis sass, weil er sich geweigert hatte, dem Militärbefehl Folge zu leisten und mit seinem einjährigen Kind als Schutzschild das Nachbarhaus zu betreten, in dem die israelischen Soldaten einen bewaffneten Freiheitskämpfer vermuteten. Er erzählte von einem anderen Mann, der seit zweiundzwanzig Jahren im Gefängnis sass und seine Frau und Kinder seit Jahren nicht mehr gesehen hatte. Der Zufall wollte es, dass sich eines Tages unter den neuen Gefangenen zwei seiner Söhne befanden. Als sie dies bei der Begrüssung feststellten, umarmten die Söhne ihren Vater, der sie als Kleinkinder in Erinnerung hatte. Sie schauten einander ins Gesicht, küssten sich immer wieder, und der Vater beharrte darauf, dass die Söhne sich ihm auf die

Oberschenkel setzten. Alle weinten vor Rührung, trotz der Verbitterung. Während die Söhne die anderen Gefangenen begrüssten, bemerkten sie, wie der Vater zu den Brettern ging, die den Söhnen als Schlafstelle dienen sollten, und sie streichelte und küsste. Um ihre Verwirrung in Griff zu bekommen, beschlossen die Gefangenen zu feiern. Sie trugen Vater und Söhne auf den Schultern, sie weinten, tanzten und sangen gleichzeitig.

Marschûd erzählte: »Drei Wochen nach meiner Verhaftung wurde meine Mutter zum Geheimdienst bestellt, nachdem sie so lange nichts von mir gehört hatte. Man schickte sie nach Jerusalem ins Maskobija-Gefängnis. Stundenlang wartete sie, bis ein Soldat sie durch einen Gang führte und auf der anderen Seite wieder hinausbegleitete. Ich konnte sie sehen, aber sie sah mich nicht. Ihr Anblick sollte noch mehr Druck auf mich ausüben. Drei Wochen lang pendelte ich zwischen den Verhören mit physischen und psychischen Qualen und meiner Zelle hin und her. Die Zelle war kaum einen Meter breit und lang, und ich stiess mit gebücktem Kopf an die Decke. Ich konnte weder stehen noch liegen, und der Eimer, der als Toilette diente, stand im Wege. Wasser tropfte mir auf den Kopf; laute Geräusche und Klopftöne zerrten an meinen Nerven. Wenn ich kaum mehr atmen konnte und das Gefühl bekam, jede Sekunde könnte es mit mir zu Ende gehen, sagte ich mir: Sie wollen, dass ich zerbreche, ich aber will es nicht, weil ich das Leben liebe. Das Durchhalten stärkt alle, die dies durchgemacht haben, und ehrt meine Freunde, die gebrochen wurden. Der Anblick meiner Mutter im Gefängnisgang ermunterte mich, und ich lächelte. Der Soldat fragte, ob ich denn nicht um meine Mutter fürchtete und weshalb ich mich freute. Ich sagte ihm: ›Ich spüre die Kraft ihrer Liebe und ihren Segen, der mich eben wie ein Hauch erreicht hat.‹ In schweren Momenten dachte ich an die Liebe, mit der meine Familie, meine Freunde und vor allem meine Braut und so viele Menschen mich umhüllten. Ich dachte an die vielen wunderbaren Menschen, die wahrhaftig und treu für das Gute einstehen. Ich erinnerte mich an das Lachen und Herumalbern der Jugendlichen auf den Strassen der Altstadt von Ramallah. Manchmal plagte mich das Heimweh. Dann begann ich mir jeden Zentimeter unseres Hauses vorzustellen. Ich sah in meinem Kopf den Fliesenboden des Wohnzimmers, sah den Glanz der Muster, auch die Kratzer und die ausgebleichten Stellen. Ich sah mich meine Mutter anflehen, sie möge sich beim Saubermachen nicht zu sehr verausgaben. Ich erinnerte mich an ihren Blick, der mir tadelnd zu verstehen gab, dass sie es dennoch weiterhin täte. Dann fand ich mein Lächeln wieder und konnte wieder atmen.«

26. Juni

Heute feierten wir den ersten Hochzeitstag von Ghâda und Marschûd auf dem Kasr. Voller Freude erinnerten wir uns an das unvergessliche Ereignis im letzten Sommer. Fast drei Jahre mussten wir warten, bis Ghâdas Hochzeit stattfinden konnte. Wochen zuvor fuhr ich mit ihr nach Amman zu meiner Schwester Nuha, die Schneiderin ist. Gemeinsam mit ihr und ihren zwei Töchtern und dem Designer Ramez als Berater kauften wir den Stoff für das weisse Brautkleid, für das braune Seidenkleid für den Hennaabend und das schwarze Kleid für den ersten offiziellen Besuch im Elternhaus eine Woche nach der Hochzeit. Wir kauften weitere Stoffe für Verwandte. Nuha schnitt und nähte und liess einen Freudentriller hören, wenn ein Kleid zur Anprobe bereit war. Alle jubelten und sangen. So ging die Woche um, und voller Spannung warteten wir auf die Einreisegenehmigung für Nuha, damit sie die Hochzeit mit uns feiern konnte. Leider durfte weder sie noch ihre Familie kommen. Wir waren sehr enttäuscht, doch nahmen wir uns vor, uns trotzdem ganz fest zu freuen, weil viele doch gekommen waren: mein Bruder Farhât aus Florida, meine Schwester Hiâm mit den drei Töchtern Maissa, Fadia und Schirîn aus Kalifornien und meine Schwester Ibtisâm, die Zahnärztin aus Berlin. Alle beteiligten sich an den Essensvorbereitungen, am Herrichten der Wohnung, am allabendlichen Tanz und Gesang. Alle freuten sich, dass meine Mutter zum erstenmal seit Bassâms Tod vor acht Jahren ihr schwarzes Kleid ablegte und das schöne buntbestickte Trachtenkleid anzog. Sie sagte: »Mein Herz ist so verwundet wegen Bassâm. Dann der Tod eures Vaters, und nun ist auch noch Adnân schwer krank. Aber Ghâda ist das erste meiner Enkelkinder, das heiratet, und sie hat ein Anrecht darauf, dass ich mich mit ihr und für sie freue. Ich tue es von Herzen, und in diesem Herz sind alle meine Kinder eingeschlossen.«

Eigentlich hätte ja mein ältester Bruder Adnân die Braut aus dem Haus begleiten müssen. Doch er ist seelisch zerbrochen. Ich hatte ihn zusammen mit Hiâm und Farhât in den USA besucht. Er ist schwer krank, leidet seit drei

Jahren unter schwersten Depressionen. Seine Frau trägt eine schwere Last, sie arbeitet Tag und Nacht und versucht krampfhaft, die Familie zu retten und selber nicht zu zerbrechen.

Am Vorabend der Hochzeit fand das Hennafest statt, das dem Brautpaar Glück und Fruchtbarkeit bringen soll. Die Familie des Bräutigams bereitete auf einem mit Blumen und Kerzen geschmückten Tablett einen Brei aus der rot färbenden Hennapflanze zu und trug es zur Familie der Braut. Mehr als achtzig Männer erwarteten sie im Garten und über hundert Frauen im Wohnzimmer, auf der Veranda und auf den Treppen. Es wurde gesungen und getanzt. Die Frauen reichten das Hennatablett von Kopf zu Kopf weiter und tanzten damit. Diejenigen Frauen, die sich am besten auf Freudenrufe verstehen, lobten und verdankten jede der Tänzerinnen. Trillerrufe aus allen Ecken waren die Antwort. Während am Hennaabend viele Lobgesänge der Mutter, den Schwestern und der Grossmutter der Braut gelten, sind die Gesänge und Trillerrufe am Tag der Hochzeit dem Vater, den Onkeln und Brüdern gewidmet.

Meine Mutter schmückte mit ihrem Dasein das Zimmer wie eine Lilie. Sie war einst die beste Sängerin der traditionellen Lieder und der Trillerrufe gewesen. Doch mit achtzig war ihre Stimme nicht mehr kräftig und ihr Herz zu schwach zum Mitmachen. Sie flüsterte die Texte Hiâm ins Ohr, die sie dann laut vorsang, und alle antworteten darauf. Diese Lieder sind nur in wenigen Dörfern bekannt. Man singt für die Verwandten, die nicht dabei sein können, und für die Söhne, Brüder und Eltern der Verstorbenen, um zu zeigen, dass man niemanden vergessen hat. Die Rührung war gross, wir weinten und lachten zugleich. Fast zwei Stunden mit Tanz und Gesang waren vergangen. Da winkte mich meine Mutter zu sich und sagte: »Der Vater muss die Erlaubnis geben, damit das Hennaritual vollzogen werden kann.« Ich rannte in den Garten und flüsterte dies meinem Mann zu. Er kam mit zwei älteren Herren ins Wohnzimmer und sagte zu Ghâda: »Lass dir die Henna auf die Hand auftragen. Du hast meinen Segen.« Die Frauen trillerten in Chören. Jetzt wurden Hennagesänge angestimmt, und alle Frauen bekamen ein wenig Henna auf die Hände, die später zu roten Mustern wird. Das Fest klang langsam aus, und alle bis auf die engste Familie gingen nach Hause. Diese fuhr nach Ramallah zum Haus des Bräutigams. Dort hatten sich seine Familie und mehr als hundert Freunde versammelt. Wir feierten weiter. Ältere Männer sangen Verse vor, die die anderen wiederholten. Junge Männer aus Ramallah und den umliegenden Dörfern und aus den Flüchtlingslagern waren dabei, denn sie kannten den Bräutigam aus dem Gefängnis. Die Angst, die Soldaten könnten kommen und die versammelten jungen Menschen mitnehmen, war stets präsent. Dennoch sangen und tanzten alle im Hof des Hauses, und wir tranken und assen mit Genuss, berauscht von den Gesängen.

Am Tag der Hochzeit kam das ganze Dorf in unser Haus und verabschiedete sich von der Braut mit Singen und Tanzen. Vertreter aller Sippen, Christen und Muslime, gaben der Braut die Hand und dazu etwas Geld, denn sie verliess ja das Dorf, um »in die Fremde« zu gehen – nach Ramallah, zehn Kilometer entfernt! Mädchen, die Männer aus dem Dorf heiraten, werden nicht so verabschiedet, denn sie bleiben in Birseit. Es ist wichtig, sich zu merken, wieviel jeder gibt, denn eines Tages müssen das Brautpaar oder ihre Eltern mindestens ebensoviel an den Hochzeiten der Spendertöchter zurückgeben. Ein Ritual von Nehmen und Geben. Nach traditionellem Brauch führten je ein Onkel mütterlicher- und väterlicherseits die Braut aus dem Haus. Das tat Farhât, anstelle von Adnân und dem verstorbenen Bassâm. Ein Cousin von Munîr nahm sie bei der anderen Hand, denn Munîrs fünf Brüder leben im Ausland. Ghâda bestand darauf, dass die Onkel sie nur aus der Haustür begleiteten, dann führten Munîr und Anîs sie die Treppe hinunter und durch den Garten zum Brautauto an der Strasse. Ihr Wunsch war es auch, dass Vater und Mutter sie zur Kirchentür führten, und das taten wir gerne. Vielen Zuschauern fiel das veränderte Vorgehen auf, und sie lächelten. Ghâda wollte alle ihre Lieben mit einbeziehen; Hâla war die Brautjungfer. Noch eingenommen von den schönen Ritualen und Gesängen verliessen nach der Trauung alle den Kirchhof. Die Familie fuhr erst zum Haus der Mutter des Bräutigams, um ihr die Ehre zu erweisen. Sie hatte ihren Mann vor achtzehn Jahren verloren und hatte allein die fünf Kinder aufgezogen und behütet. Sie stand an der Haustür und trug auf dem Kopf fünf Fladenbrote und darauf einen Wasserkrug, und in der Hand ein Weinblatt und Weizenteig. Sie trillerte, als das Brautpaar sich näherte, und übergab der Braut den Wasserkrug und das Weinblatt. Das Brautpaar klebte das Weinblatt rechts neben den Hauseingang an die Wand. Wasser, Brot und das Blatt sind ein Willkommensgruss mit guten Wünschen.

Am Abend fing im grossen Festsaal das Feiern erst richtig an. Mehr als fünfhundert Gäste waren da, wir feierten bis nach Mitternacht. Danach fuhren wir zum erstenmal ohne Ghâda nach Birseit zurück. Wir fürchteten uns vor dem Abschied, deshalb beschlossen wir, im Hof unseres Hauses weiterzufeiern, bis wir in den Morgenstunden vor Müdigkeit fast einschliefen. Wir waren froh, dass alles friedlich und ohne Zwischenfälle verlaufen war.

In den Sommerwochen nach der Hochzeit kamen viele Verwandte aus dem Ausland. Täglich kochten wir für zwanzig Personen. Es gab viel zu berichten, auszutauschen und zu lachen, und wir feierten gemeinsam achtzehn Hochzeiten im Ort. Es war wie ein Dauerfestival; wir müssen die Kunst lernen, für Momente die Schwere auszublenden und das Schöne und Erfreuliche bewusst zu erkennen und wahrzunehmen. Nur so können wir die schwere Zeit verkraften.

28. Juni

Die israelische Militäroperation mit dem Namen »Sommerregen« begann gegen ein Uhr morgens, nachdem das Ultimatum zur Freilassung des gefangenen Soldaten abgelaufen war. F-16-Kampfflugzeuge und Apache-Helikopter intensivierten ihre Angriffe auf die vitale Infrastruktur, auf Wasserwerke, Brücken und Elektrizitätswerke im südlichen und zentralen Gasa. Die Schliessung der Grenze bei Rafah bringt die gesamte Bevölkerung in Not. Die Lebensmittel werden knapp, und die medizinische Versorgung bricht zusammen. Israel lehnt es ab, über die Freilassung zu verhandeln, und ist um keinen Preis bereit, für diese zu bezahlen.

In israelischen Gefängnissen sitzen mehr als vierzehntausend Palästinenser.

Dass es palästinensische Widerstandskämpfer wagen, einen israelischen Soldaten gefangenzunehmen, wird Israel nicht durchgehen lassen. Die Strafe dafür werden mehr als eine Million Menschen in Gasa zahlen müssen.

29. Juni

Heute besuchte ich Tante Nadia, die aus den USA zurückgekehrt ist, und anschliessend ging ich zu Familie Burbar, um mein Beileid für den verstorbenen Vater auszusprechen.

30. Juni

Israel verhaftete acht palästinensische Regierungsminister und vierundzwanzig Abgeordnete. Wut und Verärgerung breiten sich auf den Strassen aus. Ein Auseinanderbrechen der Regierung war die Absicht. Doch das Gegenteil trat ein. Zunehmend gewinnt Hamâs an Solidarität, weil jeder weiss, dass dieser Regierung keine Chance gegeben wurde, zu handeln und das zu tun, was für Palästinenser Priorität hat: innere Sicherheit zu schaffen, die Korruption zu unterbinden, das eigene Haus zu säubern, Infrastruktur und Wirtschaft aufzubauen. Die Welt hatte die Wahlen in Palästina sehr gelobt, und der demokratische Prozess in Palästina war der Stolz aller demokratischen Länder. Doch die Wahlergebnisse empörten den Westen. Dass diejenige

Seite gewählt wurde, die der westlichen Welt nicht passt, wurde uns zum Verhängnis. Die demokratisch gewählte Regierung wurde nicht anerkannt, und die Blockade der westlichen Länder hat zum Ziel, sie zu stürzen.

Juli 2006

1. Juli

Besuch bei Rascha, einem Patenkind meiner Freundin Melitta aus Wien. Die Familie lebt in Armut und Not. Der Vater muss eine fünfköpfige Familie versorgen und hat nur gelegentlich Arbeit. Raschas Schwester, Fâtin, hatte sich vor mehr als einem Jahr in einen muslimischen Jungen aus dem Flüchtlingslager verliebt, und weil sie wusste, dass ihre Familie einer solchen Beziehung niemals zustimmen würde, hatte sie beschlossen, mit ihm ins Ausland zu gehen. An der Grenze wurde sie auf Geheiss der Familie von der Polizei angehalten und zurückgebracht. Sie wurde von ihren Verwandten aufs Schlimmste verprügelt und beim Versuch zu fliehen, sprang sie im zweiten Stock aus dem Fenster und kam schwer verletzt ins Krankenhaus – Querschnittlähmung. Die Presse berichtete ausführlich darüber, und die Frauenorganisationen liessen der Familie keine Ruhe. Beschimpfungen und Beleidigungen auf der Strasse und bei Hausbesuchen machten der Familie das Leben zur Hölle. Auch die Tanten und Onkel und deren Kinder und Kindeskinder bekamen die Schande zu spuren.

Es war Osterzeit. Der Vater konnte den sozialen Druck, die Qual der Tochter und die der ganzen Familie nicht mehr verkraften. Er verlor den Kopf. Er sah seine gelähmte Tochter, die im Bett lag und auf die Hilfe der anderen angewiesen war. Irgendetwas musste er tun, um die Ehre der Familie zu retten. Also sperrte er die Mutter und die anderen Kinder in ein Zimmer und schlug der gelähmten dreiundzwanzigjährigen Fâtin so lange auf den Kopf, bis sie tot war.

Er wurde verhaftet. Auch die Mutter und die Kinder wurden zehn Tage in Haft genommen und mussten schlimme Verhöre über sich ergehen lassen. Bei der Beerdigung waren Frauen zugegen, die der Mutter ins Gesicht spuckten und sie und die Kinder beschimpften. Trost suchten sie vergeblich. In der Schule sagte die Schulleiterin vor allen Schülerinnen zu Rascha, sie sollte sich schämen, denn ihr Vater sei ein Verbrecher. Die Mutter und die Kinder schlossen sich während mehrerer Wochen in ihrem Haus ein.

Nach sechs Monaten kam der Vater aus dem Gefängnis. Er sperrte sich wochenlang im verdunkelten Schlafzimmer ein und wollte niemanden sehen. Seine Schwestern kamen ab und zu vorbei, doch anstatt ihm und der Familie beizustehen, fuhren sie mit gezielten Beschuldigungen gegen die Mutter fort. Die Mutter, in Trauer um ihre Tochter und geplagt von Angst und Schmerz um ihren Mann und die Kinder, brach zusammen. Sie fuhr nach Amman.

Ich besuchte die Töchter regelmässig, um ihnen Mut zu machen. Wir sprachen viel und intensiv über die Probleme. Vor allem suchten wir nach Wegen, um den Vater aus seiner tiefen Depression zu holen. Gespräche mit dem Priester und mit Bekannten halfen sehr.

Die Mutter ist inzwischen wieder zu Hause. Ihre beiden verheirateten Töchter mit ihren Männern hatten die Versöhnung in der Familie eingeleitet. Die Tanten, die den Vater stets zur Wut angestachelt hatten, wurden gebeten fernzubleiben. Der Vater traute sich langsam wieder auf die Strasse, und er begann wieder teilweise zu arbeiten. Ich war froh und erleichtert zu sehen, dass sich die Familie einigermassen aufgefangen hatte. Für Rascha und ihre Schwester war das letzte Schuljahr sehr schwer gewesen. Jetzt wagen sie einen Neuanfang. Niemals werden sie jedoch die schlimmen Erfahrungen und den Verlust der Schwester ganz verschmerzen.

Innerhalb von sechs Monaten wurden in Ramallah sieben Ehrenmorde verübt. Wenn die Würde der Menschen auf allen Ebenen missachtet wird, dann scheint die Ehre das einzige, das bleibt, und die gilt es zu retten. Oft sind es Kurzschlussreaktionen; ohne nachzuprüfen werden die Mädchen verurteilt. Das hat nichts mit Religion zu tun und kommt in muslimischen und christlichen Familien vor. Es ist die Tradition einer gebrochenen Gesellschaft, in der zivile Gesetze und Gerichtsbarkeit nicht funktionieren.

In Sabâbda, einem christlichen Ort im Norden, wurde ein christliches Mädchen erschossen. Sie hatte sich in einen Mann verliebt, der sie später missbrauchte. Er fotografierte sie mit dem Handy bei einer unsittlichen Handlung und erpresste sie, um sie zur Kollaboration zu zwingen. Als sie ablehnte, schickte er die Fotos per SMS an Hunderte von Handybesitzern. Der Vater konnte das nicht ertragen. Er erschoss sie, um die Ehre der Familie zu retten. Der Kollaborateur jedoch hatte sich einer bewaffneten Gruppe angeschlossen, die ihn schützte.

Wenn Ehrenmorde sich häufen, dann werden sie zur Norm in der Gesellschaft. Manche Mädchen, die zu einer Ehe gezwungen werden oder die Gewalt in der Familie nicht mehr ertragen können, versuchen sich zu retten, indem sie eine Messerattacke auf einen Soldaten vortäuschen – das Gefängnis als Rettung. Sie werden von den Israelis jedoch als Kriminelle behandelt und müssen lange Haftstrafen verbüssen.

3. Juli
Im Seminar eine Übung, die sich mit folgenden Überlegungen befasst: Beweg dich vorwärts – weg vom Kämpfen um Macht hin zu Kooperation und Vertrauensbildung. Drücke deine Frustration aus, ohne dich zu blamieren und zu schämen und ohne zu urteilen.

4. Juli
Ich hatte geplant, nach Nablus zu fahren. Ich wollte mich mit drei Frauengruppen treffen, die sich beim Global Fund for Women – einer Nonprofitorganisation in den USA, die sich für die Menschenrechte der Frauen einsetzt – um Unterstützung beworben hatten. Als Vorstandsmitglied und Beraterin des Global Fund war ich gebeten worden, die Gespräche mit ihnen zu führen. Ich fuhr sehr früh los und hatte zwei Checkpoints zügig überwunden. Doch am Hauptcheckpoint von Huwâra musste ich drei Stunden warten. Enttäuscht kehrte ich um; die rechtzeitige Rückreise war nicht garantiert.

5. Juli
Auch der zweite Versuch, Nablus zu erreichen, scheiterte. Beim Checkpoint Atara wurde uns erklärt, dass er den gan-

zen Tag geschlossen bleibe. Wütend und entsetzt kehrte ich heim. Munîr versuchte mich zu trösten: »Nimm es gelassen, denn so ist unser Leben; vieles klappt meistens nicht. Wir können nicht planen, wir dürfen nicht planen, und wir können es nicht ändern.«

Ich fühle mich Nablus sehr verbunden. Ich liebe die Stadt, und mein Bedürfnis ist gross, hinzugehen und mich mit den Leuten dort zu treffen.

In Nablus hatte ich 2003 mit der Schriftstellerin Sahar Khalifa und zwölf anderen Frauen die 86jährige Dichterin Fadwa Tukan besucht. Fadwa hatte sich einige Zeit zuvor bei einem Sturz die Hüfte gebrochen. Ihr Neffe hatte sie zur Pflege in sein Haus genommen. Wir warteten auf sie im Wohnzimmer. Dann wurde sie von einer Krankenschwester im Rollstuhl in den Raum geschoben. Sie hatte Lockenwickler in den Haaren, die Fingernägel rot lackiert und war sehr schön geschminkt. Sie trug einen türkisfarbenen Kimono aus Seide und zwei goldene Ringe an den Fingern, und ein türkis-goldener Armreif vollendete den Eindruck von Eleganz. Sie strahlte, als sie uns sah, umarmte jede von uns, und der Duft ihres Parfüms umhüllte uns. Sahar erinnerte sie an die Zeit, als es regelmässig solche Treffen mit ihr gab; schöne Stunden, in denen die Frauen von Nablus sich mit dem Vortragen von Gedichten und mit dem Gespräch über Bücher vergnügten, verbunden mit Musik und Gesang. Uns Frauen von der Universität Birseit hatten sie oft dazu eingeladen.

Sahar fragte: »Fadwa, wann war in deinem Leben der Höhepunkt deines dichterischen Schaffens?«

»Immer, wenn ich verliebt war«, sagte sie. »Ich habe mich immer wieder von neuem verliebt, um die Kreativität zum Sprudeln zu bringen. Es waren schöne Erfahrungen, und ich habe diese Beziehungen genossen. Aber ihr wisst, sich verlieben bedeutet keineswegs intime Beziehungen haben, denn das wäre gegen unsere Sitten. Ich hätte mich geschämt und mir nie verziehen, wenn ich gegen unsere Moral und unsere Regeln verstossen hätte. Es war Liebe aus der Ferne. Die Sehnsucht nach einem Blick, das Warten auf ein Lächeln, das Trauern über eine Enttäuschung oder eine verflossene Liebe spornten mich zum Dichten an. Ich habe nie lange getrauert, denn ich wusste, eine neue Liebe würde folgen und neue Gedichte würden mich beglücken. Ich habe nie geheiratet, weil ich fürchtete, die Quelle meiner Gedichte könnte versiegen.«

Sie fuhr fort: »Einmal war ich so dumm, mich in einen schrecklichen Mann zu verlieben. Von Anfang an war er unerträglich, doch ich blieb stur und wollte es mir einfach nicht eingestehen. Ich litt sehr darunter und wusste nicht, wie ich von ihm wieder loskomme. Da schrieb ich kein Lob-, sondern ein Schmähgedicht, um diese Liebe zu beenden.«

Auf unsere Bitte hin trug sie uns das Gedicht vor:

Ich verliebte mich und umhüllte dich mit meinen Flügeln.
O weh, welch eine Katastrophe!
Ich seufzte,
Das Weh meiner geknickten Flügel löschte mein Augenlicht.
Ich erkannte dich, welch eine Erlösung.
Meine Flügel hoben sich,
Das Licht meiner Augen leuchtete einer neuen Liebe entgegen.

Wir lachten. »Würdest du dich wieder verlieben wollen?« fragte Sahar. »Sehr gerne«, antwortete sie. »Aber die Liebe muss einen Nährboden finden.« Gerührt zeigte sie uns einen Band ihrer Gedichte, den Scheichin Mosa aus Katar herausgegeben hatte – ein Kunstwerk, vergoldet, mit bunten Illustrationen, das die Gedichte von Fadwa Tukan verewigt.

Zwei Monate nach dieser schönen Begegnung starb sie – ein Trauertag für Palästina. Fadwa hinterliess uns ihre Gedichte. Sie lebt weiter in der Erinnerung von Generationen und in der palästinensischen Kultur.

7. Juli

In den nächsten Tagen werde ich mit meiner Familie unser Haus und das Seminarhaus vorbereiten, um zwölf Verwandte unterzubringen, die nächste Woche aus den USA eintreffen werden. In unserem Haus soll die Verlobung von Munîrs Nichte Rimah stattfinden, und in Birseit beginnt demnächst das Treffen der »Birseitees«: Alle zwei Jahre organisieren die Leute aus Birseit, die in den USA und in Kanada leben, ein Treffen, um ihre Verbundenheit und ihre Zugehorigkeit zum Land Palästina und zu Birseit lebendig zu erhalten und um sich für die Menschen hier einzusetzen.

14. Juli

An jedem der letzten Abende traf sich das Vorbereitungskomitee des Treffens zu langen Sitzungen. Wir besprachen jede Einzelheit der verschiedenen Aktivitäten, angefangen von den Reden, den kulturellen und politischen Veranstaltungen zu den sozialen und menschlichen Problemen der Stadt bis hin zu den gastronomischen Bedürfnissen.

Jetzt sind die Gäste eingetroffen, und unsere ganze Zeit und Kraft ist nun, neben den Vorbereitungen für die Verlobung, dem Zusammensein mit unseren Verwandten gewidmet.

16. Juli

Mein Schwager Talal, seine Frau Randa und ihre Tochter Rimah waren aus San Francisco eingetroffen, um die Verlobung von Rimah und Johnny bei uns zu feiern. Das Paar lebt in den USA, aber Johnnys Mutter und Geschwister leben in Ramallah. Die Verlobung fand in traditionellem Rahmen statt, mit Tanz und Gesang, und ganz Birseit war dazu eingeladen. Laith, dem Bruder der Braut, der aus den USA nach Amman gereist war und dort erst seinen Onkel besuchte, wurde an der Jordanbrücke die Einreise zur Verlobung verweigert. Laith ist in den USA geboren und hat einen amerikanischen Reisepass. Sein Vater sei Palästinenser, deshalb müsse die Familie einen Besuchsantrag stellen, so lautete die Begründung für die Verweigerung. Solche Vorschriften existierten zu Beginn der Besatzungszeit, aber sie waren seit zwanzig Jahren nicht mehr angewendet worden. Jetzt werden sie wieder angewandt, ohne dass die Behörden dies bekanntgemacht haben. Als Folge der totalen Blockade der palästinensischen Regierung existiert keinerlei Koordination, und es ist uns nicht möglich, einen Antrag zu stellen. Laith versuchte über die nördliche Grenze, über die Scheich-Hussein-Brücke, nach Israel einzureisen. Er wartete dort elf Stunden, dann wurde er abgewiesen. Ein Schatten der Trauer und der Wut legte sich über das Verlobungsfest. Das junge Paar möchte dem Wunsch von Johnnys verstorbenem Vater entsprechen und die Hochzeit nächstes Jahr in Ramallah feiern. Doch niemand weiss, ob das möglich sein wird und ob der Bruder, die Mutter und die Schwester im Juli nächsten Jahres einreisen dürfen.

18. Juli

Im Emmaushaus in Kubaibe fand ein Treffen mit einer Reisegruppe aus Österreich statt, und ich hielt einen Vortrag mit Diskussion über die Situation in Palästina. Auf dem Heimweg besuchte ich Ghâda in Ramallah. Elias war bei ihr zu Gast. Er ist verzweifelt, denn er sieht keine Zukunft mehr für seine Familie. Elias hat vor acht Jahren eine Palästinenserin mit einem jordanischen Pass geheiratet. Sie darf nicht in den besetzten Gebieten leben und ihr Mann nicht in Jordanien. Die beiden Kleinkinder sind im Pass des Vaters eingetragen, dürfen also in Ramallah leben, nicht aber ihre Mutter. Der Vater muss jeden Monat die Kinder in Amman holen und nach einigen Tagen zur Mutter zurückbringen, damit die Kinder einen weiteren Monat in Amman wohnen dürfen. Er arbeitet in Ramallah in einem Restaurant und muss für zwei Haushalte aufkommen, mit enormen zusätzlichen Kosten für die Hin- und Herreise. Er ist am Ende seiner Kräfte. Manchmal sieht er nur noch die Wahl, sich scheiden zu lassen oder auszuwandern.

Besonders schwer betroffen von solchen Regelungen sind die Palästinenser in Jerusalem. Tausende von Männern arbeiteten in den besetzten Gebieten oder in den Golfstaaten, weil es in Jerusalem wenig Arbeit gab. Sie kamen im Urlaub, an Weihnachten oder zum Ramadân zu ihren Familien nach Jerusalem und konnten so ihr Wohnrecht in Jerusalem bestätigen. Vor ein paar Jahren wurde jedoch eine Militärverordnung erlassen, wonach Leute, die dieses Recht während mehr als sieben Jahren auf diese Weise bestätigt hatten, rückwirkend ihr Recht auf den Aufenthalt in Jerusalem verloren, weil für sie »das Ausland als Zentrum des Lebens« definiert wurde. Die Männer dürfen nicht mehr einreisen. Die Kinder, die geboren werden, gelten wie die Väter als Gebietsfremde, bekommen einen Geburtsschein, jedoch keine Identitätsnummer, und gelten demnach nicht als legale Bürger. Ohne Identitätskarte ist kein Schulbesuch möglich und besteht kein Anspruch auf Gesundheitsversorgung. Die Familien sind gezwungen, Jerusalem zu verlassen.

In Israel leben 7,1 Millionen Einwohner, davon 76 Prozent Juden und 20 Prozent Araber, das heisst Palästinenser mit israelischer Staatsbürgerschaft. In den besetzten Gebieten leben mehr als vier Millionen Palästinenser. Während die jüdische Einwanderung unbegrenzt gefördert wird, sorgen Verordnungen dafür, dass der Zuwachs der palästinensischen Bevölkerung gehemmt oder reduziert wird. Ein Araber mit israelischer Staatsbürgerschaft, der eine Frau ohne israelischen Pass heiratet, darf sie nicht einbürgern lassen, so dass er keine andere Wahl hat, als seine eigene israelische Staatsbürgerschaft aufzugeben. Manche Frauen reisen als Touristinnen ein und leben nach der Heirat wie eingesperrt, weil sie fürchten, als Illegale aus Israel ausgewiesen zu werden. Die Kinder solcher Familien haben es schwer, als Bürger anerkannt zu werden. Manche Frauen haben ihr Haus seit zehn oder fünfzehn Jahren nicht mehr verlassen und müssen ständig mit der Angst leben, erwischt zu werden.

Ein Palästinenser aus den besetzten Gebieten, der bei der Volkszählung kurz nach dem Krieg 1967 nicht im Land war, verlor sein Recht auf Zugehörigkeit zum Land Palästina. Tausende verloren ihr Rückkehrrecht, weil sie zum Studium, zu Besuch oder zur Arbeit im Ausland waren und es versäumten, den jährlichen Rückkehrzwang zur Bestätigung des Lebensrechts in Palästina rechtzeitig nachzuvollziehen. So war es auch bei meinen Geschwistern: Nuha war zur Zeit der Volkszählung mit ihrem Mann in Amman, wo sie im Krankenhaus ein Kind zur Welt brachte. Ihre ganze Familie durfte nie wieder in ihr Haus in Birseit zurück. Farhât arbeitete in Florida und hatte kein Geld für den Flug. Bassâm hatte einen Autounfall und lag zum Zeitpunkt seines Rückkehrtermins in New York im Krankenhaus. Und Adnân hatte seinen Rückkehrtermin verwechselt; er kam im Mai, sein Termin wäre jedoch im April gewesen. Alle verloren mitsamt ihren Familien das Recht auf ihre Heimat für immer.

22. Juli

Dieses Jahr beschlossen die »Birseitees«, den ersten Teil ihres Treffens in Amman und den zweiten dann in Birseit durchzuführen. Mehr als vierhundert Menschen machten sich nach den ersten Tagen in Amman auf den Weg, um über die Jordanbrücke nach Birseit zu reisen. Doch mehr als fünfzig Personen durften aufgrund der neuen Bestimmungen nicht einreisen. Wer angab, Israel besuchen zu wollen, durfte einreisen. Wer die Frage, ob ein Besuch der Verwandten in den besetzten Gebieten vorgesehen sei, bejahte, durfte nicht einreisen.

In Birseit war alles vorbereitet: Unterkunft, Ausflugsprogramme, Vorträge und kulturelle Veranstaltungen. Vor allem war die Freude, die Verwandten wiederzusehen, sehr gross. Die Einreiseverweigerungen drohten das Treffen zu sprengen. Nach langen Beratungen beschlossen wir, alles wie geplant mit denen durchzuführen, die Birseit erreichen konnten. Diejenigen, die frühzeitig von den neuen Bestimmungen gehört hatten, hatten auf ihre Teilnahme am Treffen in Amman verzichtet und waren direkt nach Israel gereist. Sie änderten ihre Flugtickets oder kauften neue und reisten über Tel Aviv ein.

Munîr organisierte mehrere Stadt- und Dorfbesichtigungen und gab eine Einführung in die Geschichte und das Kulturleben unserer Grosseltern. Er erzählte Geschichten und Legenden der sechs Hauptsippen von Birseit und wies auf das harmonische Zusammenleben von Muslimen und Christen in Palästina hin.

Fâjek und Aida kamen zum erstenmal nach dreiundvierzig Jahren zurück, mit ihrem Sohn. Auch zahlreiche andere waren seit vielen Jahren nicht mehr hier gewesen. Sie öffneten ihre seit Jahren verschlossenen Häuser, und das Dorf lebte richtig auf. Tag und Nacht besuchte man sich und hatte viel zu erzählen. Man kramte in den Erinnerungen, lachte viel und freute sich. Auch Nahla und Raûf kamen. Sie hatten vor drei Jahren in Los Angeles ihre einzige Tochter durch einen Autounfall verloren und waren immer noch erfüllt von Trauer und Schmerz. Nahla war meine Schulfreundin gewesen, und ich hatte sie seit mehr als dreissig Jahren nicht gesehen. Das ganze Dorf kam zur Begrüssung; wir nahmen sie auf und versuchten sie zu trösten und in die Aktivitäten des Treffens einzubeziehen. Es war eine ergreifende Begegnung. Am schönsten war der Besuch mit all den Aktivitäten für die alten Leute, die die Gäste von früher kannten. Sie führten beim Abschiedsfest alte Tänze und Gesänge auf – eine Tradition, die uns mit ihrer Generation verlorenzugehen droht. Deshalb wurden sie gefilmt und ihre Gesänge aufgezeichnet. So sind sie archiviert, falls die junge Generation sie sich aneignen möchte. Der Abschied fiel schwer, denn jeder wusste, beim nächsten Treffen würden viele nicht mehr dabeisein.

Für die junge Generation aus Birseit und aus den USA war es besonders schön. Wir organisierten ein spezielles Seminar für sie, wo sie sich über Jugendprobleme und Hoffnungen hier und dort austauschten. Sie trafen sich jeden Tag zum Gespräch und vergnügten sich mit Tanz und Musik bis in die Nacht hinein. Der Kasr war ihr Lieblingsort. Die Jugendlichen aus den USA beschrieben ihre Zerrissenheit zwischen Heimat und Exil; die Kluft zwischen heimatlicher Tradition und amerikanischem Moralverständnis und amerikanischen Verhaltensweisen. Die Eltern pochten auf Vorstellungen und Ideale, wie sie sie vor fünfzig Jahren in Palästina mitbekommen hatten. Viele der Jugendlichen sprachen nur wenig Arabisch und ärgerten sich, weil sie die Chance verpasst hatten, es zu lernen. Sie waren ihren Familien treu und hatten es schwer, Partner und Partnerinnen zu finden, die das Gemisch von östlicher und westlicher Kultur mittragen wollten. Sie sprachen über ihre Ängste, über Ausgrenzung und Diskriminierungen, die sie als Araber in der Folge der Attentate vom 11. September 2001 erfahren. Sie sind Amerikaner und lieben Amerika, aber sie leiden, als Christen und Muslime, weil sie Araber sind. Sie sehen die Notwendigkeit, als Amerikaner in den USA auf Differenzierung und Verständigung hinzuarbeiten.

Ein Mädchen sagte: »Hier sehe ich viele Einschränkungen, die mich abschrecken und die mich davon abhalten würden zurückzukommen. Viele schauen mich komisch an, weil ich mich anders anziehe als die Mädchen in Birseit. Ich soll hier keine kurzen Röcke und keine Shorts tragen, nachts nicht lange draussen bleiben und vieles mehr.« Alles müsse mit Mass geschehen, sagte man ihr, man müsse die Sitten respektieren, wenn man sich den Menschen hier zugehörig fühle. Ausserdem sei die Situation hier anders, und Restriktionen dienten auch der Sicherheit.

Viele wünschten sich, in Birseit leben zu dürfen und ihre Familienhäuser und ihr Land nutzen zu können. Sie empfinden eine tiefe Liebe und Verbundenheit und wollen ihre Familien und die Menschen in Birseit weiter unterstützen.

Die Jugendlichen aus dem Dorf berichteten von der Schwere ihres Alltags, von den Behinderungen bei der Ausbildung und von der eingeschränkten Bewegungsfreiheit, der Arbeitslosigkeit und Not. Sie erzählten von ihren Aktivitäten, die ihnen helfen, die Situation zu überstehen. Sie erzählten einander Anekdoten und Witze. Sie tanzten zusammen Volkstänze und sangen Volkslieder. Sie bildeten ein Komitee aus beiden Gruppen, das Kontakte und den Informationsaustausch per Internet ermöglichen sollte.

Die Jugendlichen aus den USA erzählten auch von ihren Erfahrungen mit jüdischen Amerikanern in der Schule oder in der Arbeitswelt: »Sie sind gute Menschen, und wir stehen uns als Gleichgestellte gegenüber, denn die Gesetze in den USA gelten für alle. Sie sind gute Ärzte, die wir konsultieren, und erfolgreiche Geschäftsleute und Akademiker, mit denen wir arbeiten und von denen wir lernen.« Ein Jugendlicher aus Birseit sagte: »Wir haben keine solchen Erfahrungen, hier begegnen sie uns nur als Soldaten, als Besatzer.« – »Hier sind sie Israelis, dort Amerikaner, das muss man unterscheiden.« – »Wir müssen mit denen, die für Gerechtigkeit eintreten und Israels Politik verurteilen, zusammenarbeiten und sie ermutigen.« – »Ich glaube nicht daran, denn letztendlich stehen sie auf der Seite Israels.« – »Es liegt an uns, sie zu ermutigen, sich für den Frieden einzusetzen. Sie warten auch darauf, dass wir ihnen die Hand entgegenstrecken. Wir haben die Verantwortung und müssen die Initiative ergreifen und nicht warten, dass andere es tun.«

23. Juli

Ich bin zur Sommerschule an der Universität Augsburg eingeladen, die unter dem Titel steht: »Kommunikation – Dialog – Friedensarbeit: nachhaltige Perspektiven für Israel / Palästina«.

Ausreisen ist zur Qual geworden. Seit mehr als vier Jahren dürfen Palästinenser den Flughafen Tel Aviv nicht mehr benutzen. Alle müssen über Jordanien ausreisen. Ich wohne nur eine halbe Stunde von Tel Aviv entfernt, aber ich muss nun erst nach Jericho fahren, um über die Grenze nach Jordanien zu gelangen. Jericho liegt zwar nur vierzig Kilometer entfernt, doch ich rechne mit fünf bis acht Stunden, weil mehrere Checkpoints zu überwinden sind. Der Checkpoint Atara liegt nur wenig ausserhalb von Birseit: Hunderte von Autos warteten hier auf die Durchfahrt. Nach einer halben Stunde durften wir weiter. Drei Kilometer weiter trafen wir bei Ujun al-Haramia an der Kreuzung nach Nablus auf einen fliegenden Checkpoint. Ein Militärjeep kontrollierte die unzähligen Autos. Es dauerte mehr als eine Stunde, bis unser Taxi an der Reihe war. Danach fuhren wir einige Kilometer und trafen bei der Siedlung Ofra auf eine noch längere Schlange von Autos. Wir wussten, dass die israelischen Fahrer mit der gelben Autonummer einfach durchfahren durften, während Hunderte von palästinensischen Autos mit grünen Nummernschildern warten mussten. Ich überlegte mir, was sie sich wohl dabei dachten: Sahen sie uns, nahmen sie uns überhaupt wahr, oder war diese Trennung für sie völlig normal geworden? Am liebsten hätte ich einen von ihnen darauf angesprochen, aber ich fürchtete, ich könnte ihn beleidigen und mich in Lebensgefahr bringen.

Nach einer Dreiviertelstunde fuhren wir weiter. Bei Anâta, zehn Minuten später, stand ein weiterer Militärjeep. Wir warteten wieder. Die Erwachsenen im Auto guckten verängstigt und wagten keinen Laut von sich zu geben – nur leises Stöhnen im Wechsel mit Gebeten und Trostsprüchen. Im Auto sass auch eine Mutter mit zwei Kindern. Die Kinder stellten Fragen und wurden ungeduldig. Sie weinten, und eines von ihnen musste pinkeln. Aber aussteigen oder die Tür öffnen war nicht erlaubt. Als es nicht mehr auszuhalten war, erlaubte der Fahrer dem Kind, durch den Türspalt zu pinkeln. Alle waren erleichtert, als es klappte. Es dauerte mehr als eine halbe Stunde, bis wir weiterfuhren. Endlich erreichten wir die Hauptstrasse nach Jericho. Da trafen wir nochmal auf einen fliegenden Checkpoint. Wir waren froh, dass wir hier nur zehn Minuten zu warten brauchten.

Danach erreichten wir den Hauptcheckpoint am Eingang von Jericho. Hunderte von Autos standen in der Schlange. Wir warteten zwei Stunden, dann hiess es, es gebe keine Durchfahrt mehr. Ich stieg aus und fand ein Taxi, das bereit war, uns über das freie Feld durch die Wüste zu schmuggeln. Wir fuhren über Schotterstrassen und durch Gräben hindurch. Einmal blieb das Auto stecken. Wir stiegen aus, schoben und hoben das Auto an. Endlich schafften wir es. Wir schauten uns um, befürchteten, ein Jeep hätte uns entdeckt. Wir waren froh, als wir endlich beim Zaun an der Hauptstrasse ankamen. Dort wartete ein anderes Taxi, das sich mit unserem koordiniert hatte. Wir tauschten die Handynummern für alle Fälle, stiegen aus, trugen unsere Koffer über holprige Fusswege und durch Gräben, um auf die andere Seite zu gelangen. Plötzlich tauchte ein Jeep auf. Der Taxifahrer und die Männer gerieten in Panik und flohen; ihre Koffer liessen sie zurück. Ich blieb mit der Frau mit den zwei Kindern stehen. Die Soldaten richteten ihre Gewehre auf uns und fragten, wie wir hierhergekommen seien. Mit dem Taxi, gab ich zur Antwort, und wir wollten nur nach Jericho, um auszureisen. Der Soldat sagte, das sei verboten. Ich sagte, wir wollten ins Ausland, ich müsse in Deutschland unterrichten, man warte auf mich. Er schaute sich unsere Papiere an und erlaubte uns, über den Zaun zu klettern, allerdings müssten alle herumliegenden Koffer weg, denn es könnten Bomben darin sein. Ich sagte, er brauche keine Angst zu haben, ich würde dafür sorgen, aber dem Taxifahrer müsse erlaubt sein zurückzukommen, ohne bestraft zu werden. Der Soldat nickte. Ich rief den Taxifahrer an. Er sammelte alle Koffer ein und machte mit den geflohenen Mitfahrern einen Treffpunkt aus. Er rief auch den Taxifahrer auf der anderen Seite herbei, der uns dann endlich nach Jericho fuhr. Wir waren froh, soviel Glück gehabt zu haben. Dieser Abenteuerweg von einem Kilometer hat mich vierzig Dollar gekostet.

Wir kamen zur Sammelstelle für Ausreisende auf der palästinensischen Seite. Tausende von Menschen warteten; ich hatte die Nummer 1653. Inzwischen war es Mittagszeit, und meine Angst wuchs, wir könnten es nicht schaffen, denn die Grenze schloss um vierzehn Uhr. In letzter Minute wurde meine Nummer aufgerufen, und ich durchlief die vielen Stationen des Grenzübertritts. Die Koffer wurden in einem Spezialaster gesammelt. In einem Bus fuhren wir fünfhundert Meter, dann wurden unsere Pässe und die Ausreisegebühren von dreissig Dollar von palästinensischen Polizisten eingezogen. Diese Gebühren teilen sich Israel und Palästina. Nach einer halben Stunde durften wir weiter und kamen nach dreihundert Metern zum ersten israelischen Kontrollposten. Vier Busse standen bereits da. Wir warteten fast zwei Stunden, dann mussten wir alle aussteigen, wurden kontrolliert und mussten in einen anderen Bus umsteigen, der zur Passkontrolle fuhr. Wir wurden der ersten Leibesvisitation unterzogen, dann nach hundert Metern der zweiten, und dann schlossen wir uns der Menschenschlange an, die auf die Pässe wartete. Nach einer Stunde waren wir durch. Wir stiegen in einen weiteren Bus, der uns vierhundert Meter weit fuhr. Wir stiegen aus, rannten zu einem Schalter, kauften Fahrscheine und suchten unsere Koffer. Mit Müh und Not gelang es uns, im Gewühl der Menschen unsere Koffer in den Kofferraum zu packen. Erschöpft sassen wir endlich wieder im Bus. Er fuhr uns über die Grenze zum ersten jordanischen Kontrollposten. Unsere Pässe wurden erneut kontrolliert, und nach einer halben Stunde ging es einen Kilometer weiter zur zweiten Kontrolle. Wir füllten die Einreiseformulare für Jordanien aus, verpflichteten uns, nicht mehr als eine Woche in Jordanien zu bleiben, und bezahlten dreissig Dollar Einreisegebühren. Immer wieder baten alte und kranke Leute junge Männer um Hilfe beim Ein- und Aussteigen aus den Bussen, und dies wurde ihnen selbstverständlich gewährt. Von der Grenze bis Amman dauerte es dann noch knapp eine Stunde. Wir waren erleichtert, nach fast dreizehn Stunden endlich in Amman angekommen zu sein – für eine Strecke von nur sechzig Kilometern, die in Friedenszeiten in weniger als zwei Stunden zu schaffen wäre. Wir träumen davon und glauben daran, dass die Ausreise eines Tages so normal wie in jedem Land verlaufen wird.

August 2006

6. August
In Augsburg hielt ich einen Vortrag über »Die Kunst des Friedenschliessens«, den ich hier in Auszügen wiedergebe.

»Je länger der Konflikt andauert, desto komplexer und schwieriger wird die Suche nach Lösungen. Ein Friedensschluss rückt immer weiter in die Ferne. Das Schweigen gegenüber dem Unrecht und der fehlende Mut, Dinge beim Namen zu nennen, aus Sorge um alle Beteiligten und mit dem Ziel, Einsichtigkeit bei der Friedensfindung zu fördern, versperrt die Wahrnehmung der eigenen Verantwortung. Es ist einfacher, den Preis des Schweigens zu bezahlen, als sich für den Frieden einzusetzen. Die Folge ist, dass sich der Unfriede durchsetzt und man auch im eigenen Haus nicht mehr sicher ist.

Der Friede im Nahen Osten konnte noch nicht erreicht werden, weil immer noch Besatzung herrscht und weil die unterschriebenen Friedensverträge nicht umgesetzt wurden. Menschen- und Völkerrechtskonventionen wie auch die UN-Resolutionen wurden nicht respektiert. Das Fehlen eines Sanktionsapparates und das Schweigen der Weltgemeinschaft begünstigten die Eskalation und die Verbreitung radikaler und fundamentalistischer Ideologien in allen Gesellschaften.

Frieden zu schliessen bedeutet, sich von der Ethik und Moral der Menschlichkeit, festgelegt in unseren Religionen und Kulturen, leiten zu lassen und die Rechte, die man für sich selbst beansprucht, auch der anderen Seite zu gewähren.

Frieden zu schliessen bedeutet, den Mut aufzubringen, sich gegenseitig einzugestehen, dass beide Seiten verantwortlich sind für das Leiden und für das Irreführen beider Völker.

Frieden zu schliessen bedeutet, das Unrecht und die Schuld einzugestehen, die jede Seite der anderen zugefügt hat, und dafür die Verantwortung zu übernehmen.

Frieden zu schliessen bedeutet, willens zu sein, den Frieden als höchstes Ziel anzunehmen, anstatt Landnahme, militärischen Ruhm und Herrschaft über die anderen, und eine Lösung zu finden, die die Menschen der Region vor religiösen Kriegen und Vernichtungsideologien rettet und die Versöhnung einleitet und ermöglicht.

Frieden zu schliessen bedeutet, die anderen in die eigenen politischen Ziele einzuschliessen, anstatt sie auszuschliessen. Freiheit, Unabhängigkeit, Sicherheit und Frieden können nur erreicht werden, wenn alle Seiten sie gleichermassen geniessen dürfen. Beide Völker haben das gleiche Recht auf Leben und Überleben in Palästina/Israel und in der Region. Ein Staat Palästina/Israel wäre ideal, ist aber heute für beide Völker nicht akzeptierbar. Daher wären zwei Staaten für die zwei Völker realistisch, wobei beide Staaten frei, unabhangig und lebensfähig sein müssen.

Frieden zu schliessen bedeutet, den Frieden zu wollen. Konkret hiesse das:

Erstens: Einigung über den territorialen Umfang, den jeder Staat haben soll. Der UN-Teilungsplan von 1947 wird von Israel niemals akzeptiert werden, und die heutige Grenze, die Israel mit dem Mauerbau einseitig und mit Gewalt festzulegen versucht, wird von den Palästinensern niemals akzeptiert werden. Eine mögliche Option wäre, die Vereinbarung im Rahmen des Friedensprozesses von Oslo 1995, beziehungsweise die Ergänzung durch die Genfer Initiative, als Grundlage für einen territorialen Kompromiss zu akzeptieren.

Zweitens: Einstellung aller Gewalthandlungen auf beiden Seiten.

Drittens: Amnestie ist die Grundlage für einen Neubeginn. Mehr als zehntausend Palästinenser sind in israelischen Gefängnissen, darunter viele Jugendliche unter siebzehn Jahren, auch Frauen und Babys, die im Gefängnis geboren worden sind. Die politischen Gefangenen geniessen Vertrauen, Respekt und Glaubwürdigkeit bei der palästinensischen Bevölkerung. Gerade jetzt, wo die Enttäuschung und Empörung über die Politiker gross ist, können die Gefangenen den politischen Kurs korrigieren. Sie gehören verschiedenen Parteien an, und sie waren es, die vor kurzem ein Dokument zur nationalen Einigung verfasst und Regierung wie auch Parlament und den Präsidenten zum Dialog gezwungen haben. Die Anerkennung der unterschriebenen Verträge mit Israel und damit die Anerkennung Israels durch die Hamâs waren reif zur Unterschrift. Doch am nächsten Tag begann die Invasion des israelischen Militärs in Gasa, und mehr als zwanzig palästinensische Abgeordnete und acht Minister wurden verhaftet. Die Lähmung der Regierung und des Parlaments führt zu noch mehr Chaos und noch grösserer Radikalisierung. Die Amnestie muss alle, die jemals gefangen waren, betreffen, und die schwarze Liste muss gelöscht werden.

Der Konflikt hat seine Wurzeln und Gründe; er dauert seit Jahrzehnten. Es wäre falsch, danach zu fragen, wer begonnen hat und wer jetzt die Eskalation bewirkt, denn es ist ein Kreislauf. Der Konflikt muss transparent gemacht werden, und man muss dabei auch Ängste und Leiden der anderen erkennen, respektieren, aussprechen und das Wissen darüber der anderen Seite übermitteln können. So wachsen Verständnis, die Bereitschaft zum Zuhören und das Einfühlungsvermögen.

Frieden zu schliessen bedeutet, nicht von ›uns‹ und ›ihnen‹ zu sprechen und ›sie‹ als das Problem zu sehen, sondern den Konflikt als das Problem zu verstehen und ›sie‹ und ›wir‹ als die Leidenden. Wenn wir von unserem Leiden sprechen, muss ihr Leiden präsent sein, und wenn wir ihre Fehler benennen, so müssen wir unsere Fehler erst recht aufdecken.

Frieden zu schliessen bedeutet, Antennen für Sensibilität zu entwickeln, positive Gedanken zu erspüren und sich mit Empathie zu rüsten, die ein tiefes Verstehen der Gedankengänge und der Gefühle der anderen ermöglicht, gerade wenn Negatives das Gespräch zu trüben scheint. Empathie beleuchtet das Unsichtbare und öffnet die Augen und Herzen beider.

Frieden zu schliessen bedeutet, die Situation kreativ so zu verändern, dass mehrere Optionen für einen friedlichen Ausgang möglich werden.«

7. August
Rückflug nach Amman.

Ich höre die Nachrichten: zehn Tote und dreiundzwanzig Verletzte in Schoka, östlich von Rafah im Gasastreifen. Zur gleichen Zeit versuchten jüdische Gruppen in die al-Aksa-Moschee in Jerusalem einzudringen. Sie trugen Bilder des dritten Tempels mit sich, der anstelle der Moschee errichtet werden sollte. Alle Tore zur Moschee wurden geschlossen, um Zusammenstösse zu verhindern.

In Amman besuche ich meine Schwester Nuha und meinen Schwager Adîb.

12. August
Eigentlich wollte ich bereits am 8. August nach Hause fahren, aber ich hatte es nicht geschafft, denn an der Grenze warteten viele Menschen vor mir. Also beschloss ich, noch in Amman zu bleiben. Munîr ist ebenfalls hergekommen; er begleitete Hâla, die zum Studieren in die USA reiste. Sich allein durch die reisenden Massen durchzudrängen wäre für sie sehr schwierig, und es war zugleich eine Gelegenheit für Munîr, seinen Bruder Adîb zu sehen und mit mir einige Tage Urlaub zu machen. Richtigen Urlaub zu planen ist selten möglich. In Amman erfuhren wir auch, dass mein Neffe Râmi, Nuhas Sohn, sich verloben wollte. Der Termin wurde schnell so vereinbart, dass wir auch dabeisein konnten. Es würde schön für uns sein, endlich einmal mit unseren Verwandten und Bekannten aus Birseit, die in Amman leben, zu feiern. Es munterte uns auf und erinnerte uns an ein normales Leben.

Mein Schwager Adîb ist Dichter. Er hatte in den fünfziger Jahren in Saudi-Arabien beim Fernsehen gearbeitet, und seine Gedichte waren dort sehr beliebt. Eine Prinzessin hatte sich aufgrund dieser Gedichte in ihn verliebt. Als das herauskam, musste er überstürzt das Land verlassen und seine Bibliothek zurücklassen. Als Folge des Krieges von 1967 durfte er, und mit ihm hunderttausende Palästinenser, nie wieder nach Palästina zurück. Er ging in den Libanon und arbeitete dort als Dichter und Redaktor für mehrere Zeitungen. Als 1982 der Krieg ausbrach, musste er den Libanon wieder verlassen; seine zweite Bibliothek verbrannte. Er ging dann in den Irak und arbeitete dort als Leiter des palästinensischen Rundfunksenders. Mehr als dreissig Jahre lebte er in Bagdad. Erst zwei Monate nach dem Beginn des Irakkrieges 2003 war er mit seiner Familie heil in Jordanien angekommen. Sie verloren Haus und Geschäft und – zum dritten Mal – die Bibliothek.

Immer wenn ich ihn treffe, spricht er von seinen Schriften und der Bibliothek. Er liess auch zwei druckfertige Manuskripte zurück, das Ergebnis jahrelanger Arbeit.

Einer seiner Söhne ist mit einer assyrisch-irakischen Christin verheiratet. Der andere Sohn hat eine irakische Schiitin zur Frau; sie leben in den Emiraten. Die Frauen sind von ihren Herkunftsfamilien getrennt.

Im Irak leben seit fast fünfzig Jahren vierunddreissigtausend Palästinenser als Flüchtlinge. Sie erhielten Flüchtlingsausweise, jedoch keine Pässe. Der Irak behandelte sie gut und ermöglichte ihnen Bildung und Arbeit. Heute werden ihre Identitätsdokumente weder vom Irak noch von anderen Staaten anerkannt, und sie werden im Irak systematisch verfolgt und vertrieben. Viele verloren ihre Häuser, wurden getötet, oder sitzen seit drei Jahren in Flüchtlingslagern an den Grenzen zu Jordanien und Syrien. Ihre Situation ist unmenschlich und zum Verzweifeln. Sie wurden allein gelassen und vergessen.

Mit Adîb fuhren wir heute zum Dorf Middîn bei Karak, aus dem unsere Vorfahren ausgewandert waren, bevor sie sich endgültig in Birseit niedergelassen hatten. Das war vor fünfhundert Jahren. Früher wanderten die Stämme im Winter in die Gegend östlich des Jordans und im Sommer westlich davon. Nach zwei Stunden Fahrt sahen wir den Wegweiser zum Dorf Middîn. Darunter stand auf einer Tafel: »Geht hin zur Quelle Midian, da findet ihr Menschen, die ihre Böden pflegen, kultivieren und bewässern.« Wir waren gerührt, weil wir mit eigenen Augen sehen durften, dass dieses Dorf existiert. Mit all unseren Sinnen sogen wir die Landschaft in uns auf und verglichen sie mit Birseit. Die Überreste der Terrassen mit den Fusswegen hin zur Quelle kamen uns vertraut vor. Feigen, Wein und Feigenkakteen wuchsen da genauso nebeneinander wie in Birseit. Mitten in den Ruinen des alten Dorfes strahlte uns ein einzelner alter Olivenbaum an. Der Stamm war dick, gewunden und verknöchert, doch die Blätter leuchteten silbergrün und verkündeten Leben. Wir berührten ihn und dankten denen, die ihn gepflanzt hatten. Es waren sicher unsere Vorfahren, sagten wir uns. Unter dem Baum sass eine alte Frau. Sie schaute uns erstaunt zu. Als ich sie ansprach, drängte sie mich, mit ihr zu ihrem Haus zu gehen. Sie ging flink voran, barfuss, über Steine und durch Dornengestrüpp. Am Rand der Ruinen war ein Raum renoviert worden, und darin lebte sie mit ihrer Familie. Daneben befand sich die Hütte für die Schafe und Ziegen. Wir tranken Tee und erzählten. Danach zeigte sie mir Glasscherben und Münzen aus alten Zeiten. Sie hatte sie in der grauen Erde der Ruine verstreut gefunden. Ich wollte sie gerne haben, doch sie wollte sie mir nicht verkaufen, sondern schenken. Ich sagte: »Du schenkst sie mir, und ich schenke dir, was ich an Geld bei mir habe, für die Familie.« Sie war einverstanden. Diese Funde werden in einem künftigen Palästina-Museum ihren Platz finden. Die Häuser waren früher aus schwarzem Gestein gebaut, die Dächer aus Holz und Stroh mit Lehm verklebt worden. Heute werden sie aus Beton gebaut und mit weissem Verputz versehen. Wir sprachen die Leute an und erklärten ihnen, dass unsere Vorfahren vor fünfhundert Jahren hier gelebt hatten. Sie waren erstaunt über unser Wissen und unser Interesse. Wir erzählten ihnen die von Generation zu Generation weitergegebene Geschichte über Munîrs Grossvater, den Priester der Grabeskirche St. Jakob in Jerusalem, die vor hundert Jahren von Mussa Ibn Nâser niedergeschrieben worden war. Die Vorfahren der jetzigen Bewohner waren vor hundertfünfzig Jahren als Nomaden aus Hebron gekommen und hatten sich bei dieser Ruine angesiedelt. Sie hatten jahrzehntelang in Zelten nahe der Quelle gelebt. Wir konnten in der Baustruktur der Häuser eine Ähnlichkeit zu Birseit erkennen, in der Anordnung der Wohnräume, mit den Höfen und den Nischen in den Wänden. Wir inspizierten jeden Fleck und machten viele Aufnahmen. Die Leute des Dorfes empfanden eine Art Nähe zu uns und wir zu ihnen auch. Selbst die kleinen Kinder, die uns begleiteten und uns zuhörten, drängten wie die Erwachsenen darauf, dass wir zum Essen blieben und sogar bei ihnen übernachteten. Auch in Middîn werden die Leute unsere Geschichte weitererzählen. Es war eine wunderbare Begegnung, von der wir den Menschen in Birseit bei jeder Gelegenheit berichten.

19. August
Gestern fand die Verlobung von Râmi und Nisrîn statt, an der sich viele Verwandte und Bekannte aus Birseit beteiligten. Wir sangen und tanzten bis in die Morgenstunden. Das war erquickend, wir genossen es sehr.

Heute machten wir uns auf den Weg nach Hause. Wir fuhren zur Jordangrenze. Tausende von Menschen wollten die Grenze überschreiten. Die Situation schien aussichtslos. Ein VIP-Transport, mit dem man mehrere Stationen des Wartens überspringen kann, bot sich an. Uns schreckte der Preis von neunzig Dollar pro Person für zwei Kilometer Strecke – die teuerste Fahrstrecke der Welt. Wir beschlossen normal zu fahren. Es dauerte drei Stunden, bis wir in den Bus einsteigen konnten, der uns einen Kilometer zur Brücke führte. Vor uns standen zwölf Busse. Es wurde heiss und stickig. Die Fenster durften nicht geöffnet werden, niemand durfte aussteigen. Die Erwachsenen schwiegen. Die Kinder weinten, sie hatten Durst und Hunger und wollten auf die Toilette. Einzelne durften von der Bustür aus pinkeln. Wir warteten sechs Stunden; hinter uns hatten sich weitere acht Busse eingereiht. Endlich erreichten wir die erste israelische Kontrollstelle. Es ging zügig voran, und bald kamen wir zur Pass- und Gepäckkontrolle. Nach zwei

Stunden konnten wir endlich weiter nach Jericho. Nach »nur« drei Checkpoints erreichten wir Birseit. Wir hatten zwölf Stunden gebraucht.

23. August

Wir hatten eine Pause von mehreren Tagen eingelegt, um uns von den Strapazen der Reise zu erholen, aber auch um in Ruhe an die schönen Erlebnisse in Jordanien zu denken und sie zu geniessen.

Im Seminar mit den Mädchen war der Krieg im Libanon das Thema. Viele von ihnen haben Verwandte dort und machen sich Sorgen um sie. Manche Verwandte sind verschwunden oder getötet worden. Wir baten die Mädchen, ihre Gefühle in Stichworten auszudrücken und auf Zetteln an die Wand zu kleben: Angst, Erschrecken, Tod, Zerstörung, Flüchtlinge, Ohnmacht, Verzweiflung, Ungerechtigkeit, Unmenschlichkeit, Wahnsinn, Verbrechen und vieles mehr stand da. Ein Mädchen sagte: »Ich spüre nichts, ich will nichts spüren.« Sie wurde aufgefordert, mehr dazu zu sagen. Sie sagte: »All das erleben wir hier doch auch.« Ein anderes Mädchen antwortete: »Gerade deshalb müssen wir ihre Not spüren und uns solidarisieren.« Nach längerer Diskussion gab das Mädchen schliesslich zu, dass sie das Schreckliche einfach ausblenden wollte, denn sie konnte es nicht ertragen. Ich sagte dann: »Lasst uns jetzt nach positiven Aspekten suchen, die im Libanon erkennbar sind.« Das Gespräch bekam eine neue Richtung: »Wir wollen den Menschen im Libanon unsere Hochachtung aussprechen für ihre Tapferkeit. Wir bewundern sie, weil sie sich dem Widerstand angeschlossen haben.«

25. August

Unser Frauenseminar befasste sich heute mit abergläubischen Verhaltensweisen. Ghâda und ich hatten festgestellt, dass mehrere junge Mütter ihren Kleinkindern Amulette an die Brust, hinter das Ohr oder in die Tasche gesteckt hatten. Eine Mutter hatte eines so tief ins Ohr des Kindes gesteckt, dass es schwere Schäden davontrug. Ein Amulett besteht aus einem mit religiösen Sprüchen oder unverständlichen Worten beschriebenen Zettel, der in ein Tüchlein gewickelt und zusammengenäht wird, manchmal mit einer blauen Perle versehen. Manche Amulette bestehen aus kleinen Perlen, die mit einer Haarsträhne des Kindes verklebt und mit Stoff umwickelt sind.

Ghâda und ich sprachen die Frauen auf die Amulette an. Sie liessen diese für viel Geld von gewissen alten Männern und Frauen herstellen und waren der Meinung, dass sie damit ihre Kinder vor dem bösen Blick, vor Krankheiten und vor dem Tod schützten. Wenn Menschen in tiefster Not und am Rand der Verzweiflung sind, hängen sie sich an jeden kleinen Hoffnungsfaden, der vielleicht Hilfe bringt.

Vor einiger Zeit hatte sich folgende Geschichte zugetragen: Eine Frau, die aus Birseit stammte, war aus den USA zu Besuch gekommen. Sie hatte ihr Baby verloren und litt nun aufgrund ihrer Schuldgefühle unter schweren Depressionen. Die Frau soll täglich stundenlang vor einer Marienstatue gebetet und eines Tages plötzlich entdeckt haben, dass die

Augen der Gipsfigur Öltränen weinten. Als dies bekannt wurde, kamen die Menschen in Scharen von überall her, um die Mutter Maria anzubeten und sie um Hilfe zu bitten – ganze Busladungen kamen sogar aus Galiläa. Auch viele Muslime kamen, was in ihrer Gemeinschaft die Befürchtung weckte, sie könnten sich zum Christentum bekehren und sich von ihrer eigenen Religionsgemeinschaft abwenden. Das Gleichgewicht der Religionsgruppen schien erschüttert. Eine Klärung der Erscheinung war nicht möglich, weil die Besitzer der Figur niemanden in deren Nähe liessen. Eines Tages hörte das Öl auf zu fliessen, die Frau reiste in die USA zurück, und das Gespräch darüber versiegte.

26. August

Heute nahm ich mir vor, vor Sonnenaufgang Kaktusfeigen zu pflücken. Ein Sommer ohne Kaktusfeigen wäre ein Verlust und hiesse, die Gaben der Natur nicht zu beachten und zu geniessen. Ich zog schützende Kleider an, nahm einen Korb und den Pflückstock, an dessen Ende ein Becher aus Blech befestigt ist. Die Feigenkakteen wachsen auf steinigem und dornigem Boden, sie sind üppig, verzweigt und mit Stacheln und sehr feinen Dornen überzogen, die sich bei der kleinsten Bewegung lösen. Ich prüfte meine Standfläche und vergewisserte mich, dass ich mich wegbewegen konnte, wenn ich ins Gebüsch zu fallen oder hängenzubleiben drohte. Ich setzte den Becher des Pflückstocks wie eine Kappe über die Kakteenfrucht und drehte den Stock vorsichtig so, dass die Frucht in den Becher fiel. Dies verlangt höchste Konzentration, damit die Frucht nicht zu Boden fällt, einem keine der feinen Dornen in die Augen kommt und man nicht stolpert. Manchmal sind die Früchte sehr gut versteckt; man muss sich auf die Zehenspitzen stellen oder sich bücken und sich dabei stets vergewissern, dass einen weder eine Schlange noch ein Skorpion in den Fuss beisst und man auch nicht von Bienen oder Wespen gestochen wird. Eine falsche Bewegung, eine falsche Reaktion kann katastrophale Folgen haben; dies erhöht die Spannung und ist ein Training der Konzentrationsfähigkeit.

Es ist ein überwältigendes Gefühl, wenn es ohne Zwischenfälle klappt. Alle Sinne sind auf den Akt des Pflückens konzentriert, und dies verleiht ein Gefühl von Sicherheit. Es lässt die Stärke der eigenen Sinne erkennen – intensive Wahrnehmung, Selbstdisziplin und Selbstvertrauen. Nach einer Stunde hatte ich neunundneunzig Kaktusfeigen gepflückt. Hinter der Küche leerte ich den Korb auf die Erde und bürstete die feinen Dornen weg. Dann sammelte ich die Früchte mit Gartenhandschuhen ein und wusch sie unter fliessendem Wasser. Mit Anîs' Hilfe begann ich sie zu schälen. Wir genossen den köstlichen Geschmack – dankbar für alles, was die Natur uns schenkt.

27. August

In den letzten zwei Jahren wurde Birseit mehrmals von Jugendlichen aus dem benachbarten Flüchtlingslager überfallen. Sie warfen die Fenster von Wohnhäusern und Geschäften mit Steinen ein, zerstörten Telefonmasten und Strassenlaternen und verwüsteten alles, was ihnen im Wege stand. Zweimal griffen sie die Polizeistation an und setzten sie in Brand. Die Bewohner wurden in Angst und Schrecken versetzt und befürchten seither, es könnte wieder passieren. Viele Menschen wurden dabei verletzt.

Es braucht nur wenig, bis es zu Streit kommt. Ein Blick, der zwei Sekunden zu lange dauert, kann als Drohung verstanden werden: »Was glotzt du mich an? Gefalle ich dir nicht? Du greifst mich an mit deinen Blicken.« Der andere antwortet: »Wieso, ich schau dich doch gar nicht an.« – »Doch, du greifst mich an!« – »Stimmt nicht, ich stehe nur so da, lass mich in Ruhe!«

Ein Wort provoziert das nächste, und wie ein praller Ballon, der platzt, gehen sie aufeinander los und schlagen sich. Ihre Freunde greifen ein und innerhalb von Minuten findet sich auf der Strasse ein Gewühl von Jugendlichen, die sich prügeln. Die aufgestaute Aggression bricht beim erstbesten Anlass aus: die vermeintliche Belästigung eines Mädchens, eine falsch verstandene Bewegung oder ein Blick, der als bösartig gedeutet wird, und schon sind die Jugendlichen in bittere Kämpfe verwickelt. Ein Streit mit Verletzten und Toten, der dann in der Sulha, dem traditionellen Schlichtungsverfahren, ohne ordentlichen Gerichtsprozess, beigelegt wird. Sulha heisst Versöhnung; sie hat keinen Abschreckungseffekt, da die gesamte Familie, Sippe oder politische Partei die Verantwortung übernimmt, ohne dass der Schuldige selbst eine angemessene Strafe bekommt. Der Verzicht auf Schadenersatz wird als Geste der Beruhigung und des guten Willens verstanden. An der Sulha verdienen die Herren Notabeln, die Sprecher der Grossfamilien und Sippen, die die Sulha verwalten. Sie gewinnen zudem gesellschaftliche Macht, weshalb sie das traditionelle Rechtsverfahren fördern und ihm mehr Bedeutung zumessen als dem staatlichen Zivilgericht. Die Polizei ist nicht fähig, Recht und Ordnung zu sichern. Sie hat kein Verfügungsrecht. Das ermutigt zu Wiederholungen solcher Angriffe.

Die palästinensischen Behörden sind sensibilisiert und bemühen sich, Birseit als christlichen Ort zu schützen sowie die guten Beziehungen zu allen benachbarten Dörfern und Lagern zu sichern. Hier gab es immer ein beispielhaftes Zusammenleben von Christen und Muslimen; seit Jahrhunderten leben wir wie eine Familie.

Ich war mit vielen Familien im Flüchtlingslager befreundet und hatte sie früher oft besucht.

Eine Familie hatte ich besonders ins Herz geschlossen. Der Vater war tot, die Mutter sorgte allein für sieben Kinder. Ich besuchte sie regelmässig und stand ihnen bei. Wir hatten uns angefreundet. Manchmal halfen sie uns bei der Olivenernte, und wir teilten die Ernte gleichmässig auf. Der älteste Sohn war politisch aktiv und bereits mehrmals verhaftet worden, bevor er achtzehn war. Als er zweimal mit Absicht kurz vor der Abiturprüfung eingesperrt wurde, versteckte ich ihn im dritten Jahr zur Prüfungszeit, und er wurde dann jeden Tag in den Prüfungssaal geschmuggelt. Alle freuten sich, als er beim dritten Versuch die Prüfung bestand. Er heiratete und arbeitet seit vielen Jahren in einer Bank. Die drei Schwestern und seine drei Brüder sind ebenfalls verheiratet und haben Kinder. Mu ist der Zweitälteste. Auch er war als Jugendlicher vom Militär angeschossen worden und wie alle Angeschossenen ins Gefängnis gekommen. Als er nach zwei Jahren entlassen wurde, wurde er im Lager als Held gefeiert. Er schloss sich den Sicherheitskräften der Fatach an und übernahm eine Leitungsfunktion. Es freute mich, dass er sich hochgearbeitet hatte.

Vor kurzem nun fand der palästinensische Geheimdienst durch intensive Nachforschungen heraus, dass Mu hinter den Überfällen auf Birseit stand. Er hatte als Kollaborateur provoziert und den Streit bewusst entfacht. Zutiefst entsetzt erinnerte ich mich, dass ich den Kollaborateur als Kind gekannt und ihn oft auf meinem Schoss gehalten und mit ihm gespielt hatte. Mu, achtundzwanzig, verheiratet, Vater von vier Kindern, hatte gestanden, dass er im Auftrag des israelischen Geheimdienstes den Streit provoziert und die Angriffe gesteuert hatte. Er gestand, dass er mit siebzehn Jahren nach Folterungen und Drohungen im Gefängnis zum Informanten und dann zum Kollaborateur geworden war. Ich dachte an seine liebe Mutter, die so viel hatte ertragen und erleiden müssen, bevor sie vor drei Jahren starb. Ich dachte an die Geschwister und ihre Familien, die diese Schande ertragen und sich zugleich um Mus Familie kümmern mussten. Mu bekam eine Haftstrafe von sechseinhalb Jahren. Seine Frau und die vier Kinder werden gemieden und sind aus der Gemeinschaft ausgeschlossen.

Dieses Ereignis lässt mich nicht los. Ich spüre die Verantwortung, das Thema Kinder-Kollaborateure anzusprechen, auch wenn damit Gefahr verbunden ist. Die Kinder sind dem Missbrauch und der Zerstörung ausgeliefert.

28. August

Seminar mit der Mädchengruppe. Wir lernen: Jeder Mensch ist einzigartig. Ich bin einzigartig. Gott hat mich so geschaffen, und ich will daran glauben, dass tief in meinem Inneren ein guter Kern eingepflanzt ist. Es kommt auf mich an, ob das Wunderbare in mir erblüht. Ich glaube an das Wunderbare in mir und möchte mich davon leiten lassen.

30. August
Munîr und ich fahren zu unseren Olivenbäumen, um nachzuschauen, wie es ihnen geht, wieviel Frucht sie tragen und was an Vorarbeiten für die Olivenernte nötig ist. Am Checkpoint Atara müssen wir eine halbe Stunde warten. Am Strassenrand sitzt ein junger Mann am Boden, seine Hände gefesselt, sein Gesicht dem Betonblock der Sperre zugewandt. Neben ihm liegen seine Computertasche und seine Bücher. Wir fahren an ihm vorbei und gelangen zu unseren Bäumen.

In den letzten zwei Jahren hatten wir wegen der Sperren oft Schwierigkeiten, zu unseren Olivenhainen zu gelangen. Im Frühjahr hatte es Munîr einmal gewagt, sich vor Sonnenaufgang mit dem Maulesel und dessen Besitzer über die Hügel zu schmuggeln, um den Boden zu pflügen und zu pflegen. Erst nach Sonnenuntergang war eine Heimkehr unter Lebensgefahr möglich. Land, das brachliegt, kann von den israelischen Militärbehörden konfisziert werden. Im Herbst vor zwei Jahren hatten wir unsere Oliven nicht ernten dürfen, und wer es doch geschafft hatte, dem drohte die Gefahr, dass die Siedler die Ernte vor den Augen der Soldaten vernichteten oder beschlagnahmten. Im folgenden Frühjahr war die Sperre für kurze Zeit verschwunden, und wir waren durch die Felder zu unseren Bäumen geeilt. Voller Freude hatten wir uns der Quelle genähert, dem Rauschen des Wassers gelauscht, uns gebückt, hatten Wasser in den hohlen Händen aufgefangen, es darin ruhen lassen und Gesicht und Hände darin gewaschen und davon getrunken. Danach waren wir den Wasserlauf entlanggegangen und hatten die üppig gewachsenen wilden Pfefferminze und Salbei erkannt. In der Ferne hatten wir unsere Olivenbäume erblickt und unsere Schritte beschleunigt, je näher wir kamen. Als wir unser Feld erreicht hatten, strahlten uns die Bäumen in voller Blüte entgegen, und um sie herum wuchsen Gebüsche mit wunderbaren Blüten, deren Duft uns umhüllte. Wir hatten jeden Baum umarmt, die Zweige gestreichelt und den Stamm geküsst, als entschuldigten wir uns für unser langes Fernbleiben. Auf dem Boden hatten die Olivenfrüchte des Vorjahres gelegen, die wir nicht hatten pflücken dürfen.

Dieses Jahr erwarten wir eine reiche Ernte. Wir sind glücklich und hoffen, dass es uns gelingt, sie einzubringen.

Als wir zwei Stunden später wieder zum Checkpoint kamen, war der gefesselte junge Mann immer noch da.

31. August

Nachts träumte ich von dem jungen Mann am Checkpoint. Ich wachte erregt auf, mein Herz schlug schnell. Ich ging auf die Veranda, atmete tief durch und dachte an ihn und an zahlreiche Vorfälle am Checkpoint Surda:

– Soldaten zwangen fünf Männer, die mit ihren Holzkarren mit Fahrradreifen auf den zerstörten Strassen zwischen beiden Enden des Checkpoints Waren und Menschen transportieren, ihre Karren den zwei Meter hohen Schuttdamm hochzuschieben, auf der anderen Seite die Waren und Menschen aufzuladen und sie wieder über den Schutthaufen zu schieben. Die eineinhalb Meter breite Öffnung der Strasse durften sie nicht benutzen. Eine Qual, verbunden mit Demütigung.

– Ein Soldat zwang alle vorbeigehenden Menschen, sich bei einem Verkäufer mit Eis oder einer Tüte Lupinen zu bedienen, ohne zu bezahlen. Als die Ware ausverkauft war, gab der Soldat dem Händler zehn Schekel. Seine Ware hatte den Wert von hundert Schekel.

– Ein Soldat zwang drei Studenten, sich grosse Mengen Haarfestiger auf ihre Haare zu sprühen. Sie mussten sich mit den nach allen Seiten abstehenden Haaren mehrere Stunden den vorbeigehenden Menschen zur Schau stellen.

– Fünf junge Männer wurden gezwungen, den Schuttdamm hochzuklettern und das zehnmal zu wiederholen.

– Ein Soldat forderte die Frauen auf, sich in zwei Reihen aufzustellen, eine für schöne und eine für hässliche Frauen. Als die Frauen sich weigerten, forderte er einzelne hübsche Mädchen auf, sich auf die Seite zu stellen.

– Ein Mann wurde gezwungen, sich genau da auf den Boden zu setzen, wo die den Schutthaufen hochkrabbelnden Menschen durch mussten. Die Vorbeigehenden traktierten ihn mit Beschimpfungen und Tritten, weil sie dachten, er mache es aus Spass. Jedesmal musste er den Leuten von neuem erklären, dass er gezwungen worden sei. Die nächsten aber wussten es wieder nicht und schimpften. Er schwieg dann und versteckte seinen Kopf im Hemd. Das dauerte zwei Stunden. Drei Frauen begannen dann, die Leute im voraus über die Situation des Mannes aufzuklären.

– Nachdem wir zwei Stunden am Checkpoint gestanden hatten, bestiegen die Soldaten ihren Panzer, warfen drei Gasbomben auf uns und fuhren weg. Alle Menschen begannen zu husten, uns wurde übel, und viele mussten sich übergeben. Andere bekamen Asthmaanfälle und litten an Atemnot. Wir rannten, so schnell wir konnten, um die zwei Kilometer lange Pufferzone zu durchqueren. Plötzlich hörten wir den Panzer, der wiederkam und uns jagte, sodass viele hinfielen oder ins Tal flohen. Manche weinten, andere redeten verwirrt mit sich selbst. Ich hatte Blutungen im Auge. Eine Zyste hatte sich im Auge gebildet, war geplatzt und musste operiert werden.

– Râed ist 31 Jahre alt, Zeitungsverteiler. Er schmuggelte sich über die Berge und holte in Ramallah die zweihundert Zeitungen für Birseit. Die Soldaten erwischten ihn. Sie zwangen ihn, sich bis auf die Unterhose auszuziehen und sich auf den Boden zu setzen. Sie verteilten die Zeitungen in einem Kreis um ihn herum und zündeten eine nach der anderen an. Es dauerte zwei Stunden, bis alle Zeitungen verbrannt waren. Dann durfte er nach Hause gehen.

September 2006

1. September
Heute beginnt das neue Schuljahr. Doch alle öffentlichen Schulen streiken. Die Seminare mit den Schülerinnen der Bait-Idschsa-Schule fallen deshalb aus.

In den ersten vier Monaten dieses Jahres war ich regelmässig dorthin gefahren und hatte mehr als zwanzig Treffen durchgeführt.

Die Bait-Idschsa-Schule wird von dreihundertfünfzig Oberschülerinnen aus sechs Dörfern westlich von Jerusalem besucht. Diese Dörfer wurden mehr als fünfunddreissig Jahre lang völlig vernachlässigt. Die Strassen sind kaputt und dürfen nicht repariert werden. Die Dörfer sind von der Mauer umschlossen; die Menschen fühlen sich wie in einem Gefängnis. Sie sind von ihren Feldern abgeschnitten, dürfen sie nicht betreten und bebauen und sind verarmt. Die Schulleiterin freute sich über meinen Vorschlag, mit den Oberschülerinnen eine Fortbildung zu machen. Die Genehmigung der Schulbehörde kam überraschend schnell. Mehr als dreissig Schülerinnen sind bereits verheiratet, und viele von ihnen haben Kinder. Spezielle Treffen mit den Müttern und individuelle Beratungen sind Teil der Arbeit geworden. Die Entschlossenheit der jungen Frauen, mit der Schule trotz wachsender Aufgaben weiterzumachen, zeigt ihren Willen zum Lernen. Manche Mütter beschlossen, nach acht Jahren Ehe und mit drei oder mehr Kindern das Abitur nachzuholen. Sie kommen zum Nachhilfeunterricht in die Schule. Die Schulleiterin lässt die Schule bis zum

Abend geöffnet, und die Lehrerinnen geben unentgeltlich Nachhilfe.

Die Fahrt von Birseit nach Bait Idschsa dauerte früher vierzig Minuten. Heute brauche ich fast zwei Stunden, weil ich sechsmal das Taxi wechseln muss und oft auf steinigen Wegen einige hundert Meter laufen muss. In Palästina dürfen Privatautos nur in der eigenen Stadt oder nur im Wohngebiet benützt werden, nie jedoch zwischen den Dörfern. Einen anderen Ort zu erreichen nimmt viel Zeit, Geld und Kraft in Anspruch, weil Sperren und Verbote die Fortbewegung behindern. Doch jedesmal, wenn ich es schaffe, spüre ich neue Kraft und freue mich. Kann sich jemand überhaupt vorstellen, was für eine Chance und Freude es ist, auf mehr als zweihundert junge Frauen wirken zu dürfen und ihre Wirkung auf mich zu spüren?

Zunächst war es wichtig, das Vertrauen der Schulleitung, der Lehrerinnen und Schülerinnen zu gewinnen. Ich schlug vor, mindestens sechs Seminare mit jeder Gruppe zu machen, damit wir die Bedürfnisse und Wünsche kennenlernten und das Programm gemeinsam erarbeiten konnten. Es braucht Zeit, um die eigenen Probleme zu definieren und auszusprechen, und es braucht noch mehr Zeit und Mut, um Gefühle und Wünsche auszusprechen.

Durch das Erzählen der eigenen Geschichte wurden die Mädchen ermutigt, sich für ihre Probleme und Gefühle zu öffnen. Eine Fülle von Geschichten und Erfahrungen bereichern uns gegenseitig.

Ein fleissiges, kluges Mädchen wünschte ein Privatgespräch. Sie erzählte von der Armut ihrer Familie. Acht Geschwister und die Eltern lebten in zwei Zimmern. Für das Abitur zu lernen war beinahe unmöglich. Zwar versuchten alle, ruhig in einem Zimmer des Hauses zu sitzen, damit sie lernen konnte, doch sie waren wie gefangen und hielten es nicht länger als eine Stunde aus. Sie waren so arm, dass sie manchmal ohne zu essen ins Bett gingen. Oft bestand das Essen aus in Öl und Thymian getunktem Brot. Oft hatte sie keinen Schekel für den Bus und versäumte so den Unterricht. Die Familie hatte grosse Erwartungen an sie, denn sie war die älteste Tochter, und sie hofften, sie lerne einen Beruf und rette die Familie aus der Armut.

Alle Schülerinnen und Lehrerinnen der Bait-Idschsa-Schule sind Musliminnen. Erst nach dem achten Seminar war den Schülerinnen bewusst geworden, dass ich Christin war. Ich sagte: »Wenn wir in Not sind und Angst haben, ist es gut, sich auf den tiefen Glauben zu besinnen, Hilfe und Kraft in unserem Glauben zu finden, egal ob wir Muslime, Christen oder Juden sind. Gläubige finden Trost und einen Weg im Gebet. Auch diejenigen, die nicht an Gott glauben oder Zweifel haben, können es versuchen, denn Gott ist auch für sie da. Schaden kann es sicher nicht, und womöglich erfahren sie Ruhe und Trost.«

»Betest du fünfmal am Tag?« fragte mich eine der Schülerinnen.

»Nein, manchmal bete ich einmal, manchmal mehrmals am Tag und manchmal nur einmal in der Woche oder im Monat.«

»Aber man muss fünfmal am Tag beten, und man muss sich jedesmal vorher waschen. Wäschst du dich nicht?«

»Das ist für Muslime Pflicht.«

»Bist du nicht Muslimin?«

»Nein, ich bin Christin.«

»Oh, schade! Das erklärt, warum du als einzige kein Kopftuch trägst.«

»Manchmal, wenn ich es will und wenn es nötig ist, trage auch ich ein Kopftuch. Das Kopftuch ist neuerdings ein Zeichen der Musliminnen geworden. Meine Mutter ist Christin und trägt immer ein Kopftuch, weil das zu ihrer Tradition gehört. Wir müssen lernen, niemals einen Menschen nach dem zu beurteilen, was er oder sie trägt. – Es ist nicht schade, dass ich nicht Muslimin bin; es ist schön, dass wir verschieden sind. Gott wollte es so, und wir können das Gute darin finden. Wir bereichern uns gegenseitig. Ich brauche mich vor dem Gebet nicht zu waschen, denn Hauptsache ist, innerlich sauber zu sein und gute Absichten zu haben. Ich kann im Taxi, auf der Strasse oder im Bett beten, egal wo ich mich befinde. Ich kann Gott immerzu ansprechen, ihn loben und anbeten, ihn bitten und ihm danken. Das ist meine Freiheit. Sie ist anders, jedoch nicht besser oder weniger gut als euer Gebet und eure Beziehung zu unserem gemeinsamen Gott. Unser Gott freut sich, wenn wir gut miteinander auskommen. Er will es.«

»Ich kann es nicht fassen, dass du Christin bist, denn das, was du uns beibringst und wovon du dich leiten lässt, ist der Kern des Islam.«

»Ja, genau, das ist es: Es ist der Kern des Islam, des Christentums und des Judentums. Die gemeinsame Grundlage unseres Glaubens beträgt mehr als neunzig Prozent. Wir unterscheiden uns nur wenig. Das ist das Interessante, dass wir uns als einander ergänzend verstehen sollten. Lassen wir die Unterschiede gelten, und respektieren wir sie. Gott hat es gewollt.«

»Wie betet ihr?«

»Wir beten vieles wie ihr.«

»Bete uns etwas vor!«

Wir begannen uns Gebete vorzusagen, zuerst die Fâtiha, die erste Sure des Korans, Satz für Satz. Ich betete mit: »Im Namen Gottes, des Barmherzigen, des Erbarmers. Gepriesen sei Gott, der Herr der Welten, der Barmherzige, der Erbarmer, Regent am Tag des Gerichts. Dir dienen wir, Dich rufen wir um Hilfe an. Führe uns den geraden Pfad, den Pfad derer, denen Du Gnade erwiesen hast, nicht derer, die Deinem Zorn verfallen sind und irregehen.«

Nach jeder Zeile sagte ich: »Das kommt auch in meinem Gebet vor. Das entspricht meinem Glauben als Christin.«

Danach begann ich das »Vater Unser« Satz für Satz an die Tafel zu schreiben. Nach jedem Satz fragte ich: »Seid ihr einverstanden mit dem Inhalt? Könnt ihr das auch beten?« Sie bejahten. Diese Begegnung mit den verschiedenen Gebeten war für alle eine Freude. Wir einigten uns darauf, ein Seminar über Gemeinsamkeiten in den Religionen zu machen. Als ich die Schulleiterin und einzelne Lehrerinnen darüber informierte, sagten sie, sie hätten nicht gewusst, dass die christliche Religion so viele Gemeinsamkeiten mit dem Islam habe. Nie zuvor hätten sie sich damit befasst, und sie seien sehr interessiert daran, das Thema aufzunehmen.

Der Nahostkonflikt ist ein national-politischer Konflikt, es geht um Land und Boden. Zunehmend nimmt der Konflikt jedoch religiöse Züge an, eine Entwicklung, die sich auf alle verheerend auswirken wird. Religion ist eines der stärksten Mittel, um die Menschen zu mobilisieren und ihre Gefühle und Verwundbarkeiten anzusprechen. Sie werden leicht blind gemacht; das logische Denken wird ausgeschaltet. Im Namen der Religion können Konflikte vertieft werden. Aber wenn man wollte, könnte die Religion Streit ausräumen und Versöhnung stiften.

Heiligtümer und Propheten dürfen nicht von einer Seite vereinnahmt werden; sie werden sonst in ihrer Heiligkeit und Wirksamkeit überhöht und für andere Zwecke missbraucht.

Vor einigen Jahren begleitete ich meine Freundin Christiane aus München nach Hebron. Wir wollten das Grab Abrahams besichtigen. Am Eingang sagte der Soldat: »Hier geht's zum muslimischen, dort zum jüdischen Teil.« Er schaute unsere Ausweise an und sagte: »Die Touristin kann auf beide Seiten gehen, Sie weder auf die eine noch auf die andere Seite.« Ich sei weder Muslimin noch Jüdin, sagte er. Ich sagte: »Aber Abraham ist auch mein Urvater!« Wir argumentierten lange, und schliesslich liess mich der Soldat in den muslimischen Teil. Ich war zufrieden, denn dort ist Isaaks Grab, und ich sagte zu ihm und mir: »Auch Isaak ist mein Urvater!«

2. September

An unserem Haus wachsen zwei Reben. Aus der reichen Ernte machen wir Wein. Die Weinrebe heisst auf arabisch »Karma«, und das bedeutet »grosszügig im Geben«.

Die Reben umhüllen das Haus, sie klettern bis hinauf zum Dach, wo sie sich wie eine Decke ausbreiten. Wir lieben Olivenbäume und Weinreben. Sie prägen unsere Landschaft und symbolisieren für uns Heimat und Verbundenheit mit dem Land. Sie sind genügsam im Nehmen und grosszügig im Geben. Wir bewundern und lieben sie. Wir pflegen und besingen sie. In ihrem Schatten fühlen wir uns geborgen. Sie gehören zu unserem Leben.

Unbeirrt und zielstrebig windet sich der zähe verknöcherte Weinstock krumm und gerade der Sonne entgegen. Im Herbst wird er so stark zurückgeschnitten, dass er aussieht wie abgestorben. In der Ruhezeit sammelt er Kräfte, um im Frühjahr aus allen Knoten neue Triebe in alle Richtungen zu treiben. Die Zweige suchen ihren Weg, und die Blätter treiben aus, der Sonne zugewandt. Wir bereiten köstliche Mahlzeiten zu – Weinblätter gefüllt mit gewürzten Fleisch- und Reisröllchen oder Auflauf mit Weinblättern, gewürztem Hackfleisch, Petersilien und Zwiebeln in Schichten und bedeckt mit Tomaten und dazu Reis. Der säuerliche Geschmack der frischen Weinblätter vollendet den Genuss.

Hunderte von Trauben hängen an den Zweigen, scheinen sich aneinanderzuschmiegen oder sich zu schubsen. Die Reben bilden im Sommer auf der südlichen Veranda und auf der westlichen Terrasse vor der Küche hübsche schattige Lauben. Dort halten sich die Kinder und Erwachsenen zum Essen, Lesen, Arbeiten und Spielen auf. Aus den noch nicht ausgereiften säuerlichen Trauben wird Saft hergestellt, Limonade oder saurer Saft, der in vielen Speisen die Zitrone ersetzt. Unsere Ernte an gereiften Trauben ist so reich, dass ein Teil an Nachbarn und Freunde verteilt wird, mit dem

Spruch: »Habt Anteil am Guten des Jahres und alle Jahre wieder.« Die geleerten Schüsseln werden, mit der Ernte des Nachbargartens gefüllt, zurückgebracht. Die restlichen Trauben werden in unserem Haus zu Wein verarbeitet. Mehr als hundert Liter ergeben unsere zwei Reben, für den eigenen Genuss und zum Verschenken.

3. September

Gestern gab es eine Hochzeit mit anschliessendem Fest im Kirchgarten. Gegen zwanzig Uhr waren plötzlich Schüsse und Schreie zu hören. Die Musik wurde lauter gestellt, damit die Feiernden möglichst nichts mitbekamen. Einige Männer eilten fort; sie kamen bald zurück und begannen das Fest langsam und unauffällig zu einem Ende zu bringen. Das Essen wurde vorzeitig serviert, die Torte gleich danach und die Musik auf die höchste Lautstärke gedreht. Um zweiundzwanzig Uhr begannen die Leute mit den Gratulationen, was normalerweise erst gegen Mitternacht getan wird, und alle gingen schnell nach Hause.

Es hatte Streit gegeben, in Birseit. Die Sicherheitskräfte hatten einen siebzehnjährigen Jungen aus dem Nachbardorf festgenommen, weil er eine Vespa gestohlen hatte. Seine Freunde und Verwandten stürmten daraufhin den Polizeiposten, schmissen Steine und Brandflaschen auch auf Geschäfte, Autos und Wohnhäuser. Die Polizei konnte sie nicht stoppen, schliesslich fielen Schüsse, ein 18jähriger wurde erschossen. Alle Bewohner gerieten in Panik, denn wir fürchteten die Rache des Nachbardorfs. Die Polizei wurde für den Tod verantwortlich gemacht. Heute ging der

Gouverneur von Ramallah mit mehr als fünfzig Männern ins Dorf des Getöteten. Dort warteten auf sie mindestens ebensoviele Männer, und der Prozess der Sulha nach traditioneller Art begann. Der Gouverneur bot an: Der getötete Junge werde als Märtyrer registriert, und seine Eltern würden also ihr Leben lang jeden Monat eine Entschädigung kriegen. Ausserdem würden die vier Verwandten des Getöteten, die wegen krimineller Delikte im Gefängnis sassen, freikommen. Dazu bot er eine einmalige Abfindung von 20 000 Dollar. Die Familie des Getöteten akzeptierte das Angebot, verlangte jedoch eine zweite Sitzung einige Monate später, bevor die Versöhnung endgültig abgeschlossen werden könne.

Die Sulha schützt die Täter und macht aus dem Streit ein Geschäft. Das fördert Auseinandersetzungen, denn die Beteiligten profitieren von der Sache. Es ist ein System aus dem Mittelalter, das sich halten kann, weil das ordentliche zivile Rechtsystem zusammengebrochen ist.

4. September

Heute traf ich meinen ehemaligen Studenten Mo. Eine herzliche Begegnung, nach zehn Jahren. Inzwischen ist er Vater von zwei Kindern und arbeitet im Amt für Lebensmittelversorgung, wo er, wie alle Angestellten, seit Monaten nur einen Bruchteil seines Gehaltes bekommt. Von dem wenigen, das er hat, gibt er etwas ab an seinen Bruder, der Journalist ist. Seine Frau ist Lehrerin. Die Lehrerschaft im öffentlichen Dienst streikt seit Wochen, weil sie keinen Lohn erhielt. Die Frau ist mit den Kindern zur Grossfamilie ins Dorf gefahren, um das wenige, das sie haben, mit den andern zu teilen und sich gegenseitig zu unterstützen.

Mo arbeitet an seiner Dissertation über Kinder, die zu Kollaborateuren gemacht wurden. Er gab mir Dokumente und Berichte zu lesen, und wir sahen uns ein Video über Kinder-Kollaborateure an, die beim Verhör ihre Taten gestanden und erzählten, wie sie Kollaborateure geworden waren. Es war herzzerreissend. Zum Beispiel die Geschichte von Ra, aufgezeichnet von einer palästinensischen Widerstandsgruppe beim Verhör. Im Film war nur Ra zu sehen, zu hören waren auch die Stimmen der Vernehmer. Ra war siebzehn Jahre alt, er hatte ein hübsches, doch blasses Gesicht und verweinte Augen. Seine Hände waren rastlos, sein Rücken gebeugt, mit eingezogenen Schultern. Er sass auf zwei aufeinandergeschichteten Steinen vor einer kahlen grauen Wand. Ich wollte jeder Bewegung folgen und jeden Zentimeter seines Körpers sehen, erkennen und verstehen. Ich wollte den Menschen wahrnehmen. Ra erzählte:

»Ich wurde mit dreizehn Jahren von meinem eigenen Onkel, dem Bruder meiner Mutter, rekrutiert. Mein Vater war bei einem Streit im Dorf erschossen worden. Ich fühlte mich verloren, denn ich bin der Älteste von sechs Geschwistern. Trauer, Wut und die Sorge um die Familie hüllten mich in eine unerträgliche Ohnmacht. Mein Onkel zeigte sich besorgt und bot mir seine Hilfe an. Ich war dankbar, denn ich sah ihn als Retter. Er sagte mir: ›Diese Verbrecher haben deinen Vater getötet, sie haben kein Herz. Wenn du Rache üben willst, so helfe ich dir. Hier, nimm dieses Handy, folge diesen zwei Personen, beobachte, wo sie hingehen, mit wem sie sich treffen, wie ihr Tagesablauf aussieht, und berichte es mir.‹ Ich tat, was er sagte, und hin und wieder gab er mir eine Telefonkarte für das Handy und dazu etwas Geld.«

»Wieviel Geld?«

»Zwanzig, manchmal fünfzig Schekel. Ich dachte, er plane für mich die Rache. Nach einiger Zeit antwortete, als ich ihn anrief, eine fremde Stimme: ›Ich bin Captain Fu, von nun an hast du nur mit mir Kontakt. Hier hast du drei weitere Namen, die du betreuen musst. Für jede Information kriegst du Geld. Du brauchst das Geld für deine Familie; es ist deine Pflicht, für sie zu sorgen. Du bist bereits in die Sache verstrickt, es gibt kein Zurück, andernfalls käme Schande über deine Familie, deine kleine Schwester wäre gefährdet, und du wärst schuld und würdest getötet.‹ Ich war vierzehn Jahre alt und sass in der Falle. Mein Onkel war verschwunden; später fand man ihn tot. So rutschte ich hinein, ohne es zu wollen. Meine Seele und mein Körper waren wie tot.«

»Über wie viele Personen hast du Informationen weitergeleitet?«

»Über Schafîk, Muhammad, Sâher, später auch Abdalrachmân, Thâir, Nidal, Abu Muhammad und auch Mirjam.«

»Was ist mit diesen Menschen geschehen?«

»Schafîk, Sâher und Muhammad wurden vom israelischen Geheimdienst hier im Dorf erschossen. Zwei von ihnen sind mit mir verwandt; sie versteckten sich im Haus meiner Tante, ich war oft bei ihnen, denn sie haben mir vertraut. Captain Fu rief mich an und sagte: ›Beobachte sie heute gut, und wenn sie schlafen gehen, ruf mich an, denn ich will sie schlafend erwischen. Es wird ihnen nichts passieren, wir wollen nur verhindern, dass sie weglaufen und dabei allenfalls auf sie geschossen wird. Sie sollen nur gefangengenommen werden.‹ Ich sagte: ›Versprichst du mir das?‹ – ›Natürlich, wir wollen nur ihr Leben retten.‹ Am Abend setzte ich mich unter den Olivenbaum auf dem Feld neben dem Haus meiner Tante. Gegen zwanzig Uhr betraten sie das Haus. Noch eine Weile sah ich Licht, dann wurden die Fenster dunkel. Danach rief ich Captain Fu an und teilte ihm mit, dass sie jetzt schliefen, und ging nach Hause.«

»Wollte deine Familie nicht wissen, warum du so spät noch draussen warst?«

»Doch, meine Mutter fragte mich immer wieder, und ich sagte, ich sei bei meiner Tante gewesen.«

»Wie alt warst du damals?«

»Fünfzehn.«

»Und was geschah dann?«

»Ich wachte gegen zwei Uhr morgens vom Geräusch der Militärjeeps auf. Ich wusste, jetzt wurden die drei festgenommen, und schlief weiter. Am nächsten Tag wachte ich auf, als vom Minarett Korangesänge zu hören waren. Da wusste ich, dass jemand gestorben war. Ich lief zum Haus meiner Tante. Alle drei waren im Schlaf erschossen worden. Ich weinte, schrie und tobte. Ich rief Captain Fu an und fragte, warum er sie erschossen habe, er habe sie doch nur fangen wollen. Er sagte, das gehe mich nichts an.«

»Wieviel Geld hast du für diesen Auftrag bekommen, für Beihilfe zum Mord?«

»Siebzig Schekel. Aber ich holte sie nicht ab. Ich sass jeden Tag im Trauerhaus und hoffte, die Arbeit sei jetzt zu Ende.

Doch schon bald rief Captain Fu wieder an und sagte: ›Hier sind die nächsten Namen. Du hast keine Wahl. Du wirst entweder von deinen Landsleuten oder von uns getötet.‹«

»Und dann?«

»Ich führte den nächsten Auftrag aus, beobachtete drei weitere Leute und dann noch mal zwei.«

»Wo sind diese jungen Männer jetzt?«

»Drei hatten das Dorf verlassen, weil sie die Gefahr von Informanten spürten. Einer nach dem anderen wurde innerhalb weniger Wochen vom israelischen Geheimdienst erschossen. Ha und Ma wurden im Dorf getötet.«

»Bist du verantwortlich für den Tod dieser Menschen?«

»Ja, das bin ich.«

»Wie viele Menschen sind gestorben?«

»Acht.«

»Hast du sie getötet?«

»Ja, ich habe sie getötet, weil ich dem Geheimdienst das Töten ermöglichte.«

»Welche Strafe verdienst du?«

»Ich verdiene den Tod.«

»Hat jemand bei diesem Geständnis Druck auf dich ausgeübt?«

»Nein, ich tue es aus freiem Willen, ich kann es nicht mehr ertragen.«

»Welchen Tod verdienst du?«

»Ich verdiene es, auf grausamste Weise getötet zu werden. Wie einen Hund sollte man mich durch die Strassen schleifen.«

»Was willst du deiner Familie und den Leuten im Dorf als Letztes sagen?«

»Ich möchte sagen, dass es mir sehr leid tut. Ich habe euch verraten, ich entschuldige mich. Ich sage allen, die für den Geheimdienst arbeiten, sie sollen sofort aufhören. Sie sollen sich so schnell wie möglich an die ehrlichen politischen Aktivisten wenden, gestehen und sich vergeben lassen. Sie sollen Rat holen und nicht zulassen, dass sie Schritt für Schritt in die tödliche Falle gelockt werden. Ich bitte um Vergebung, nicht weil ich leben will, sondern damit ich sterben kann.«

»Was willst du deiner Mutter sagen?«

»Meiner Mutter? Verzeih mir, ich habe dich enttäuscht, ich habe Menschen getötet, die für unser Land, unser Leben und unsere Zukunft gekämpft haben. Ich bin unwürdig zu leben.«

Die Stimme versagte ihm, er liess den Kopf vornüberhängen, seine Gestalt schrumpfte zusammen. Er begann zu weinen und schluchzte mit dem ganzen Körper. Leise fügte er hinzu: »Jamma, verzeih mir. Sag allen, Verzeihung. Ich kann nicht mehr.«

Der siebzehnjährige Ra, das Kind mit vier Jahren Kollaborateurerfahrung, wurde erschossen. Die Schande lastete auf der Mutter und den Geschwistern. Sie wurden aus der Gemeinschaft ausgeschlossen und gemieden, die Zukunft ist ihnen versperrt. Wenn sie keine Fürsorge erhalten, droht die Gefahr, dass auch sie in ihrer Schwäche und Verlassenheit Kollaborateure werden. Sie sind Opfer und werden zu Kriminellen gemacht.

Ein Tabuthema wie dieses anzusprechen ist sehr gefährlich. Der israelische Geheimdienst will das Kollaborateurensystem für die Besatzung und Beherrschung aufrecht erhalten. Die Kollaborateure werden von den palästinensischen Behörden dazu aufgerufen, sich zu stellen. Es gibt ein Gerichtsverfahren; Amnestie und Rehabilitation sind begrenzt möglich. Palästinensische Widerstandskämpfer nehmen sich das Recht, die Kollaborateure selbst zu verfolgen, zu verhören und auch zu töten. Das Fehlen einer Gesetzesherrschaft und die Handlungsunfähigkeit der Polizei machen viele Unschuldige zu Opfern. Kollaborateure sind immer in Gefahr. Wenn sie aussteigen wollen oder wenn sie erkannt werden, werden sie von ihren Komplizen, die ebenfalls für den israelischen Geheimdienst tätig sind, getötet. Besatzung ist Gewalt, und nur mit der Gewalt der Kollaborateure kann sich die Besatzung halten. Es gibt im Rahmen der Kollaboration verschiedene Aufgaben – Kinder sind hauptsächlich einfache Informanten, Erwachsene Gewalttäter mit oft sehr gefährlichen Aufträgen wie dem Töten.

Die meisten Kollaborateure sind zwölf bis siebzehn Jahre alt. Sie werden im Gefängnis rekrutiert, wo sie extremem physischem und psychischem Druck ausgesetzt sind – durch Schläge, sexuellen Missbrauch und Androhung langer Haftstrafen, durch Gefährdung von Familienmitgliedern und die Verbreitung von Gerüchten, die Schande über sie bringen, oder durch Verlockungen mit Geld, Sex und dem Versprechen, Genehmigungen für Arbeit oder mehr Bewegungsfreiheit zu kriegen. Ihre Schwäche, Angst und Ahnungslosigkeit und ihre Verletzlichkeit werden ausgenutzt.

Seit fast vierzig Jahren sind ständig zehn- bis zwölftausend Palästinenser in israelischen Gefängnissen. Zehn

Prozent davon sind Kinder unter achtzehn Jahren. Geständnisse von gefolterten Kindern ergeben, dass vierzig Prozent von ihnen zu Kollaborateuren gemacht werden. Sie sind stigmatisiert und werden ausgeschlossen, sie töten und werden getötet.

Viele Jugendliche können und wollen nicht mehr im Land bleiben. Sie versuchen mit allen Mitteln ins Ausland zu gehen. Es gibt Jugendliche, die im Visumsantrag angeben, sie seien Kollaborateure, obwohl sie politisch sauber und aufrichtig sind, um wegen der angeblichen Verfolgung ein Recht auf Asyl zu erlangen. Kollaborateur zu sein ist Verrat, lebensgefährlich und die grösste Schande in unserer Gesellschaft. Und doch geben sie sich als Kollaborateure aus, nur um wegzukommen. Für verschiedene Länder, die mit dieser Kollaboration sympathisieren, erhalten sie ein Visum. Also reisen sie aus und glauben, ein neues Leben mit vielen Chancen vorzufinden. Manche schaffen es, andere werden dort erst recht Opfer der Geheimdienste, die sie nun tatsächlich zu Kollaborateuren machen – ihre einzige Möglichkeit zum Überleben im fremden Land.

Seit fünf Jahren sind die Friedensgespräche blockiert: auf palästinensischer Seite gebe es keine Partner für den Frieden. Der Alleingang Israels, das die Politik in der Region rücksichtslos bestimmt, eine Mauer baut, sich mehr als die Hälfte des Westjordanlandes einverleibt und damit die Grundlage für Palästina zerstört, hat die radikale und militante Entwicklung gefördert. Die Asymmetrie der Herrschaftsgewalt zwischen Machthabern und Machtlosen hat

Ideale, Werte und Prinzipien der Menschlichkeit in Frage gestellt. Verzweiflung und Ohnmacht führen zu Fatalismus und Zerstörung.

8. September

Israelische Soldaten töteten in Kabatîja, südlich von Dschenîn, vier palästinensische Aktivisten: Raschîd Sakarna, Aschraf Sakarna, Muhammad Abu al-Rab und Kamâl Sakarna. Neun Zivilisten wurden verletzt, zwei befinden sich in kritischem Zustand. Militärjeeps, begleitet von Militärhelikoptern, drangen in die Stadt ein und sind noch immer dort.

Wann hört das Töten endlich auf; töten zieht töten nach sich! Wann gibt es endlich Ruhe? Ich sehne mich nach dem Tag, an dem ich in der Zeitung nichts von Attentaten und Gewalt lese.

12. September

Die Menschenrechtsorganisation al-Hak schreibt einen offenen Brief an den israelischen General Jair Naveh:

»al-Hak möchte Sie auf Verhaltensweisen der israelischen Militärstreitkräfte in Dschenîn und dem Westjordanland aufmerksam machen, welche die Zivilbevölkerung unnötigen Belastungen aussetzen und psychischen Druck auf sie ausüben. Es trifft insbesondere diejenigen Menschen, die sich am wenigsten wehren können.

al-Hak verfügt über eine umfangreiche Dokumentation, die nachweist, dass israelische Streitkräfte seit dem

15. Juni dieses Jahres, von Norden und Süden herkommend, Dschenîn und das Flüchtlingslager regelmässig und systematisch überfallen. Zwanzig bis vierzig Fahrzeuge, die verschiedenen Streitkräften angehören, darunter Polizei, Spezialeinheiten und die israelische Armee, rasen ständig durch die Strassen der Stadt und speziell durch die Quartiere al-Basatîn und al-Suhara.

Während der Razzien, die seither fast täglich zwischen elf Uhr und siebzehn Uhr stattfinden, feuern die israelischen Militärs mit schwerem Geschütz in die Luft und bringen Bomben zum Explodieren, was einen andauernden Höllenlärm verursacht und bei den Menschen panische Angst auslöst. Durch Lautsprecher sind Flüche und Obszönitäten der Soldaten zu hören. Soldaten dringen willkürlich in irgendwelche Häuser ein und zerstören den Hausrat.

Die systematischen Überfälle und das Benehmen der Soldaten haben die Zivilbevölkerung in Angst und Schrecken versetzt. Die Menschen meiden die Strassen nach Einbruch der Dunkelheit und schliessen sich in ihren Häusern ein. Am meisten betroffen sind die Kinder – das laute, anhaltende Krachen der Schiessereien bringt sie zum Schreien und Weinen und raubt ihnen den Schlaf. Sie leben in ständiger Angst vor Soldaten, die in ihr Haus eindringen.

al-Hak sieht keine militärische Notwendigkeit für diese Aktionen. Sie scheinen das einzige Ziel zu haben, den Bewohnern von Dschenîn Angst zu machen. Es ist dies eine Form von Kollektivstrafe, welche nach Artikel 33 der Genfer Konvention verboten ist.«

Ein Trauerzug fuhr durch Birseit nach Dair Ghassâna. Beim Toten handelte es sich um einen jungen Mann aus Ramallah, der vor zwei Tagen abends an einer Strassenecke von einem Tötungskommando der Israelis getötet worden war. Eine Freundin hatte ihn hingelockt, angeblich, um mit ihm einen Kaffee zu trinken. Kaum war er mit zwei Freunden angekommen, öffnete sich eine Autotür, und sofort wurde er erschossen. Einer seiner Freunde konnte fliehen, der andere wurde mitgenommen. Die Freundin war eine Kollaborateurin.

13. September

Eine blutige Nacht: Bei einer Schiesserei zwischen Angehörigen der Hamâs und der Fatach in Rafah, im Gasastreifen, wurden zwei Menschen getötet und fünfzehn verletzt, darunter drei Kinder. Aufgebrachte Fatach-Leute in Ramallah griffen daraufhin öffentliche Gebäude der Hamâs-Bewegung an. Es kam zu Brandanschlägen und Entführungen.

14. September

Gila, die israelische Friedensaktivistin, schrieb mir ein Mail. Sie lud mich zu ihrem Geburtstag in ihr Haus in Jerusalem ein. Es wäre ihre grösste Freude, wenn ich dabei wäre, schrieb sie. Ich wollte meinen Augen nicht trauen. »Danke für die Einladung«, schrieb ich zurück. »Ist alles in Ordnung bei dir? Sogar in blühenden Zeiten, als wir uns noch freier bewegen konnten, war ich nie bei dir und du nie bei mir, weil es unmöglich war. Hast du vergessen, dass wir Jerusalem seit vier Jahren nicht mehr betreten dürfen und dass die Mauer uns total eingrenzt? Ausserdem haben mein Mann und meine Tochter Ghâda am gleichen Tag wie du Geburtstag.«

»Danke, Sumaya«, schrieb sie zurück, »danke, dass du mich in die Realität zurückholst. Ich dachte, ich kenne die Konsequenzen der Mauer und der Bewegungsverbote, aber jetzt wird mir bewusst, dass sie auch dich und mich betreffen. Ich kann meine Freundin nicht zum Geburtstag einladen, obwohl wir nur zwanzig Kilometer voneinander entfernt leben.«

Ich hatte den Eindruck, dass Gila unbewusst versuchte, die Realität auszublenden, um die Situation zu verkraften. Der Alltag in Israel läuft fast normal und nach Plan. Warum sollten Israelis sich mit unserem Leiden plagen?

15. September

Eine freudige Nachricht: Anîs kann als Arzt in einem medizinischen Team der Uno zu arbeiten beginnen. Wir sind alle froh. Zehn Monate lang arbeitete er als Volontär in verschiedenen Kliniken. Nun hat er einen geregelten, bezahlten Job. Er ist Teil eines Teams, das drei Flüchtlingslager und zwei Dörfer betreut. Täglich kommen achtzig bis hundert Patienten. Die medizinische Versorgung ist in einem verheerenden Zustand, die Krankenhäuser sind überfüllt, und es fehlt an Ärzten und Pflegepersonal. Es fehlen Medikamente, Behandlungsmaterial und Geräte. Seit mehr als zwanzig Monaten hat die Gesundheitsbehörde niemanden mehr einstellen können, weil die Gelder fehlen. Ein Arzt in diesem Projekt verdient zwanzig Cent pro Patient. Nach fünfzehn Uhr begibt sich Anîs in seine kleine Dorfpraxis, um Patienten von Birseit zu behandeln. Die meisten können nichts bezahlen. Dennoch fühlt er sich wohl und ist glücklich, seine Aufgabe zu haben. Er lernt und hilft viel und weiss seine Chance zu schätzen.

16. September

Ich lese heute einen Artikel von Mustafa Abu Swai über das Problem der »72 Jungfrauen«, welche angeblich die Selbstmordattentäter im Himmel erwarten. Es ist eine Tatsache, dass diese »72 Jungfrauen« weder im Koran noch in den Hadithsammlungen vorkommen. Abu Swai fand sie im *Muadscham* des Schriftstellers al-Tabarâni erwähnt, einem Nachschlagewerk aus dem 9. Jahrhundert. Er folgert daraus, dass die Idee der 72 Jungfrauen nicht Teil des islamischen Glaubens ist, sondern von islamfeindlichen Menschen mit verdrehten Ansichten benutzt wird.

17. September

Vierzig Frauen aus Birseit besuchten heute Bethlehem und Hebron. Obwohl wir nur fünfzig Kilometer entfernt wohnen, gibt es Frauen, die noch nie da waren. Unsere Situation erlaubt es nicht, einfach so einen Ausflug zu machen. Wir müssen immer befürchten, dass Sperren unsere Pläne zerschlagen, und nie kann man sicher sein, ob und wann jemand wo ankommt. Geld wird in erster Linie zur Dekkung von Alltagsbedürfnissen benötigt, und man hat ein schlechtes Gewissen beim Gedanken an Ausflüge. Doch es gehört zu einem würdigen Leben, dass wir uns Freuden bereiten, deshalb hatten wir es gewagt. Wir waren christliche und muslimische Frauen, die seit vier Jahren regelmässig an Wochenseminaren in Birseit teilnehmen.

Es war Sonntag. Wir besuchten die Geburtskirche, gerade als eine Messe stattfand. Die christlichen Frauen hätten zum Gebet hineingehen dürfen, die muslimischen sollten jedoch warten, bis die Messe zu Ende war. Getrübte Stimmung. Es galt dies auszuhalten und gewisse Regelungen zu respektieren – mit Respekt gegenüber den Gefühlen der Betenden. Wir blieben alle draussen, bis das Gebet zu Ende war, und besuchten dann gemeinsam die Kirche und danach die Altstadt. Wir gingen auch ins Flüchtlingslager Dheische.

Danach fuhren wir nach Hebron zu Abrahams Grab. Es war kurz vor dem Abendgebet. Diesmal durften die muslimischen Frauen hineingehen und die christlichen nicht. Erst nach Ende des Gebets folgten wir ihnen. Wiederum entstand ein Unbehagen, und manche murrten. Wir mussten uns noch mal klar machen, dass es die höchste Stufe des Respekts ist, einfach zu akzeptieren, dass diese Regelung von den Betenden gewünscht wird. Eigentlich war ich froh um diese Erfahrungen in Bethlehem und Hebron. Ein gutes Thema für unsere Gespräche im Seminar.

Wir besuchten das Frauenzentrum für Rechtshilfe und Beratung. Meine ehemalige Studentin Amal arbeitet immer noch da. Mit ihr hatten wir unsere Aktivitäten in Hebron koordiniert. Sie wirkte älter und müde, wie so viele von uns. Doch die Begegnung erfrischte uns. Sie erzählte von der Frauenarbeit. Über die Situation in Hebron mochte sie nicht sprechen: »Schaut euch die Altstadt an, sie spricht für sich und für uns Menschen.«

Die Altstadt war nicht wiederzuerkennen – eine Geisterstadt. In der Menschenleere breitete sich eine beängstigende, traurige Stille aus. Die wunderschönen alten Steinhäuser waren beschädigt oder in sich zusammengefallen. Blass und verlassen widerspiegelten sie die leblose Zukunft. Ein Junge beobachtete uns. Er sagte: »Dieses da ist mein Haus. Sie haben den Eingang zugemauert und mit Stacheldraht alles versperrt. Mit zwei Schritten wäre ich zu Hause, aber ich muss erst durch diese Militärkontrolle und dann vierhundert Meter laufen, dann durch die nächste Kontrolle, um durch die Öffnung in der Wand ins Haus zu gelangen. Manchmal dauert es eine halbe Stunde, bis ich zu Hause bin. Viele halten nicht durch. Auch die Familie meines Onkels ist gegangen. Aber wir haben keine andere Bleibe, wir wollen hier bleiben.« Er wollte uns den Kinderspielplatz zeigen, den sie aufgebaut hatten. Es seien Bänke da, wo wir uns ausruhen könnten, sagte er stolz. Wir schlängelten uns durch Gassen und Sperren. Der Platz schien seit Jahren verlassen, keine Menschenseele weit und breit. Wir blieben eine Weile dort, schauten uns an, lächelten dem Jungen dankend zu und gingen fort.

Die Politik hat es geschafft, die Menschen aus der Stadt zu vertreiben. Der Suk ist tot. Früher war er bunt und lebendig, ein Gewühl von Menschen, die Gemüse, Stoffe und Waren verkauften. Er war geschmückt mit vielen kleinen

Buden mit traditionellen Handarbeiten aus Holz, Ton und Leder. Der Duft der Gewürze und Kräuter vermischte sich mit dem Geruch von Ziegen-, Schafs- und Kamelprodukten und verzauberte die Luft der Altstadt. Die Bäuerinnen und Beduinenfrauen schmückten das Bild der Strassen mit ihren bunten Kleidern und ihren Handelswaren. Es roch nach Frische, nach Leben und Kontinuität. Heute sieht man nur wenige, meist schwarz verhüllte Gestalten auf der Strasse, die keine Lust haben zu sprechen und zu reagieren; jeder blickt vor sich hin oder schaut weg. Die meisten Geschäfte sind geschlossen. Nur wenige alte Männer hängen noch an ihren vertrauten Läden. »Ich halte Wache, bis mein Leben zu Ende geht«, sagte einer von ihnen, »und es geht bald zu Ende. Die Geschäfte werden nicht geöffnet, weil es nicht erlaubt ist oder weil man Angst hat, die Siedler und die Soldaten könnten angreifen. Es gibt nur noch wenige Gassen, die den Palästinensern erlaubt sind. Nach wenigen Schritten schon begegnen wir Militärkontrollen. Die israelischen Siedler im Kern der Altstadt haben freien Durchgang; sie machen die umliegenden palästinensischen Häuser und Geschäfte zu Gefängnissen. Man begegnet den Siedlern kaum, aber man weiss, dass sie da sind. Wie ein Alptraum beschatten sie uns Tag und Nacht.«

In wenigen Häusern haben Familien durchgehalten. Vor ihren Eingängen stehen Soldaten, die sie jedesmal kontrollieren und sie durchlassen oder auch nicht. Besuch ist selten erlaubt. Wir sahen Menschen durch die Fenstergitter auf uns herunterschauen, als würden sie sich von uns ein Zeichen erhoffen. Wir winkten, sie winkten zurück, doch ein Soldat verbot uns, mit ihnen zu sprechen. Wie lange können sie das aushalten? Es ist eine Frage der Zeit. Es geht viel schneller, als man sich vorstellt. Das ist die Politik der Vertreibung.

18. September

Ich schaue mir die Nachrichten im Internet an und lese bei Miftah, der Initiative für Globalen Dialog und Demokratie, folgendes:

»Die palästinensische Wirtschaft durchläuft heute einen Prozess der systematischen Rückentwicklung. Die ökonomische Situation hat sich in den letzten fünf Jahren so drastisch verschlechtert wie nie zuvor, durch die Armut, die Verringerung der Lebensqualität und zunehmende soziale Missstände. Sollte die gegenwärtige Situation anhalten, wäre bis Ende 2007 die Wirtschaft um 35 Prozent geringer als 2005 – eigentlich auf dem Niveau von vor fünfzehn Jahren. Das Pro-Kopf-Einkommen würde auf weniger als 1000 Dollar pro Jahr sinken, also ungefähr die Hälfte von 1999. Mehr als 50 Prozent der Arbeitskräfte würden arbeitslos sein.«

19. September

Ilhâm aus Dair Ibsî rief mich an und bat mich zu kommen, um ihr mit den Formularen behilflich zu sein, die sie für den Antrag auf Unterstützung an den Global Fund for Women ausfüllen muss. Ich bat sie, die Frauen des Seminars zusammenzurufen; ich wollte einen Workshop daraus machen, so dass alle lernten, wie eine Projektbeschreibung auszusehen hat und wie man einen Antrag stellt. Alle kamen. Wir gingen Schritt für Schritt vor, erklärten, diskutierten und fassten zusammen. Ilhâm servierte uns Tee und liess uns ihre Quittenmarmelade kosten, die wunderbar schmeckte. Seit mehr als zwanzig Jahren hätte ich keine Quittenmarmelade mehr eingekocht, sagte ich ihr. Sie führte mich in ihren Garten, und wir pflückten einen Korb voll Quitten, die sie mir schenkte. Unter einem Baum erblickte ich einen grossen Stein – das Säulenkapitell einer byzantinischen Kirche, mit einem wunderschönen Motiv: einem Kreuz in der Mitte, umgeben von geometrischen und Blumenornamenten. »Wir benutzen ihn zum Sitzen«, sagte sie. Dann sah ich einen noch grösseren Stein, den ich als Gefäss zum Herstellen von Wein aus früheren Zeiten erkannte; er war in der Mitte ausgehöhlt, mit zwei länglichen Furchen an den Seiten, zum Aufhängen an Holzpfählen. Woher sie ihn habe, wollte ich wissen. Sie sagte, ein Verwandter baue sein Haus an, und diese Steine finde er dort. Er werfe sie weg. Das Haus scheint auf der Ruine einer byzantinischen Kirche zu stehen. Ich bat sie, mich dorthin zu führen. Sie meinte, er würde uns gewähren lassen, denn er befürchte, die Behörden könnten ihm den Anbau verbieten. Mich schmerzte die Tatsache, dass die Kultur unseres Landes einfach so verschüttet wird und es keinen Schutz für das Kulturerbe gibt. Ob ich die Steine haben könne, fragte ich. Wir vereinbarten einen Preis und bestellten einen Laster. Ilhâms jüngster Bruder kam, als ich eben gehen wollte, mit einem melonengrossen Stein, in den ein wunderbares Kreuz eingemeisselt war. Er sagte, wenn auch dieser von Nutzen sei, so schenke er ihn mir. Ich konnte meine Freude nicht verbergen und jauchzte laut auf.

Sie mussten lachen, und Ilhâm meinte, es habe halt jede Religion ihre Eigenarten. »Dass ein Stein und das Kreuz eine Bedeutung für euch haben, das ist mir fremd. Betet ihr die Steine an?« – »Nein«, sagte ich, »aber wir schätzen das Kulturerbe unseres Landes. Wir beten denselben Gott an wie ihr, und diese Funde sind Zeugen der Geschichte und Kultur dieses Landes.« Ich rief Anîs an und bat ihn, beim Kasr im Olivenhain auf mich zu warten, ich käme mit einem Laster. Wir versteckten die Kulturschätze, denn sie sollten eine Überraschung für Munîrs Geburtstag sein.

20. September

Heute wollte ich nach Ramallah zur Bank. Ich fand alle Banken geschlossen vor. In den Nachrichten hörte ich, dass das israelische Militär in der Nacht in mehreren Städten in Palästina mehr als zwanzig Banken und Geldwechselbüros überfallen und mehr als zwanzig Millionen Schekel konfisziert hatte.

Vor zwei Jahren waren Soldaten am Tag nach der Verhängung einer Ausgangssperre in die Arab Bank in Ramallah eingedrungen. Sie hatten die Tür geschlossen, waren bis in die Nacht dringeblieben und hatten die Bankangestellten gezwungen, das Geld von mehr als vierhundert Konten herauszugeben, mit der Begründung, dieses sei zur Unterstützung der Hamâs-Bewegung bestimmt. Sie hatten zehn Millionen Dollar erbeutet. Währenddessen hatten sich draussen trotz Ausgangssperre viele Jugendliche versammelt; sie bewarfen die Soldaten mit Steinen. Drei tote Palästinenser und viele Verletzte waren die Bilanz.

Ich lese, was die israelische Journalistin Amira Hass in *Haaretz* über die Reaktionen auf die Rede von Papst Benedikt XVI. an der Universität Regensburg zur Gewaltbereitschaft des Islams schreibt:

»Sechs palästinensische Kirchen im Westjordanland und im Gasastreifen sind durch Brandstiftung beschädigt worden. Es war eine Reaktion auf die Worte von Papst Benedikt XVI. Palästinenser aus allen Lagern verurteilten diese Attacken und sagten, dass das palästinensische Volk – Christen und Muslime – ein Volk und in seinem Kampf gegen die Besatzung vereint sei. In den palästinensischen Medien hiess es, die Täter seien ›unbekannt‹. Zwischen den Zeilen kann allerdings auch gelesen werden, dass ›unbekannt‹ auch ›von verdächtigter Identität‹ heissen kann. Es ist ein Satz, in dem versteckt eine Anklage gegen Israels Geheimdienst Schin Bet steckt, der Agents Provocateurs geschickt haben könnte.

In Tubas, wo dank der Wachsamkeit der Bewohner ein Brandstiftungsversuch fehlgeschlagen ist, sagten die Leute offen, dass derjenige, der einen Molotowcocktail werfen wollte, Verbindungen zu den israelischen Besatzern haben könnte. Der Bürgermeister von Tubas, der diese Möglichkeit auch andeutete, nannte aber noch eine andere Option: Vielleicht handelten die Täter einfach nur aus Ignoranz.

Die meisten Kritiker wiesen jedoch nicht auf den Schin Bet hin. Sie können die schwierigen Probleme nicht leugnen, die sich in der palästinensischen Gesellschaft ausgebreitet haben: kriminelles Verhalten und Rowdytum unter dem Deckmantel des nationalen Kampfes und der vermehrte Gebrauch von Waffen bei persönlichen oder öffentlichen

Konflikten – mit der Ermutigung durch palästinensische Politiker, die eine chaotische Atmosphäre benötigen, um als ›stark‹ angesehen zu werden.«

22. September
Ich lese bei der israelischen Friedensorganisation Gusch Schalom einen Spruch von Rabbi Nachman:

»Kernpunkt des Friedens ist es, zwei Gegensätze miteinander in Verbindung zu bringen. Wenn du jemanden siehst, dessen Meinung der deinen völlig widerspricht, glaube nicht, dass es unmöglich ist, mit ihm Frieden zu halten. Auch dann, wenn du zwei Menschen siehst, die vollkommen verschieden sind – sage nicht, es sei unmöglich, zwischen ihnen Frieden zu schaffen. Im Gegenteil: Es ist der Kern der Vollkommenheit des Friedens – Frieden zwischen zwei Gegensätzen zu erreichen.«

Rabbi Nachman von Bratslav (1772–1810), ein Mystiker und Asket, war einer der am meisten gefeierten ukrainischen Chassidim. Er hat viele Anhänger in Israel und anderswo.

Ich freue mich über diese Weisheit und werde sie als Thema für ein Seminar nutzen.

Am Kasr feierte unsere Familie den Doppelgeburtstag von Munîr und Ghâda. Das Vorführen der Steine der Kirchenruine von Dair Ibsî stand im Mittelpunkt. Munîr war gerührt. Er sah sich die Steine genau an, fuhr mit den Händen darüber und putzte den Staub weg. Seine Augen leuchteten und wurden feucht. Wir waren uns einig, dass wir die Steine hüten wollten; sie gehörten uns nicht, waren uns nur anvertraut, zur Verwahrung, bis sie eines Tages im Palästina-Museum ihren Platz finden würden. Wir assen Käse- und Apfelkuchen und tranken Tee. Wir erzählten viel, lachten und freuten uns.

23. September
Heute wurde die Zisterne für den Regen vorbereitet. Die Oberfläche wurde geebnet und gepflastert, um möglichst viel Regenwasser aufzufangen. Die im Vorjahr ausgebreiteten Plastiktücher unter den Bäumen mussten ersetzt werden. Elf junge Männer, Freunde von Anîs, erklärten sich bereit, die Arbeit unentgeltlich zu verrichten. Am Abend machten sie ein Lagerfeuer, sie grillierten und feierten.

Das Land leidet zunehmend unter Wassermangel. Die in fünfzig Jahren um das Neunfache gewachsene Bevölkerung, die falsche Nutzung und die intensive Bewässerungswirtschaft in Israel trugen dazu bei. Die Trockenlegung der Hula-Sümpfe nördlich des Sees Genezareth diente der Landgewinnung, aber sie schädigte das Gleichgewicht der Natur. Hunderte von Pflanzen-, Tier- und Vogelarten gingen ein. Die Sümpfe ermöglichten eine langsame Speisung des Grundwassers, bevor das Regenwasser ins Tote Meer floss. Das Ausbleiben dieser Wassermengen und damit die Beschleunigung des Regenflusses ins Tote Meer wie auch der übermässige Verbrauch von Wasser, als wäre das Land so wasserreich wie viele Gebiete in Europa, vergrössern das Problem. Die Wiedergutmachung an der Natur wird nun in Israel durch die Neuschaffung von Sümpfen angestrebt.

Das Wasserproblem ist für alle, Palästinenser und Israelis, sehr real. Allerdings wird das Wasser als Mittel der Politik missbraucht. Unter dem Westjordanland liegen die grossen Grundwasserbecken. Kurz nach der Besetzung von 1967 verpachtete die israelische Militärverwaltung den gesamten Wasserhaushalt des Westjordanlandes, und damit auch das Grundwasser, für 99 Jahre an die israelische Wasserfirma Mekorot. Die Palästinenser müssen also dieser Wasserfirma über die Militärbehörde das eigene Wasser abkaufen. Zuteilung und Kosten sind unterschiedlich verteilt. Als Bewohnerin der besetzten Gebiete bekomme ich 60 Liter pro Tag zugewiesen; ein Israeli in Israel bezieht 280 Liter pro Tag. Zusammen mit dem Verbrauch für Industrie und Landwirtschaft kommt er auf 330 Liter. Das ist gut fünfeinhalb Mal mehr, als einem Palästinenser zusteht. Ein Siedler in den besetzten Gebieten bezieht sogar siebenmal mehr. Der Siedler zahlt für ein Kubikmeter Wasser 0,3 Schekel, der Israeli in Israel 0,8 Schekel, und wir bezahlen 6,2 Schekel für den gleichen Kubikmeter. 220 palästinensische Dörfer haben keine Wasserversorgung, wovon eine Viertelmillion Menschen betroffen ist. Während den israelischen Menschen das ganze Jahr hindurch Wasser zur Verfügung steht, wird es für die palästinensische Bevölkerung rationiert. Im Sommer und Herbst gibt es nur zu bestimmten Stunden Wasser. Manchmal müssen wir zwei oder drei Wochen warten, bis uns das Rauschen des Wassers aus dem Schlaf weckt. Sofort eilen wir zum Duschen und Waschen und füllen alle Behälter. An manchen Orten dauert es länger, und die Palästinenser sind gezwungen, Wasser von Wassertankbetreibern zu kaufen, die den Kubikmeter

Wasser siebenmal teurer verkaufen als das Leitungswasser der Wasserbehörde.

An einem heissen Sommertag standen wir zu Hunderten am Checkpoint Surda in der glühenden Sonne und warteten auf die Passiererlaubnis. Viele kamen aus der Schule oder von der Arbeit, und Lastwagen transportierten Lebensmittel. Ein Wassertankfahrer hatte mehrere Stunden gebraucht, um seinen Tank zu füllen. Der Hahn war nicht ganz dicht und tropfte, und er bat den Soldaten inständig, ihn fahren zu lassen. Es tue weh, das kostbare Wasser wegtropfen zu sehen, meinte er, er habe soviel Mühe gehabt, es einzufüllen. Der Soldat ging hin und drehte den Hahn ganz auf. Das Wasser floss in Strömen unter unseren Füssen hindurch ins Tal hinunter. Der Tankfahrer warf sich zu Boden, versuchte das Wasser mit seinen Händen aufzufangen, wälzte sich im Wassermatsch, schrie, weinte und schlug sich auf den Kopf. Alle, die das sahen, weinten mit ihm.

Am Nachmittag stellten wir aus altem Olivenöl Seife her. Früher war dies ein mühevolles Unternehmen: Die Lauge wurde in Wasser gelöst und im Verhältnis 2:3 mit Öl vermischt. Dann wurde das Gemisch bei ständigem Rühren mindestens vier Stunden auf dem Holzfeuer gekocht. Wenn der an der Oberfläche schwimmende Brei dickflüssig war, wurde er abgeschöpft, in Eimer gefüllt und in die vorbereiteten Holzformen geleert. Dabei musste man aufpassen, dass man sich nicht verbrannte. Nach vierstündigem Abkühlen wurde die weiche Masse in viereckige Stücke geschnitten. Erst am nächsten Tag wurden die Seifenstücke aus der flachen Form herausgenommen und zum Trocknen pyramidenförmig aufeinandergeschichtet. Die übriggebliebene Wasserlauge wurde zum Schrubben der Böden benutzt. Heute bereiten wir die Seife ohne Kochen zu. Es wird nur noch ein Drittel der Lauge gebraucht, und das Wasser-Öl-Verhältnis ist 1:5. Das Wasser wird aus der sonnenerwärmten Wasserleitung genommen und die Lauge darin gelöst. Das Öl wird auf 60 Grad erwärmt und mit dem Laugenwasser in einem grossen Plastikfass langsam vermischt. Nach knapp einer Stunde ist der Seifenbrei zum Ausstreichen im Gestell bereit. Dabei bleibt kein Laugenwasserrest, und die Seife ist geschmeidig und cremig, weil sie erheblich weniger Lauge enthält. Vierzig Liter Öl haben wir heute innerhalb einer Stunde zu Seife verarbeitet, und es ergab mehr als hundertfünfzig Seifenstücke. Sie dienen für den eigenen Gebrauch und als Geschenke.

24. September

Ich hatte Gila einen Brief zum Geburtstag geschrieben:

»Liebe Gila.

Es ist nie zu spät, um Dir einen gesegneten Rosch Haschana und einen gesegneten Geburtstag zu wünschen. Mögest Du durch den Segen Kraft, Freude und Hoffnung gewinnen. Neben all der Arbeit war diese Woche gefüllt mit Extraarbeiten: Wein machen, Trauben- und Quittenmarmelade einkochen und gestern dann aus Ölresten Seife herstellen. Im nächsten Monat werden wir eine reiche Olivenernte haben. Wir sind so dankbar für diesen Segen. Wir gehen beinahe jeden Tag in den Olivenhain und zum Weinberg, sitzen beim wiederaufgebauten Kasr, der schon von der Schwester meiner Grossmutter und ihrer Familie benutzt wurde. In unserem Dorf gibt es mehr als hundertzwanzig von diesen Bauwerken, die in den letzten dreihundert Jahren in Wein- und Feigenhainen errichtet wurden. Man benutzte sie zum Bewachen des Landes, und die Menschen verbrachten drei bis vier Monate dort, um die Steine aufzusammeln, die Terrassen zu flicken, den Boden zu bebauen, zu ernten und den Boden wieder für die nächste Saison vorzubereiten. Als Kind liebte ich es, mit meiner Grossmutter mehrere Wochen dort zu verbringen.

Wir geniessen die Natur und denken an all die wunderbaren Dinge, die wir haben. Und wir erinnern uns daran, wie gesegnet wir sind. Täglich machen wir uns für kürzere oder längere Zeit vor, alles sei wunderbar. Das ist eine Art Meditation, die uns belebt, uns stärkt und uns Freude bringt. Wir pflanzten Bäume, Blumen und auch Gemüse. Wir beobachten täglich, wie sie wachsen. Es ist ein Ort des Friedens.

Dies ist mein Geschenk zu Deinem Geburtstag: uns vorzustellen, ein solcher Brief wäre normal in unserem täglichen Leben. Über schöne Dinge zu schreiben, über Kultur und Leben und über Persönliches. Ich wollte mir einfach einen kurzen Urlaub vom Schreiben der anderen Sachen gönnen, die eine Bürde waren und noch immer sind. Wir verdienen alle das Gute, weil wir alle das Gute wollen.

Mit besten Wünschen

Sumaya«

Gila antwortete:

»Liebe Sumaya.

Danke für Dein Geschenk – einen Moment mit Dir teilen zu dürfen, auf Deinem Land, in Deinem Kasr, und das Segensreiche im Wachsen der Bäume, Blumen und der Natur zu betrachten.

Danke, dass Du das mit mir teilst. Es ist ein wunderbares Geschenk.

Mit warmen Wünschen für eine wunderbare baldige Olivenernte

Gila«

25. September

Ich lese einen Artikel von Schulamit Aloni, dem früheren Knesset-Mitglied der Meretz-Partei. Sie ist Mitbegründerin des Jerusalem Link und seit jeher eine Friedensaktivistin. Ich bin froh, dass es in Israel Menschen gibt, die unsere Situation kennen und verstehen und unser Leid teilen. Der Artikel beginnt folgendermassen:

»In einigen Monaten werden wir den vierzigsten Jahrestag der erleuchteten Besetzung durch unsere glorreiche Armee in Judäa, Samaria und dem Gasastreifen feiern. Israel behauptet, ein fortschrittlicher Staat zu sein. Es hat die vierte Genfer Konvention unterzeichnet, die regelt, dass ›die Besatzungsmacht nicht Teile der eigenen Zivilbevölkerung in die besetzten Gebiete abschieben oder umsiedeln darf‹. (Israel ratifizierte die Konvention 1951.)

All die Jahre hindurch haben wir umgesiedelt, Land geraubt und Wasser gestohlen, Ernten zerstört, Bäume entwurzelt, alle Dörfer und Städte in Gefangenenlager verwandelt und Hunderte von Gruppen auf Land angesiedelt, das nicht uns gehört.

Wir erlaubten den Siedlern, für ihr Leben zu sorgen, indem wir ihnen Unmengen von Geld zur Verfügung stellten (mehr als fünfmal soviel als in den südlichen Entwicklungsstädten).

Wir bauten Strassen nur für Juden, ein Fall von krasser Apartheid.

Moral, Recht, Ruhe und Ordnung stoppten an der Grünen Linie. Gesetzlosigkeit entfaltete sich vor den Augen und unter der schützenden und besänftigenden Hand der Israel Defence Forces und der Polizei, so dass gesetzesbrecherische Siedler ungestört ihre eigenen Gesetze durchsetzen konnten, manchmal sogar mit der gütigen Hilfe der Behörden.

Jede illegale Siedlung verfügt über Wasser, Energie und eine gepflasterte Strasse. Die ständigen Bewohner, die Einheimischen, um die sich das israelische Regime kümmern sollte, sind anscheinend nichtexistent geworden. Als ob sie dort und gleichzeitig nicht dort seien. Die Regierung nimmt sie nur zur Kenntnis, wenn sie mit Beschwerden stören.

Es überrascht nicht, dass die Führer einer politischen Bewegung in Israel und ein Knesset-Mitglied erklären können, dass wir die Palästinenser (und also auch die arabischen Bürger Israels) vertreiben sollten, um das zu übernehmen, was ihnen noch geblieben ist.

Und immer sind wir die Opfer, während sie die Mörder sind, mit Blut an den Händen. Wir vermelden nie die Zahl der Palästinenser, die wir aus der Luft ermordeten und im

Feuer töteten – Frauen, Kinder, ältere Leute, ganze Familien, Tausende von ihnen.

Kein Wunder, dass sie uns hassen.«

Schulamit Aloni schliesst ihren Artikel mit den Worten:

»Um unserer selbst willen, der Bürger von Israel, und um des Friedens und der Ruhe willen rufe ich euch, die politischen Führer auf: Beginnt zu reden und redet so lange, bis ihr eine Übereinstimmung erreicht.«

In den Räumen der Heinrich-Böll-Stiftung in Ramallah traf ich mich mit Frankfurter Studenten und hielt einen Vortrag über die Situation. Eine Studentin beharrte darauf, dass es erst die Anerkennung Israels durch die Hamâs brauche, bevor Gespräche stattfinden könnten. Ich sagte: »Die PLO, als Vertreterin des palästinensischen Volkes, hat zwanzig Jahre gebraucht, bis die Anerkennung Israels durchgesetzt werden konnte. Jetzt verlangt man von Hamâs, Israel in wenigen Wochen oder Monaten anzuerkennen? Eine Ideologie lässt sich schwer so kurzfristig ändern. Die Palästinenser kommen zur Einsicht, dass es zwecklos ist, Israel nochmals anzuerkennen, denn Israel hat das palästinensische Existenzrecht bis heute nicht anerkannt, und fünf Jahre lang blockierte Israel die Friedensgespräche mit der früheren Regierung, die Israel in den neunziger Jahren anerkannt hatte. Trotz der Anerkennung Israels durch die PLO hat Israel die unterschriebenen Verträge nicht respektiert und hat statt dessen die Pläne zur Landnahme und Zerstörung der Infrastruktur weiter verfolgt. Die Anerkennung muss gegenseitig und gleichzeitig geschehen. Hamâs ist eine von fünfzehn politischen Parteien in Palästina. Zehn dieser Parteien haben Israel anerkannt. In Israel gibt es auch Parteien, die die Vertreibung aller Palästinenser zum Ziel haben, zum Beispiel die Israel-Beituna-Partei mit Herrn Liebermann als Vorsitzendem. Sie ist die drittstärkste Partei in Israel. Sie ist heute in der Regierung. Würde jemand zu fordern wagen, dass diese Partei erst ihre politischen Ziele ändern müsse, bevor mit der Regierung Israels Gespräche geführt werden? Die USA und Israel haben andere Prioritäten als die Palästinenser. Für diese hat die Ordnung und Säuberung des internen palästinensischen Hauses erste Priorität. Sie wollen den Schutz durch Wahrung der Gesetze und eine funktionierende Gerichtsbarkeit mit einem durchsetzungsfähigen Sicherheitssystem. Sie wollen ihr Recht auf Arbeit und auf Bewegungsfreiheit erfüllt haben. Ihr Land soll vor Konfiszierung und das Leben der Zivilbevölkerung vor Angriffen geschützt sein; die Infrastruktur soll wiederhergestellt werden und die Besatzung beendet.

Wieder beim Nullpunkt zu beginnen in der Frage der Anerkennung wird in Palästina als Vorwand angesehen, um Friedensgespräche zu verhindern. Nicht mit Gewalt und Erpressung soll die Anerkennung erzwungen werden, sondern durch Einsicht und auf der Basis gleichberechtigter Partner. Nur so ist sie garantiert. Gerade deshalb darf niemand die Verhandlungen davon abhängig machen oder den Friedensprozess blockieren.«

26. September

Gestern begann der Fastenmonat Ramadân. Alle Menschen, Muslime wie Christen, vermeiden in dieser Zeit das Essen und Trinken in der Öffentlichkeit. Bei Besuchen wird nichts angeboten. Die Christen machen dies mit, um ihren Respekt auszudrücken und um Solidarität und Verständnis zu zeigen. Muslime nehmen diese Geste mit Rührung zur Kenntnis, und sie erwidern den Respekt. Wenn Christen Muslime besuchen, dann ist es selbstverständlich, dass Kaffee und Tee angeboten werden. Die Christen ihrerseits lehnen dies mit der Bemerkung »Ramadân Karîm« – der Ramadân ist grosszügig und ehrenvoll – ab und zeigen damit, dass ihnen die Vorschriften des Ramadâns bewusst sind. Die Fastenzeit dauert von Sonnenaufgang bis Sonnenuntergang. Am Abend versammeln sich die Familien, um zu essen, dann gehen sie zum Gebet in die Moschee. Es ist Tradition, dass muslimische Familien christliche Familien zum Fastenbrechen einladen. Es gehört sich dann, dass die eingeladenen Christen an diesem Tag tagsüber ebenfalls fasten, um die Bedeutung des Fastens und die Fastengefühle mitzuerleben. Sonst essen und trinken die Christen zu Hause normal. Sollte jemand aber den Ramadân vergessen und auf der Strasse rauchen oder Kaugummi kauen, finden sich immer sensible Leute, die ein Zeichen geben. Sofort wird das Rauchen oder Essen in der Öffentlichkeit eingestellt. Ab fünfzehn Uhr beginnen sich die Strassen zu leeren, alle fahren schnell nach Hause, um sich auf das Fastenbrechen zu freuen, denn sie haben den ganzen Tag weder gegessen noch getrunken. In unserer Moschee in Birseit, wie in anderen Moscheen auch, wird täglich für achthundert Leute gekocht. Alle können zum Fastenbrechen dorthin gehen. Aus allen Strassen strömen Junge und Alte, und vor allem auch Studenten, die nicht bei ihren Familien sein können, hin zur Moschee, schon bevor der Muezzin ruft. Wir sitzen am Kasr und beobachten die Menschenströme und freuen uns über die Idee des gemeinsamen Essens. Es herrscht eine wunderbare Stille im Dorf. Nach dem Essen wird gemeinsam gebetet, und alle strömen wieder nach Hause. Auch die Kirche lädt Muslime und Vertreter der christlichen Gemeinde an einem Tag zum gemeinsamen Essen ein. Dieses Jahr leiden die fastenden Muslime sehr unter den auffälligen Verzögerungen an den Checkpoints. Die Soldaten lassen sie oft stundenlang warten. Von Hunger und Durst erschöpft kommen sie nach Hause. Müdigkeit und Wut rauben ihnen den Appetit und dämpfen die Freude.

27. September

Ein Tag der Ruhe. Keine Nachrichten hören, keine Zeitung lesen. Einfach das Nötigste im Haushalt tun und sonst ausruhen.

28. September

Am Kasr wachsen Kürbis, Zucchini, Tomaten und Auberginen sehr üppig. Jeden Tag pflücken wir davon. Wir essen und verschenken von der reichen Ernte.

29. September

Es ist Granatapfelzeit. Wir freuen uns darüber und geniessen sie am Kasr sehr bewusst.

Oktober 2006

1. Oktober

Heute nahmen wir an der Hochzeit von Rânja und Muajjad teil und freuten uns mit ihnen. Rânja gehört, mit anderen Frauen ihrer Familie, zu den regelmässigen Seminarteilnehmerinnen.

Am Abend besuchte ich meine Mutter. Sie war glücklich, weil ihre Kinder Farhât aus Florida und Hiâm aus San Francisco angerufen hatten. Sie berichtete mir, was sie ihr erzählt hatten, von den Kindern und der Arbeit.

Jeden Tag passieren schreckliche Dinge. Ich nehme mir vor, während des Monats Oktober die Überschriften der Zeitungen zu dokumentieren.

Heute steht da: »Interne Gewalt in Gasa hat neun Tote und Dutzende von Verletzten zur Folge.« – »Zwei Widerstandskämpfer in Gasa, Hussâm Ghajâd und Bassâm Hamad, wurden durch eine Rakete des israelischen Militärs getötet.«

Entsetzen bestimmt meine Gefühle. Töten und getötet werden ist unser Alltag geworden.

2. Oktober

Hâni Ibrahîm al-Nadschar (27) wurde an der Küste von einem israelischen Kampfboot getötet.

Überschrift heute: »Ein schwarzer Sonntag: 9 Tote und 105 Verletzte im Gasastreifen, als Folge von Kämpfen zwischen den Sicherheitskräften des Präsidenten und jenen des Premierministers.«

Es ist schwer auszuhalten: nicht nur, dass die israelischen Soldaten töten; jetzt töten unsere Leute sich auch gegenseitig. Welch eine Trauer, welch ein Elend!

Heute begann ein Generalstreik im gesamten öffentlichen Dienst.

Wir beschlossen, noch einmal Seife herzustellen, und freuten uns über das Gelingen.

3. Oktober

Durch eine Bombe in Breidsch im Gasastreifen wurde ein Mensch getötet und mehrere wurden verwundet. Zwei weitere Tote und viele Verwundete gab es bei palästinensischen Gewaltausbrüchen.

Ich wollte schreiben, aber meine Gedanken waren verwirrt und meine Hände wie gelähmt. Ich gab es auf, fegte die Haustreppe, räumte auf und bereitete das Essen zu.

Am Nachmittag ging ich zu meiner Mutter und nahm sie mit zum Kasr. Sie freute sich und sagte, hier sei es so schön wie früher in Jaffa – dort, in dem fruchtbaren Ort am Meer, der uns seit Anfang der neunziger Jahre verboten ist, hatten meine Eltern früher eine Zeitlang gelebt.

4. Oktober

Bewaffnete Männer töteten einen Hamâs-Führer in Kalkilia. Überall sind Bewaffnete, und wir fühlen uns so bedroht und schutzlos wie nie zuvor. Es kann jeden treffen.

Und doch geht es mir heute etwas besser. Ich will über die Seminare mit verlobten Paaren schreiben:

Zwei Mädchen, die in den letzten zwei Jahren an unseren Seminaren teilgenommen hatten, verlobten sich. Erst nach der Verlobung, die vom Priester gesegnet wird und offiziell als Halbhochzeit gilt, können sich die Verlobten allein treffen und miteinander sprechen. Die Mädchen suchten Hilfe bei uns: Sie könnten vieles nicht verstehen und fühlten sich von ihren Verlobten nicht verstanden und respektiert. Ihre Ansichten seien nicht zu vereinbaren. Nachdem wir persönlich mit den jungen Männern Kontakt aufgenommen hatten, waren sie zu weiteren Gesprächen bereit. Allerdings wollten sie nicht, dass jemand erfuhr, dass sie an solchen Gesprächen teilnahmen; es wäre eine Schande zuzugeben, dass man als Mann bereit war, die eigene Meinung in Frage zu stellen und sich von Frauen eine andere Denk- und Lebensweise zeigen zu lassen.

Ich sprach mit dem Priester über meine Erfahrung mit diesen beiden Paaren, und wir beschlossen, für alle Verlobten Seminare anzubieten. Der Priester lud zweiundzwanzig Paare aus fünf Dörfern zum ersten Seminar ein. Die Teilnahme sei Pflicht, hatte er ihnen klar gemacht. Nicht alle kamen also freiwillig; sie waren der Meinung, sie bräuchten so etwas nicht.

Viele ihrer Probleme waren ähnlich: »Meine Mutter hat in den vergangenen Jahren Töpfe, Wäsche, Geschirr, Bilder, Körbe und vieles mehr gesammelt und gekauft, das sie uns als Paar schenken will. Wie sollen wir reagieren? Wie drücken wir unseren Dank und unsere Freude aus und lassen zugleich unsere eigenen Wünsche nicht völlig beiseite?« – »Meine Mutter will für das Fest ganz allein die Wohnung putzen und allein die Salate zubereiten, denn sie hat ja so sehr auf diesen Moment gewartet und will ihrer Freude Ausdruck geben, indem sie sich zur Verfügung stellt. Aber sie ist krank und kann das gar nicht schaffen. Deshalb habe ich eine bezahlte Hilfe gesucht, weswegen meine Mutter sehr beleidigt ist. Sie hat das Gefühl, ich nehme ihr das Recht auf diese Aufgabe. Was soll ich tun?«

Mit der Zeit kamen wir zum Kern unserer Seminare: Was heisst Respekt aufbringen für die Partnerin oder den Partner? Was heisst es, eine Familie zu gründen, und wie fasst man gemeinsam Beschlüsse? Ein Mädchen sagte: »Er macht mir klar, dass es rote Linien gibt, die ich nicht überschreiten darf und worüber ich niemals sprechen soll.« – »Und du«, fragte ich sie vor der Gruppe, »hast du ihm auch rote Linien gesetzt?« Sie war verwirrt und ihr Mann auch. »Ich bin auch für rote Linien«, fuhr ich fort, »aber sie müssen für beide gelten. Das bedeutet, dass man sie gemeinsam definiert und dass beide sich verpflichten, sie einzuhalten. Sie dürfen nicht nur für eine Seite gelten.« Es brauchte drei Stunden lebhafter Diskussion, bis wir in der Gruppe einen Konsens erreichten. Ein Mann sagte: »Ich habe viel gelernt in diesem Seminar, aber ich bezweifle, dass ich mich ändern kann, denn meine Persönlichkeit ist bereits geformt und kaum mehr veränderbar. Ich kann es nicht.« Meine Antwort war: »Wer sagt, ich kann nicht, meint eigentlich, ich will nicht.«

Nach acht Seminaren beschlossen die Teilnehmer und Teilnehmerinnen, die Gruppenarbeit nach der Hochzeit weiterzuführen. So wurde die Junge-Familien-Gruppe gebildet. Zum erstenmal hatten wir die jungen Männer erreicht; diese Generation würde die Verantwortung für ihre Kinder gemeinsam tragen. Das war ein grosser Erfolg. In der Frauengruppe erzählten wir von dieser Erfahrung, und sogleich forderten muslimische Frauen, dass sich auch muslimische Paare anschliessen dürften. Darauf hatten wir gehofft, und so wird auch diese Gruppe eine gemischte Gruppe werden.

5. Oktober

Gegen vier Uhr morgens weckten mich heftige Migräneschmerzen. Mein Kopf schien platzen zu wollen. Jeder Pulsschlag dröhnte in meinem Kopf wie eine Trommel. Die Gesichtsmuskeln waren verzerrt; meine Zähne knirschten. Ich tastete die linke Nackenseite ab, dort, wo die Schmerzen am heftigsten waren, und wünschte mir so sehr, ich könnte die geschwollenen Venen ausreissen. Ich massierte sie leicht, das half ein wenig. Es tat so weh, dass nur Weinen die Spannung etwas löste. Erst nachdem ich mich übergeben hatte, ging es mir besser. Ich nahm Medikamente und schlief bis Mittag.

Die Nachrichten liessen mich jedoch auch heute nicht ruhen. Ich las in der Zeitung: »Die israelische Luftwaffe tötet in Chan Jûnis die beiden palästinensischen Widerstandskämpfer Omar al-Saksûk (30) und Jassir Aschûr (35).« – »Israelische Truppen kidnappen zweiundzwanzig palästinensische Kämpfer.« – »Ein Palästinenser wurde in Nablus von israelischen Soldaten getötet.« – »Israelische Soldaten erschiessen in Dschenîn den 72jährigen Afif Mohammad Sakarna.«

Ich will über nichts nachdenken. Die Migräne hämmert immer noch warnend in meinem Kopf. Mein Körper wehrt sich und verlangt nach Ruhe. Ich bleibe den ganzen Tag im Bett.

6. Oktober

Ich mag keine Nachrichten hören.

Am Nachmittag besuchte ich mit Munîr Ghâda in Ramallah. Wir tauschten unsere Gedanken zur Seminararbeit aus und planten weitere Sitzungen.

Wir assen frische Feigen und bereiteten Katajef zu, die Ramadân-Küchlein. Die Teigtaschen, gefüllt mit Walnüssen, gewürzt mit Zimt und Muskat und in Zuckersirup getränkt, sind köstlich. Das war unser Abendessen.

Plötzlich hörten wir Schüsse, und Unruhe breitete sich aus. Wir versuchten per Telefon mehr zu erfahren. Israelische Kommandos waren nach Ramallah eingedrungen und hatten zwei Menschen getötet und drei verhaftet; sechs weitere waren verletzt ins Krankenhaus eingeliefert worden. Wir warteten, bis es ruhiger wurde, dann begaben wir uns schnell nach Hause.

7. Oktober

Wegen des Sukkot, des Laubhüttenfestes, schloss das israelische Militär den Gasastreifen und das Westjordanland. Weitere Jugendliche wurden gekidnappt.

Samstags fahre ich immer nach Bait Dschalâ, in der Nähe von Bethlehem, um an der Schule Talitha Kumi meine Seminare durchzuführen. Das Zweistrassen-Netz – eine Strasse nur für Israelis, die andere nur für Palästinenser – verlängert die Fahrt um drei bis vier Stunden. Statt einer geraden Linie von Norden nach Süden, wofür man vierzig Minuten bräuchte, hat mein Weg die Form der Ziffer Drei. Ich muss zuerst Richtung Norden fahren, dann nach Osten, dann Richtung Süden und Westen, dann wieder in östlicher Richtung zum Jordantal, schliesslich weiter südlich, um von Süden her Bethlehem zu erreichen. Um fünf Uhr morgens breche ich auf, damit ich sicher um zehn Uhr in der Schule bin. Neben den zwei festen Hauptmilitärsperren können noch drei bis fünf »fliegende Checkpoints« mitten auf der Strasse hinzukommen. Mit Glück wartet man zehn Minuten, mit weniger Glück über eine Stunde, und wenn das Glück ganz ausbleibt, muss man umkehren.

Einmal hatte ich mich vor Sonnenaufgang auf den Weg gemacht und mit viel Glück mehrere Sperren überwunden, als ich zum Container-Checkpoint vor Bethlehem kam. Bereits einen Kilometer davor durfte niemand weiterfahren – die Soldaten schossen auf alles, was sich bewegte. Einigen Menschen gelang es, zu Fuss die Strasse nach Bethlehem zu erreichen, indem sie den vom Checkpoint aus nicht sichtbaren Hang hinunterrutschten. Aber sie wurden entdeckt, und ein Militärjeep fuhr auf sie zu. Ich hörte die Soldaten bereits auf dem Weg über Lautsprecher einen Krankenwagen rufen. Der Jeep hielt auf der unteren Strasse; dort hatte sich ein Taxi versteckt, um Passagiere, die sich erfolgreich durchgeschmuggelt hatten, aufzunehmen. Ein Soldat stieg aus und schlug dem Taxifahrer sein Gewehr über den Kopf. Er brach blutend zusammen. Eine Frau rutschte in der Panik aus und brach sich den Arm. Nach einer Weile kam der Krankenwagen und nahm die Verletzten auf.

Oft stehen israelische Friedensfrauen von Machsom Watch an den Checkpoints, um Gewalt und Zwischenfällen entgegenzuwirken. An diesem Tag der totalen Sperre durften sie nicht kommen. Immer wenn wir sie sehen, grüssen wir sie und danken ihnen.

Ich wartete mehr als eine Stunde, bis Ruhe einkehrte und weit und breit keine Soldaten mehr zu sehen waren. Dann beschloss ich, den mit Steinen und Dornen übersäten Weg am Hang zu wagen. Gelegentlich blieb ich am Stacheldraht hängen, mal ging ich schwankend, mal lief oder rutschte ich. Schrammen und Prellungen hinderten mich nicht, sondern spornten mich zum Weitergehen an. Endlich erreichte ich die Wüstenstrasse. Ich eilte in Richtung Tal. Nach zwei Kilometern wurde ich von einem hinter dem Hügel versteckten Jeep mit Soldaten überrascht. Sie richteten ihre

Gewehre auf mich, doch ich ging mit erhobenen Händen auf sie zu: »Ich bin eine Frau, habt keine Angst, ich habe nur Gutes im Sinn.« Ein Soldat fragte: »Woher kommst du, wie bist du hierhergekommen?« Auf englisch sagte ich: »Ich bin einfach zu Fuss gegangen. Niemand hat mich daran gehindert.« Er sagte, ich solle zurückgehen. »Wohin? Hier ist weit und breit keine Menschenseele.« Er sagte, heute sei alles geschlossen, niemand dürfe nach Bethlehem, höchstens diejenigen, die von dort seien. Ich sagte: »Ich aber darf hin, denn ich habe etwas Gutes vor, ich habe etwas sehr Wichtiges zu erledigen.« Er wollte meinen Ausweis sehen: »Auch das noch, du kommst aus Ramallah! Wie hast du das geschafft?« Ich sagte: »Gott hat mir geholfen, und oft begleiten mich Engel.« Er schien in Gedanken versunken, und bevor er etwas sagte, fügte ich hinzu: »Ich bin Friedenserzieherin für Schüler und Schülerinnen. Sie erwarten mich. Niemand darf mich daran hindern, denn sie wollen zum Frieden erzogen werden. Das ist eine grosse Chance. Sicher schätzen auch Sie Bildung und Erziehung.« Er fragte: »Bist du Lehrerin?« – »Ja, und Friedensfrau. Kennen Sie Friedensfrauen oder Friedensmänner?« Er blieb nachdenklich. Ich sagte weiter: »Hätten wir und Sie Tausende solcher Friedenskräfte, dann bräuchten Sie diese furchtbare Arbeit nicht mehr zu tun«. Wir blickten einander an, er lächelte, ich lächelte zurück, dann sagte er: »Geh an deine Arbeit.« Ich dankte ihm. Nach einigen Schritten wandte ich mich um und sagte: »Sie, guter Soldat, spät nachmittags muss ich zurück nach Ramallah. Sie lassen mich doch wieder durch, oder?« Er antwortete: »Du wirst bestimmt einen anderen guten Soldaten treffen.«

Ich kam rechtzeitig in der Schule an, und alle wunderten sich, dass ich es geschafft hatte. Ich sagte: »Es war ein Wunder. Ein Wunder zu erleben nach so vielen Qualen, das ist eine Freude, die mich entspannt und Angst und Müdigkeit wegwischt. Es gibt Kraft für neue Versuche, auch die Soldaten als Menschen anzusprechen, ihre Menschlichkeit zu wecken und lebendig zu halten.«

Im Seminar mit den Jugendlichen befassten wir uns mit dem Thema: »Selbstmordattentate – Freiheitskampf, Heldentat, Märtyrertum oder Mord?«

Wir bildeten Pro- und Contra-Gruppen: Wer für Märtyreroperationen war, stellte sich auf die eine Seite, wer dagegen war, auf die andere, die Unentschlossenen dazwischen.

Die Mehrheit war dafür.

Jede Gruppe sollte nun Argumente einbringen. Sie durften emotional sein, mit Wut und Ärger behaftet, man durfte schimpfen und sich aufregen. Später versuchten wir, die Aussagen mit Logik, Vernunft und Menschlichkeit einzuordnen.

»Was meinst du mit: Ich bin für Selbstmordattentate? Bejahst du die Mittel, das Ziel, die Konsequenzen?«

«Wir haben nichts als unseren Körper und unsere Seele als Waffe. Sie verletzen und töten unsere Leute, das dürfen wir nicht mehr hinnehmen. Das Sterben in Würde ist besser als das Leben in Angst, mit fortwährender Demütigung und systematischer Zerstörung unserer Lebensgrundlagen. Wir verlieren den Sinn für das Leben.«

»Aber du liebst das Leben, deshalb willst du es doch verteidigen, bewahren und geniessen, oder?«

»Ja, aber es dauert zu lange, wir können nicht mehr.«

»Du kannst nicht mehr, andere können es vielleicht noch und wollen es auch weiterhin können.«

»Meinst du also kapitulieren, weglaufen, alles hinschmeissen und zulassen, dass es mit unserer Misere weitergeht?«

»Die Antwort soll sein: den Weg für die Rettung finden.«

Noch einmal die Frage: »Befürwortest du Selbstmordattentate?«

»Ja.«

»Wärst du selber bereit dazu?«

»Nein, ich nicht, andere sollen es tun.«

»Du möchtest also deinen Wunsch erfüllt sehen, aber die anderen sollen ihr Leben dafür opfern. Besinne dich einen Augenblick und überlege: Ist das gerecht? Fühlst du dich dann wohler?«

»Ich habe nicht den Mut dazu.«

»Gut, dass du deinen Mut nicht für solche Taten einsetzen willst. Du bist verwirrt, du kämpfst innerlich. Das ist normal. Du kannst, wenn du willst, Mut für andere Dinge aufbringen. Überlege dir wofür.«

»Ich bewundere diejenigen, die Attentate ausführen, ich bewundere ihre Bereitschaft, sich für uns und unsere Heimat zu opfern.«

»Wir können hier etwas lernen. Es ist wichtig, sich für die Menschen und die Heimat einzusetzen. Überleg dir das noch einmal: Ist es nicht besser, wenn die Kämpfer weder andere noch sich selbst töten?«

Eine weitere Stimme: «Ich bin total gegen solche Operationen, sie treffen normale Menschen, Zivilpersonen ohne Waffen, und es kann jeden treffen, auch uns und die Touristen.«

»Mein Onkel ist bei einem Bombenanschlag getötet worden, mein Freund ist gelähmt.«

»Bist du immer noch für solche Operationen?«

»Mir wird klar, dass ich nicht für Angriffe auf Zivilisten bin, aber auf Soldaten wohl, und ich kann verstehen, weshalb es dazu kommt.«

»Es ist beeindruckend, wie du diesen schwierigen Prozess gemacht hast und eine grundlegende Änderung deiner Haltung vollzogen hast. Auch wir verstehen, warum es soweit gekommen ist und wie solche Aktionen leider Teil unseres Lebens geworden sind.«

»Gibt es einen Unterschied zwischen Angriffen auf Soldaten und Angriffen auf Zivilisten: Sind beides Heldentaten?«

»Ja!«

»Nein!«

»Wer ist der grössere Held: derjenige, der Zivilisten angreift, oder derjenige, der Soldaten angreift?«

»Natürlich derjenige, der Soldaten angreift.«

»Ist also, wer Zivilisten angreift, ein kleiner Held oder kein Held?«

»Freiheitskämpfer, die Soldaten angreifen, sind Helden, doch diejenigen, die Zivilisten töten, sind sicher keine. Im Gegenteil, sie schaden unserer Sache, weil dadurch unser

Kampf für Befreiung als Kampf gegen die Menschheit erscheint.«

»Halten wir fest: Jeder Angriff auf Zivilisten seitens der Israelis oder der Palästinenser ist ein Verbrechen. Das ist ein Grundprinzip.«

Die Diskussion war lebhaft und ernst, geprägt von wahrer Sorge und echtem Interesse an der Suche nach Lösungen. Manche fühlten sich bedrückt und verletzt durch das Ansprechen solcher Themen und wollten das Gespräch stoppen, denn sie hielten es nicht aus, mit so viel Traurigem und Grausamem konfrontiert zu werden.

8. Oktober

Der israelische Arzt Benjamin Massos, der in Krankenhäusern in Ost-Jerusalem arbeitet, ruft in den Medien zur Vernichtung aller Palästinenser auf, um die Probleme mit ihnen endgültig zu lösen, selbst wenn damit die Ermordung der gefangenen israelischen Soldaten in Kauf genommen werden müsse.

Israelische Truppen töteten in Nablus den palästinensischen Kämpfer Osama Talaat Salih (27) und verwundeten sechs Zivilisten.

Palästinensische Widerstandskämpfer feuerten auf das Haus des Bürgermeisters von Sderot in Israel eine Rakete ab. Sie verursachte Sachschaden; Panik breitete sich unter der Bevölkerung aus.

Ein israelisches Gericht verurteilte Jassir al-Barghûti zu achtmal lebenslänglich (240 Jahren) für seine Verantwortung für den Tod von acht Israelis in Widerstandsaktivitäten zwischen 2001 und 2003.

9. Oktober

Der 23jährige Amdschad Muhammad al-Tirâwi wurde im Flüchtlingslager Balata in Nablus von israelischen Soldaten erschossen.

Ein israelischer Hubschrauber zerstörte in Chan Jûnis im Gasastreifen das Haus von Arafat Madi, einem Mitglied der Kassambrigaden.

Heute morgen war Ghâda nach Nablus gefahren. Später rief sie mich an und erzählte: »Am Checkpoint Huwâra wartete ich mit meinen Kollegen mehr als zwei Stunden. Hunderte von Menschen bewegten sich in der Masse, schubsend, zusammengequetscht, drängelnd. Ein Baby verlor seine Milchflasche. Es war unmöglich, sie aufzuheben; Mutter und Baby wären zertrampelt worden. Es war heiss und stickig. Die Soldaten überprüften die Papiere, durchsuchten die Taschen und schrien die Leute an, sie sollten sich ruhig verhalten. Wie zwei Stiere standen sich ein Soldat und ein Palästinenser so nah gegenüber, dass ich befürchtete, sie würden sich die Köpfe einschlagen. Die Gesichter vereint in Wut und Hass und im Drang, sich gegenseitig zu erledigen. Genauso angespannt war die ganze Atmosphäre am Checkpoint. Ein Student stieg aus einem Taxi. Kurz darauf bemerkte er, dass er seine Tasche im Taxi hatte liegen lassen, und rannte hinter dem langsam anfahrenden Taxi her. Er kam kaum zehn Meter weit. Ein Soldat erschoss ihn.«

Im Radio hiess es dann, der Mann, Muhammad Ischtaja aus Till, sei erschossen worden, weil er den Soldaten gefährdet habe.

10. Oktober
Israelische Truppen töteten in Gasa Amin al-Sûfi (22).

11. Oktober
Zwei Palästinenser wurden bei Gefechten mit israelischen Soldaten in Bait Hanûn getötet.

In Nablus töteten israelische Soldaten den 32jährigen Abdallah Mansûr, Vater von zwei Kindern.

Eine Kunstausstellung der Studenten an der Universität Birseit führte zu einer Schlägerei. Ein Student hatte einen israelischen Panzer gemalt, der Häuser zerstört und Menschen tötet, und hatte dazu neben den Davidstern ein Kreuz hingemalt – als Reaktion auf die Rede von Papst Benedikt XVI. vom September in Regensburg, die Missverständnisse zur Folge hatte und Millionen Muslime in ihren Gefühlen verletzte. Ein muslimischer Student sah sich das Bild mit seinen zwei christlichen Freunden an und bat dann den für die Ausstellung Verantwortlichen, es zu entfernen, weil es den Christen gegenüber ungerecht sei und Feindseligkeiten und Streit provoziere. Dieser lehnte es ab, mit der Begründung, es gelte Meinungsfreiheit – so wie bei den Auseinandersetzungen um die Karikaturen des Propheten Muhammed in Dänemark auch argumentiert worden sei. Die

Studenten baten dann den Dekan, das Bild zu entfernen. Das könne er nicht, sagte er; er befürchte Angriffe. Als er das Bild doch zu entfernen versuchte, rissen es muslimische Studenten an sich. Dies provozierte eine Schlägerei, die sich wahllos auf muslimische und christliche Studenten ausweitete. Einige landeten im Krankenhaus. Der Vorfall löste im ganzen Land Empörung und Angst aus. Die Universitätsleitung schloss die Hochschule für drei Tage, um die Sache zu untersuchen und die Gemüter zu beruhigen. Politische Kräfte und Bürger aus allen Teilen der Bevölkerung beteiligten sich an der Klärung der Situation, und man einigte sich auf Massnahmen, damit nie wieder so etwas passiere: Konfrontationen zwischen Muslimen und Christen dürften niemals geduldet werden. Wer für solche verantwortlich sei, werde von der Universität ausgeschlossen.

Heute besuchte ich meine Nachbarin Umm Dschihâd, um ihr zum vollendeten Hausanbau zu gratulieren. Als Geschenk brachte ich ein Set Moccatassen. Sie sass mit ihrer Schwiegertochter im Flur und bereitete das Essen für den Iftar, das Fastenbrechen bei Sonnenuntergang während des Ramadâns. Sie rollten Weinblätter, gefüllt mit gewürztem Reis und Fleisch, und füllten Zucchini und Auberginen. Ich setzte mich zu ihnen. Wir sprachen den Konflikt an der Uni an und waren uns einig, dass wir uns niemals von solch unvernünftigen Taten beirren lassen sollten. Das beispielhafte jahrhundertelange friedliche Zusammenleben von Muslimen und Christen in Palästina dürfe niemals erschüttert werden. Alle trügen die Verantwortung dafür, dass diese Tradition erhalten bleibe. Die Familie von Umm

Dschihâd war ebenso gerührt über meinen Besuch wie ich über ihre Haltung. Sie beharrten darauf, dass ich einen Kaffee trinke. Ich lehnte konsequent ab, denn es war Ramadân, und ich wollte ihr Fasten ehren. Umm Dschihâd schenkte mir gebackene Spinatteigtaschen zum Verzehr nach Sonnenuntergang. Ich nahm sie gerne an.

Anschliessend schaute ich bei meiner Mutter vorbei.

12. Oktober

Ich lese die Zeitung:

Ein Sprecher der Vereinten Nationen sagte gestern, dass sich die Zahl der Checkpoints im Westjordanland im vergangenen Jahr um vierzig Prozent auf 528 erhöht habe.

F-16-Bomber feuerten zwei Raketen auf das Haus von Abu Hassan Salach, einem Mitglied der Kassambrigaden.

In Nablus zerstörten Widerstandskämpfer einen israelischen Militärjeep, und israelische Soldaten verletzten fünf Zivilisten.

Fünf Palästinenser, darunter ein 13jähriger, wurden durch die israelische Bombardierung von Chan Jûnis getötet. Palästinensische Widerstandskämpfer feuerten Raketen auf Israel.

Heute hatte ich wieder ein Seminar in Talitha Kumi und fuhr also wieder Richtung Bethlehem. Munîr kam mit, denn er wollte nach vier Jahren wieder einmal Bethlehem sehen. Er stieg vor der Geburtskirche aus und besichtigte die Altstadt. Sein Interesse für Architektur und Kulturgeschichte führte ihn zu den alten Häusern, und er dokumentierte ihre Schätze. Der Fisch, zum Beispiel, war ein Symbol der Christen; an einer Haustür in Birseit hatte er das Fischmotiv gefunden. In Bethlehem suchte er heute in den Hauseingängen gezielt nach solchen in Stein gehauenen Motiven. Er fand Kreuze, Blumen, Reben, Trauben, Sterne, Halbmonde, Löwen, Vögel und geometrische Motive. Das Fischmotiv fand er nicht.

Er genoss den schönen Urlaubstag in der Altstadt und der Geburtskirche, und er besuchte auch das kleine Volksmuseum und eine Kunstausstellung.

Die Heimfahrt ging gut, nur zwei Stunden Wartezeit an den Checkpoints. Wir hatten Schlimmeres befürchtet. Als wir in Birseit ankamen, kurz vor unserem Haus, raste uns ein Auto entgegen. In letzter Sekunde konnte unser Fahrer zur Seite ausweichen. Wir waren froh und dankbar, dass es bei einem Sachschaden blieb. Wir ruhten uns aus, assen zu Abend und sprachen nur vom Schönen dieses Tages.

13. Oktober

Amira Hass beschreibt die Situation des Gasastreifens in der Zeitung *Haaretz* folgendermassen:

»Das Experiment war ein Erfolg: Nun töten die Palästinenser sich gegenseitig. Sie verhalten sich, wie man es am Ende eines langwierigen Versuchs erwartet hat. Die Versuchsanordnung lautete: Man sperrt 1,5 Millionen Menschen im Gasastreifen wie Hühner in einer Legebatterie auf engstem Raum ein.

Das bedeutet: Die Eingesperrten haben keine Möglichkeit mehr, für ihren Lebensunterhalt zu sorgen; Rohstoffe,

Waren, Medikamente und medizinisches Material können nicht eingeführt werden, ebenfalls keine frischen Nahrungsmittel. Verwandten, Freunden und Fachkräften wird die Einreise, Kranken die Ausreise verweigert. Zölle und Steuern in der Höhe von Hunderten von Millionen Dollar werden von Israel zurückbehalten, wodurch den Beamten keine Löhne bezahlt werden können. Dichtbevölkerte Wohngebiete werden beschossen, die Infrastruktur und Felder zerstört. Die Eingesperrten müssen den grössten Teil des Tages ohne Strom und Wasser auskommen.

Deshalb ist die Situation im Gasastreifen keine interne palästinensische Angelegenheit.«

14. Oktober

Zwei Kassamraketen aus dem Gasastreifen trafen die israelische Stadt Sderot, sie verwundeten drei Menschen und verursachten Sachschaden.

Ich vergleiche palästinensische und israelische Zeitungsberichte:

»Israelis töteten während der letzten 48 Stunden zwanzig Palästinenser«, heisst es etwa in der palästinensischen Presse.

Und die israelische *Haaretz* berichtet: »In Gasa werden sechs bewaffnete Männer getötet, zehn werden bei einem Luftangriff verletzt.« Und weiter unten: »Im Norden von Gasa sind drei militante Hamâs-Mitglieder getötet worden. Sie sind verantwortlich für das Abfeuern von Raketen. Fünf Fussgänger sind verletzt worden. Israel will die Terroristen weiter verfolgen, um sie daran zu hindern, sich zu bewaffnen.«

Palästinensische Berichte zeigen meist das unmenschliche Verhalten des israelischen Militärs. Israelische Berichte enthalten in der Regel Rechtfertigungen und betonen die Angst der Israelis. Beides ist für die jeweilige Seite wahr. Doch so wird die Kluft zwischen den beiden Völkern vertieft; jede Seite glaubt, sie allein habe recht. Solange die Waffen den Alltag bestimmen, werden alle Menschen in die Irre geführt.

Ghâda kam zu Besuch. Wieder erzählte sie von Erlebnissen am Checkpoint Huwâra und war völlig erschöpft.

Die Kirchenglocken begannen zu läuten und kündigten den Tod eines Menschen an: In den USA war der 83jährige Dschamal Musallam aus Birseit gestorben, der vor vierzig Jahren auswandert war. Im Haus seiner Schwester wurden drei Trauertage verkündet. Alle gingen hin, um des Verstorbenen zu gedenken und seine Schwester und ihre Familie zu trösten. Auch Ghâda und ich gingen zum Trauerhaus und blieben eine Weile dort.

15. Oktober

Israelische Truppen riegeln Bait Hanûn ab und zerstören ein vierstöckiges Haus. Ein Massaker der Israelis in Gasa raubt in zwei Tagen dreiundzwanzig Palästinensern das Leben.

Heute fiel der erste Regen seit sieben Monaten. Alle sprachen begeistert davon, und die Freude war gross. Am Nachmittag eilten wir zu unserem Weinberg, um zu schauen, wieviel Wasser in die Zisterne geflossen war. Es waren vier Zentimeter. Wir freuten uns sehr.

16. Oktober

Palästinensische Gruppierungen wetteifern darum, wer am meisten Waffen besitzt. Überall blühen Waffengeschäfte, die auf der offenen Strasse abgewickelt werden. Viele haben kaum Geld für Brot, doch für Waffen findet sich Geld. Die Schutzlosigkeit, die Angst um das eigene Leben und um die Zukunft verändern die Prioritäten. Für die Menschen bedeutet das, einen noch grösseren Abgrund vor sich zu sehen. Ich empfinde tiefen Schmerz: Wo nur sind wir als Volk und Gemeinschaft gelandet?

17. Oktober

Ramadân-Iftar in Ramallah: Der Deutsche Akademische Austauschdienst (DAAD) hat alle, die an deutschen Universitäten graduiert haben, zu einem Fastenbrechen-Essen eingeladen. Es kamen viele ins Restaurant Sarûr, auch mit ihren Familien – ein schönes Beisammensein. Doch unsere Freude darüber, dass wir es endlich einmal gewagt hatten auszugehen, dauerte nicht lange. Auf dem grossen Fernsehschirm kam die Meldung, dass israelische Soldaten in die Altstadt von Nablus eingedrungen seien. Sie hätten drei Männer getötet und viele Menschen verwundet. Wir brachen unser Essen ab und fuhren schnell nach Hause.

20. Oktober

Kürzlich hat meine Freundin Raghda aus Amman angerufen und mich eingeladen, einige Tage des Fastenmonats mit ihrer Familie zu verbringen. Sehr gerne habe ich zugesagt, denn ihr 80jähriger Vater wird auch dabei sein. Ich kann aber nur drei Tage bleiben, weil dann die Olivenernte beginnt.

Ich hatte Raghdas Vater seit vielen Jahren nicht gesehen. Er war wie ein Vater für mich gewesen. Er hatte ein hohes Amt beim jordanischen Militär innegehabt und später bei der PLO. Die fünf Schwestern der Familie Affâneh aus Bûrin bei Nablus waren mit mir im Internat Talitha Kumi gewesen, und seit damals sind wir wie Schwestern. Ich war früher sehr oft an besonderen Tagen bei ihnen zu Besuch – in Amman, Beirut, Tunis, Bagdad und Damaskus.

23. Oktober

Gestern bin ich nach Birseit zurückgekehrt. Das gemeinsame Fasten und Fastenbrechen bei Raghdas Familie hat unsere Verbundenheit als Christen und Muslime gestärkt. Mehr als zwanzig Personen versammelten sich täglich, und wir wussten vieles zu erzählen. Aufmerksam hörten sie zu, wenn ich von meiner Arbeit in Palästina berichtete, und am liebsten hätten sie gleich mitgeholfen. Sie besitzen zwar Häuser und Land in ihrem Dorf bei Nablus, aber keiner von ihnen darf dorthin zurück, nicht mal zu Besuch. Wir diskutierten über die Politik, und unsere Gefühle schwankten zwischen Verbitterung und Verzweiflung – Kritik an der PLO und speziell an der Fatach-Führung war zentral, doch die Aussichtslosigkeit kettete uns aneinander. Ich war beeindruckt, wie nüchtern und klar Raghdas Vater die Situation verstand und wie sehr er sich für Friedenserziehung und Friedensorientierung aussprach.

Heute ist Id-al-Fitr, das Fest des Fastenbrechens zum Ende des Ramadâns – eines der wichtigsten Feste im muslimischen Kalender.

Israelische Truppen töteten in Bait Hanûn sieben Menschen einer Familie.

Im Westjordanland töteten israelische Soldaten beim Versuch, Baschar Bani Oda in Tamûn, einem Dorf bei Dschenîn, zu ermorden, Muhammad Oda (23) und verwundeten fünfzehn Menschen. Die Soldaten setzten Rauchgas gegen Zivilisten ein und schossen den Weg für das Tötungskommando frei. Dabei traf eine Kugel Muhammad und tötete ihn sofort.

»Nicht mal freuen dürfen wir uns«, sagten einige Mädchen im Seminar. Wir hatten nämlich ein gemeinsames Essen zum Id-al-Fitr für die Frauen- und Mädchengruppe geplant und es dann abgesagt, in der Hoffnung, es in einer trauerfreien Zeit nachholen zu können.

24. Oktober

Beginn der Olivenernte.

25. Oktober

Palästinensische Widerstandskämpfer schossen als Vergeltung Raketen auf Sderot. Es entstand Sachschaden.

Niemand gewinnt, doch Leid, Angst, Wut und Hass nehmen zu.

Wir versuchten uns vor all den schrecklichen Gefühlen und Ängsten zu schützen und konzentrierten uns auf die Olivenernte. Am ersten Tag hatten wir acht Säcke zu je zwanzig Kilo geerntet.

26. Oktober

Bewaffnete jüdische Siedler belästigten und verwundeten in mehreren Dörfern bei Nablus Bauern bei der Olivenernte. Die Siedler wollten die Bauern daran hindern, zu ihren Olivenhainen zu gelangen. Sie nahmen ihnen die Ernte weg oder vernichteten sie. Auch in Dörfern bei Bethlehem wurden drei Bauern von Siedlern angeschossen. Dabei boten die Soldaten den Siedlern Schutz.

Israelische Truppen töteten in Chan Jûnis den 22jährigen Lami Abu Lihia, und Suhail al-Madschdalawi erlag seinen Verletzungen vom Donnerstag in Bait Hanûn. Ein Soldat wurde verwundet.

Unsere Ernte erbrachte heute zwölf Säcke.

27. Oktober

Drei Palästinenser wurden in al-Jamûn und im Flüchtlingslager Farea bei Dschenîn von israelischen Soldaten getötet.

Israelische F-16-Kampfflugzeuge zerstörten am Freitag das Haus von Schadi al-Arîni, einem Mitglied der Kassambrigaden. Eine Viertelstunde zuvor war die Familie aufgefordert worden, das Haus zu verlassen. Die siebenköpfige Familie hat alles verloren und ist obdachlos.

Die Olivenernte heute: acht Säcke. Die Säcke werden sofort auf dem Boden unter der Veranda ausgeleert, damit die Oliven genügend Luftzufuhr haben. Der Haufen wird grösser und grösser. Ein Anblick, der uns freut und dankbar macht.

28. Oktober
Kassambrigaden griffen ein israelisches Elektrizitätswerk südlich von Madschdal an.

Wir ernteten zehn Säcke. Der Haufen der Olivenfrüchte wächst. Ich las die schönsten Früchte heraus, um sie einzulegen. Nach zwei Stunden in gekrümmter Haltung schmerzte mich der Rücken. Ich musste mich ausruhen.

29. Oktober
Israel baut weitere Siedlungen im Westjordanland und zerstörte vierzig Häuser von Palästinensern, die als »illegal gebaut« bezeichnet wurden.

In Tulkarem warten die Bauern seit zwei Wochen auf die Genehmigung des Militärs zum Betreten ihrer Felder. Es ist Erntezeit, und die Oliven sind das Hauptanbauprodukt.

Der Bürgermeister von Bait Hanûn, Muhammed al-Kafârneh, schätzt die Schäden, die vom israelischen Militär in diesem Jahr verursacht wurden, auf sechzehn Millionen US-Dollar.

Israelische Soldaten schossen bei Rafah und Chan Jûnis auf Häuser und Fischerboote. Tausende von Fischern haben ihre Einnahmequelle verloren, weil sie Angst vor Angriffen haben.

Wir konnten weitere zwölf Säcke Oliven einbringen. Ich sortierte wieder Olivenfrüchte zum Einmachen aus. Eine alte Frau kam dazu und suchte sich auch einen Eimer voll schöner Oliven. Beim Reden fällt das Olivenlesen leichter.

30. Oktober

Ministerpräsident Olmert verkündet, dass seit der Gefangennahme des israelischen Soldaten durch die Hamâs im Juni dreihundert Palästinenser getötet worden seien.

Unter ihnen – und das erwähnt Olmert nicht – sind 137 Kinder unter 16 Jahren, 29 Frauen und zwölf Männer über 60 Jahren. 42 Menschen sind in ihren Häusern getötet worden. Hinzu kommen 5200 Verletzte, von denen 730 lebenslange Schädigungen davontrugen.

Heute wurden sechs Säcke voll. Wir freuen uns sehr. Vor dem Haus riecht es so schön nach Frische, nach Öl, nach etwas Gutem.

Seit mehr als fünfzehn Jahren haben wir keine solche Ernte mehr erlebt. Viele Menschen, junge und alte, beteiligen sich daran. Viele kommen aus den Städten und entdecken einen neuen Sinn für Land und Boden, für Oliven und Kultur.

Ich fühle mich ständig hin- und hergerissen. Kaum kommt mir ein schöner Gedanke und blühe ich richtiggehend auf dabei, taucht schon ein anderer Gedanke auf, der mich in die Realität zurückholt. Inmitten dieser schönen Erntezeit erleben wir nämlich zunehmend Überfälle auf Häuser und Geschäfte. Wir sehen, wie Leute unsere Bäume fällen, und haben Angst, uns zu wehren. Überall werden alte Eichen und Olivenbäume abgeholzt, um sie zu verfeuern. Die Armut hat soweit geführt, dass die Abholzung zur Rettung in der Not wird. Eisen- und Metallgitter werden von Häusern und aus Gärten gestohlen und verkauft, auch die Schachtdeckel der Kanalisation auf den Strassen sind eine neue Einnahmequelle geworden. Oft sind die Diebe bewaffnet und scheuen sich nicht, jemanden zu verletzen. Das ist die Situation, wenn der Polizei- und Sicherheitsapparat nicht funktioniert, wenn keine Staatsautorität vorhanden ist und viele unkontrolliert bewaffnet sind. Das Leben in dieser Angst bringt viele Menschen dazu, das Land zu verlassen.

31. Oktober

Ghâda besuchte kürzlich Rana, eine Frau aus ihrem Seminar. Unter dem Titel »Er hinterliess ihr einen Ring und eine Schwangerschaft« schrieb Ghâda auf, was sie da erfahren hat:

»Malak sass in der Ecke auf einer Matratze. Sie hielt den Kopf gesenkt, starrte auf ihre Hände und drehte unablässig an ihrem Ehering. Ihr Gesicht war kreidebleich.

›Das ist Amdschads Frau. Sie ist zweiundzwanzig‹, flüsterte uns Rana zu, Amdschads Schwester, als sie uns in den Raum führte. Rana arbeitet als Gemeindesozialarbeiterin im Dschenîn-Distrikt; wir kennen uns seit zwei Jahren.

Malak und Amdschad hatten erst vor vierzig Tagen geheiratet. Noch immer kamen Leute vorbei, um ihnen zur Heirat zu gratulieren. Vier Tage vor seinem Tod hatten sie herausgefunden, dass Malak schwanger war. Sie hatten sich noch gefragt, ob es nicht zu früh sei, um Kinder zu haben, aber fanden sich dann mit ihrem Schicksal ab. Malak sah tief erschüttert aus. Ihr Gesicht und ihre Augen waren vom vielen Weinen verschwollen, und wir konnten nicht anders, als mit ihr zu weinen, als wir sie umarmten.

Amdschad (28) war am letzten Freitagmorgen erschossen worden, als er das Haus verliess, um einen Wagen zu finden, der seine beiden verletzten Brüder ins Spital bringen könnte. Sie leben im Dorf al-Jamûn, zehn Minuten von Dschenîn entfernt. Die israelischen Spezialkräfte hatten die Nachbarschaft umzingelt, und dabei kam es anscheinend zu einem Zusammenstoss mit einigen Palästinensern. Der erste Bruder stand auf dem Dach, um nachzusehen, was los war, als er am Arm getroffen wurde. Der zweite Bruder wollte ihm zu Hilfe kommen und wurde in der Brust getroffen; sein Zustand war kritisch. Man holte Amdschad, der noch schlief, damit er seinen verletzten Brüdern helfe. Er wusste nicht was tun; und in Angst um seine Brüder rannte er aus dem Haus und hoffte, jemanden zu finden, der sie ins Spital brächte. Es dauerte nicht lange, und er wurde das dritte Opfer. Er wurde direkt in den Kopf getroffen und verblutete vor der Haustür.

Nach keinem der Brüder war gefahndet worden, und keiner von ihnen war bewaffnet. Sie waren Opfer der gnadenlosen Israel Security Forces ISF, die die Nachbarschaft infiltrierten und palästinensische Männer richtiggehend zur Strecke brachten, eine Übung, so simpel wie die Jagd auf Vögel.

Malak ist nur eine von vielen jungen Frauen, deren Leben über Nacht zur Hölle wird. Ich habe in den letzten zehn Jahren unzählige Geschichten von jungen Frauen Anfang zwanzig erfahren, die wenige Jahre oder gar nur wenige Monate nach der Hochzeit bereits Witwen waren, weil ihre Männer vón israelischen Soldaten erschossen worden waren. Gemeinsam ist den meisten dieser Frauen ausserdem, dass sie danach einen Bruder ihres Mannes heiraten, besonders wenn sie Kinder haben. Die Kinder sollen unter dem Schutz der Familie ihres Vaters stehen, unter einem legitimen Dach. Ich habe mich gefragt, warum junge Frauen mit ihren Kindern nicht weiterhin in ihrem Teil des Hauses wohnen und auf diese Weise unter dem sicheren Dach der Grossfamilie leben können. Man hat mir immer wieder gesagt, dass die Familie der Frau sich weigere, sie allein leben zu lassen. Sie fürchten um ihre Sicherheit und ihr Wohlbefinden, da die Idee, dass Frauen allein leben, in unserer Kultur gesellschaftlich nicht akzeptiert ist. Die Frau wäre verletzbar und stünde immerzu unter Beobachtung. Sie würde immer wieder fälschlicherweise beschuldigt werden. Sie würde zum Dorfgespräch, ein Opfer des Geredes und der Familie ihres verstorbenen Ehemanns ausgeliefert. Eine Frau ohne Kinder hat es leichter. Sie kehrt vielleicht ins Haus ihrer Eltern zurück, kann studieren, arbeiten und unabhängig werden.

Der Raum, in dem wir sassen, war ganz mit Matratzen ausgelegt. Es gab Decken, um unsere nackten Füsse zu bedecken. Fotos von Amdschads Graduierung hingen an der Wand. ›Er hat an der Universität Birseit abgeschlossen‹, sagte Rana. Achtzehn Frauen sassen im Raum, die gekommen waren, um der Familie für den grossen Verlust ihr Beileid auszusprechen. Was wohl aus Malak werden würde, wenn die Trauerzeit vorüber war? Was sie wohl darüber dachte, fragte ich mich. Wohin würde sie gehen? Würde sie Amdschads Bruder heiraten, weil sie ja ein Kind erwartete, oder würde sie in ihr Vaterhaus zurückkehren, für den Rest ihres Lebens ledig bleiben oder irgendwann vielleicht einen anderen Mann heiraten, ziemlich sicher einen alten Mann oder einen Witwer? War der Ehering an ihrem Finger alles, was ihr geblieben war? Würde sie in der Lage sein, die Traurigkeit zu überwinden und ihr ungeborenes Kind ins Leben zu führen?

Ich blickte mich im Raum um. Ich sah eine andere junge Frau, von der man mir sagte, sie sei die Frau des schwerverletzten Bruders. Sie sah auch sehr traurig aus, aber nicht so bleich wie Malak. Vielleicht war sie einfach froh darüber, dass nicht ihr Mann getötet worden war. Schwer verletzt zu sein liess immerhin noch Hoffnung und warf sie nicht in das komplizierte Netz der kommenden Ereignisse. Und doch, vielleicht fragte sie sich schon, ob sie die erste Frau ihres Mannes sein würde und Malak vielleicht bald schon die zweite. Oder war sie sich dieser Möglichkeit vielleicht noch gar nicht bewusst?

Die Täter kommentierten ihre Tat nicht. Sie wussten, dass Amdschad und seine Brüder unschuldige Zivilpersonen waren. Wie in vielen ähnlichen Situationen rechtfertigt Israel seine Angriffe, indem es die jungen Männer beschuldigt, Militante zu sein, und versucht so, sich aus der Schlinge zu ziehen. Israel weiss, dass niemand das genauer untersucht.

Malaks wunderschönes junges Gesicht – engelhaft, habe es Amdschad jeweils genannt – geht mir nicht aus dem Sinn, seit ich sie gestern gesehen habe. Ich wusste nicht, ob ihr die Umarmungen gut taten oder zuviel waren. Vielleicht wollte sie nicht, dass jemand die letzte Umarmung ihres Mannes wegwischte, und reagierte deshalb kaum auf Berührungen. Ich fühlte mich so verletzt. Alles, was ich sagte oder tat, schien so banal, und ich fand nicht die richtigen Worte für sie. Warum müssen sie und Sahar und Samar und Sana so leiden? Ihre jungen Träume und Wünsche wurden von einer Sekunde zur anderen zerstört. Und nichts ist mehr wie vorher.«

November 2006

1. November
Heute legte ich mehr als zwanzig Kilo Oliven ein. Dafür wird als erstes soviel Salz in Wasser gelöst, bis ein in die Schüssel gelegtes Ei an die Oberfläche schwebt – eine Bauernregel. Die Früchte werden mit Zitronenschnitzen und scharfen Pfefferschoten in grosse Behälter gefüllt und mit dem Salzwasser bedeckt. Es dauert mindestens zehn Monate, bis die Oliven zum Verzehr und zum Verschenken bereit sind.

2. November
Heute ist der Erinnerungstag an die Balfour-Erklärung: 1917 versprach der britische Aussenminister Arthur Balfour dem britischen jüdischen Baron Lionel Walther Rothschild eine Heimstätte der Juden in Palästina, die jedoch die Belange der einheimischen arabischen Bevölkerung nicht beeinträchtigen sollte. Fremde versprachen Fremden unser Land, und das wird bis heute als legal akzeptiert – eine bittere Realität, die den Verlust Palästinas nach sich zog.

Heute blenden viele Menschen die Erinnerung an diesen Tag aus, weil soviel Schuld, Unrecht, Schweres und Verletzendes geschehen ist, dass man sich lieber ins Vergessen flüchtet.

Auch im Seminar für junge Frauen sprachen wir heute nur kurz darüber und wandten uns dann einem anderen Thema zu: den Beduinen. Ich erzählte die Geschichte von Fâtima, einer Beduinin, die meine Schulfreundin war.

Es brach uns allen fast das Herz, als Fâtima kurz vor dem Abitur die Schule verlassen musste, weil sie verheiratet werden sollte. Sie hatte keine Möglichkeit, sich zu wehren. Unsere Wege trennten sich. Ich reiste zum Studium nach Hamburg. Zehn Jahre später, nach meiner Rückkehr, machte ich mich auf die Suche nach Fâtima. Am Fusse des Berges Herodion, am Rand der Wüste, in Saatara, nahe Bethlehem, lebt die Beduinensippe Taâmreh. Ich fragte dort nach ihr, und man sagte mir, sie sei weit draussen auf dem Feld. Sie zeigten mir den Weg, und einige Kinder eilten voraus, um sie zu holen. Ich folgte ihnen durch das Weizenfeld, es war heiss und der Weg beschwerlich. Vor mir nahm ich in der Ferne eine dunkle Gestalt wahr, mit Ästen in den Armen. Ich rief: »Fâtima, komm, ich bin es!« – »Wer bist du?« hörte ich ihre Stimme. »Ich bin Sumaya, deine Freundin.« – »Meine Freundin? Das kann ich nicht glauben! Woher kommst du?« – »Wir sind zusammen zur Schule gegangen, hast du mich vergessen?« Inzwischen standen wir voreinander und schauten einander ins Gesicht. Ihre Augen leuchteten auf, sie umarmte mich und begann zu weinen. »Natürlich bist du meine Freundin, wie könnte ich dich vergessen! Uns trennen Welten, und ich hatte die Hoffnung aufgegeben, dich jemals wiederzusehen. Schau mich an, die zerkratzten Hände, das von der Sonne verbrannte Gesicht, die schwere Arbeit von Sonnenaufgang bis Sonnenuntergang. Mein Vater war rührend zu uns Mädchen und wollte uns eine gute Erziehung geben, aber mich zu verheiraten war ihm dann doch wichtiger. Ich könnte fluchen und schreien! Er riss mich aus der geliebten Schule heraus, dabei wollte ich lernen. Ich musste zu einer Lebensweise zurückkehren, für die mir das Gelernte nichts nützte.« Sie erzählte weiter: »Mein Mann ist mein Vetter. Er ist sehr nett und verständnisvoll. Er arbeitet in der Blutbank in Ost-Jerusalem, und ich bin in der Grossfamilie, bestelle die Felder, kümmere mich um die Kinder und die Herde, knete Teig und backe Brot auf dem offenen Feuer und sammle hierfür Äste und Dung. Um das Gelernte nicht zu vergessen, singe ich auf dem Feld deutsche und arabische Lieder, die wir in der Schule gelernt haben, ich sage Gedichte auf und gebe mich den Erinnerungen hin.«

Drei Söhne und zwei Töchter hatte Fâtima bekommen. Sie kamen zu mir, berührten mich und strahlten. Nur Magdulin, die Älteste, lächelte mir aus der Ferne zu. Fâtima sagte, sie könne nicht laufen, sie sei wie einige ihrer Cousinen und Cousins behindert. »Ich bin froh, dass von meinen Kindern nur eines krank ist.« Inzwischen waren auch ihre Schwestern mit ihren Kindern herbeigekommen, mehrere von ihnen in Rollstühlen. Fâtima sah mein Erstaunen und wartete nicht erst auf Fragen, sondern sagte: »Meine Schwester Hafitha hat vier kranke und zwei gesunde Kinder. Sie pflegt sie, trägt sie herum und ist selbst schwer angeschlagen. Schau sie an, sie sieht aus wie eine alte Frau!« Eine Erbkrankheit – Knochenschwäche – hatte sich bei acht Kindern der Grossfamilie manifestiert, deren Eltern blutsverwandt waren. Obwohl Fâtima und ihre Schwestern das Risiko gekannt hatten, konnten sie gegen die Tradition nichts ausrichten. Dem Vater zu widersprechen und den Vetter als Mann abzulehnen war unmöglich.

Wir redeten stundenlang miteinander. Ich bewunderte ihre Tapferkeit und die Kunst des Überlebens. Wir hatten Tränen in den Augen, teils aus Freude über unser Wiedersehen, teils aus Verbitterung über ihr hartes Schicksal. Wir wollten uns nie mehr aus den Augen verlieren. Ich nahm mir vor, Fâtima nicht nur von der Notwendigkeit der körperlichen Pflege der Behinderten, sondern auch von der Förderung ihrer Fähigkeiten zu mehr Selbständigkeit zu überzeugen. Ich machte sie mit Zentren für Behindertenarbeit in Bethlehem bekannt. Sie und ihre Schwestern holten sich dann dort Rat und medizinische Hilfe.

Unsere Familien erneuerten die Freundschaft. Ich lud Fâtima und ihre Familie ein. Sie sagte, es sei ihr Traum, einmal Birseit zu besuchen. Welch ein Traum! Ich stellte fest, dass sie und ihre Mutter nie weiter als Jerusalem gekommen waren, also nicht weiter als fünfzehn Kilometer von zu Hause weg. Mein Mann erreichte nach vielen Gesprächen, dass Fâtima uns mit Mutter und Mann besuchen kam. Eine Weltreise für sie, obwohl es nur vierzig Kilometer waren. Sie machten zweimal Rast unterwegs und kamen gegen Mittag in Birseit an. Die schlanke alte Beduinenmutter hatte ein ausdrucksvolles Gesicht, mit Falten und Tätowierungen geschmückt, das einen besonderen Stolz ausstrahlte. Als erstes wollte sie meine Eltern und Schwiegereltern treffen, denn es gehörte sich, der Grossfamilie die Ehre zu erweisen. Es war eine schöne Begegnung, und uns allen kam es so vor, als würden wir uns seit Jahren kennen. Wir zeigten ihnen das Dorf, und staunend blickten sie ständig in die Ferne. Plötzlich sagte die alte Mutter: »Hier ist das Paradies, so viele Bäume und soviel Grün, welch ein Segen. Hätte ich bloss meine Ziegen mitgebracht! Wieso wählten unsere Vorfahren den Wüstenrand, wo kein Grün wächst?« Ich sagte: »Weil ihr Beduinen seid und die Wüste euer Lebensraum ist und ihr die daran angepasste Lebensform habt.« Sie antwortete: »Ich bin zufrieden mit dem, was ich habe, ich möchte nicht tauschen.«

Fâtima erreichte, dass Magdulin im Haus der Deutschen Behinderten-Nothilfe in Bethlehem lesen und schreiben lernen durfte. Deutsche Freunde von mir kümmerten sich um sie. Fâtima begleitete ihre Tochter dreimal pro Woche dorthin. So hatte sie Gelegenheit, von zu Hause wegzukommen und etwas Neues zu erfahren. Mehr und mehr faszinierte sie diese Arbeit, und sie ging öfter hin, um zu helfen. Sie war beglückt zu erfahren, dass man sich um Behinderte kümmerte. Wir sprachen über die Möglichkeit, dass Fâtima als Hilfskraft beschäftigt werden könnte. Sie sagte, so etwas käme nicht in Frage; die Familie würde es nie zulassen. Ich machte ihr Mut, es zu wagen. Dies führte zu heftigen Streitigkeiten. Die Brüder und deren Frauen mischten sich ein, und Fâtima galt als schwarzes Schaf. Nur ihr Mann stand zu ihr, denn sie berichtete ihm von der Arbeit. Er durfte nicht mehr nach Jerusalem fahren, war seit mehr als zwei Jahren arbeitslos und auf die Grossfamilie angewiesen.

Eines Tages rief mich Fâtima an und sagte: »Sumaya, heute ist bei uns im grossen Beduinenzelt ein Festessen für den heimgekehrten Vetter Salah al Tamari, der im Rahmen des Friedensprozesses zurückkehren durfte. Bitte, komm mit deinem Mann zum Essen, vielleicht könnt ihr die Familie bei dieser Gelegenheit überzeugen.« Munîr und ich verschoben all unsere Verpflichtungen und fuhren nach

Saatara. Munîr ging ins Männerzelt, ich ging zu den Frauen. Ich wurde herzlich willkommen geheissen, vor allem von der alten Mutter, die ständig Gotteslob aussprach, weil wir uns wieder sehen durften. Zum Kaffeetrinken versammelten wir uns im Diwan, dem Empfangsraum. Alle Brüder Fâtimas, ihr Mann und die Frauen waren da. Fâtima sass neben mir, und wir hielten uns an den Händen. Nach dem üblichen Austausch von freundlichen Worten ergriff mein Mann das Wort und sagte: »Beim Essen habe ich mich mit dem Ehrengast al-Tamari unterhalten, und wir sprachen über die Wichtigkeit der Behindertenarbeit. Ich bin mir sicher, dass gerade ihr ein besonderes Verständnis dafür habt und alles tun würdet, um Behinderten zu helfen. Ich möchte euch herzlich danken, und ich bin stolz, bei euch zu sein. Es ist ein grosses Verdienst und entspricht der Lehre Gottes, wenn man sich der Behinderten annimmt. Es ist ein Segen, dass Fâtima zu dieser Gruppe Zugang gefunden hat, und ich bitte euch darum, ihr nicht im Wege zu stehen, denn es geht um eure Kinder. Meine Frau arbeitet auch ausser Haus, und ich bin stolz und dankbar, dass sie es tut. Gemeinsam mit ihr die Last zu tragen, erleichtert mich.« Fâtimas Mann sagte, er sei nicht dagegen, und Munîr ergänzte: »Eine fruchtbare Arbeit braucht den Segen aller.« Dann ergriff der älteste Bruder das Wort und sagte: »Wir haben euch zu danken für euer Bemühen. Fâtima darf mit unseren Freunden arbeiten. Es ist uns eine Ehre, dass unsere Schwester sich diese Aufgabe vornimmt.« Alle blickten einander in die Augen und lächelten.

Fâtima ist nun angestellt. Ihr Englisch und ihr Deutsch sind wieder lebendig. Mit Hingabe und Liebe widmet sie sich ihren Aufgaben. Wenn das Mobiltelefon klingelt, ist sie ganz aufgeregt vor Freude. Wir telefonieren oft miteinander und stärken uns gegenseitig. Sie verdient zum erstenmal Geld und versorgt die Familie. Auch ihr Mann spürt eine grössere Unabhängigkeit von der Grossfamilie und begegnet Fâtima zunehmend mit Anerkennung und Beistand. Sie ist überglücklich. Sie machte den Führerschein und fährt heute mit dem Wagen des Zentrums die Kinder zu ihren Therapien in die verschiedenen Zentren, transportiert sie von einem Ort zum andern und lernt das Land kennen. Vor einiger Zeit rief sie mich an und sagte, sie komme nach Ramallah, zum Behindertenheim, und würde mich gerne dort treffen. Es war Frühsommer, und ich ahnte, dass sie mir die Gaben des Jahres bringen wollte. So füllte ich eine grosse Flasche Olivenöl, nahm ein Glas eingemachte Oliven und einige Bücher und fuhr hin. Sie wartete schon auf mich. Ich übergab ihr die Gaben meines Bodens, und sie überreichte mir ihre Gaben: Fladenbrote, Frischbutter und Dschamid – getrocknete Sauermilchmasse. Wir strahlten beide vor Freude und dankten einander. Fâtima sagte: »Ich möchte dir etwas sagen. Weisst du, was ich durchgemacht habe und wie ich mich entwickelt habe? Ich staune selbst und bin dir sehr dankbar. Früher war ich traurig und fühlte mich benachteiligt, weil ich ein behindertes Kind hatte. Heute erkenne ich, dass diese Tochter mir geschenkt worden ist, um mich zu befreien und meinem Leben einen Sinn zu geben. Meine Tochter hat mir den Weg geebnet, sie gibt mir Kraft, ich liebe sie.«

Oft treffe ich mich mit Fâtima in unserer alten Schule Talitha Kumi. Einmal bat ich Fâtima, am Seminar teilzunehmen, ja sogar das Seminar mit ihrer Erfahrung zu gestalten. Es war interessant und lehrreich für die Schülerinnen und Schüler. Wir beschlossen, intensiver zusammenzuarbeiten. Drei der behinderten Mädchen, Magdulin sowie zwei von Hafithas Töchtern, sind heute Studentinnen an der Universität Bethlehem.

»Bei meinem letzten Besuch bei ihnen«, so schloss ich meine Erzählung, »war es mir eine besondere Freude zu sehen, wie leidenschaftlich diese Frauen diskutierten, ihre Gedanken präsentierten und welches Mass an Selbständigkeit sie entwickelt hatten.«

3. November

Vorbereitung auf die Reise nach Deutschland und in die Schweiz für sechzehn Vorträge und Seminare. Die Organisation bezüglich Kontakte, Themen und Fahrpläne läuft über das Internet. Ich bereite meine Unterlagen vor, Dokumente, Computerzubehör und Kleider, und ordne jedes Stück an die gewohnte Stelle im Reisekoffer. Ich verabschiede mich von meiner Mutter in der Hoffnung, sie gesund wiederzufinden.

4. November

Nach einer mühsamen Fahrt war ich endlich bei meiner Schwester Nuha in Amman angekommen. Sie wollte gerade aus dem Haus gehen, denn die Familie war zum Essen bei Râmis Brautfamilie eingeladen. Natürlich schloss ich mich an, und alle freuten sich über die Überraschung. Am Abend rief ich Munîr an, der erleichtert zur Kenntnis nahm, dass ich gut angekommen war. Er hatte eine freudige Nachricht für mich: Das Pressen unserer Oliven hatte mehr als vierhundert Liter Öl erbracht. Die Hälfte davon geht an die Familie aus dem Flüchtlingslager, die uns beim Ernten geholfen hat. Wir sind sehr dankbar.

5. November
Um zwei Uhr morgens fuhr ich zum Flughafen Amman, und um fünf Uhr flog ich nach Frankfurt. Heute abend hielt ich in Simmern bei Frankfurt einen ersten Vortrag. Der Saal war voll, das Interesse gross, so dass meine Müdigkeit verflog und ich aufblühte. Ein schönes Gefühl, an dem ich mich festhalte.

9. November
Nach Vorträgen in Trier, Herten und Freiburg mache ich heute Pause und ruhe aus. Ich schaue mir keine Nachrichten an, ich will nichts wissen. Einfach freinehmen von allem.

10. November
Vortrag an der Evangelischen Akademie in Berlin. Auch hier war der Saal voll von Interessierten und Freunden Israels und Palästinas. Menschen, die sich Sorgen machen, weil sie beide Seiten lieben. Die Reaktionen der Anwesenden und ihre Ansichten bereichern mich. Ich bin glücklich über diese Erfahrung.

11. November

Vortrag in der Luthergemeinde in Berlin-Spandau.

Heute ist der Todestag Jassir Arafats, des früheren Präsidenten von Palästina. Ich empfinde tiefe Trauer, weil sich zwei Jahre nach seinem Tod unsere Situation noch mehr verschlechtert hat. Wir haben versagt, und mit uns versagten die Israelis und der Frieden. Zunehmend glauben viele: Wäre Arafat noch am Leben, wäre die innerpalästinensische Situation nicht so zerrissen. Er war eine Autorität, die alle politischen Gruppen im Griff hatte und Respekt genoss. Erst nach seinem Tod sagen auch viele Israelis, der Friede mit Arafat sei nur knapp verpasst worden. Hätte man sich mehr bemüht und sich geeinigt, dann wären wir verschont geblieben vom Aufkommen eines radikaleren politischen Kurses in Israel und in Palästina. Wenn Hamâs nicht anerkannt wird und der Zugang zu einem politischen diplomatischen Weg versperrt bleibt, dann wird der Radikalismus verstärkt. Warum lernen wir nicht aus der Geschichte?

12. November

Ich mache Pause und geniesse das Zusammensein mit meiner Schwester Ibtisâm und mit Freunden, denen ich von meinen Seminaren berichte.

13. November

Ich geniesse das Nichtstun, auch wenn es ungewohnt ist für mich, einfach zu sagen: Ich will nichts tun, ich trödle einfach, ich gehe spazieren und träume.

15. November

Teilnahme an einer Podiumsdiskussion in Karlsruhe.

16. November

Fahrt in die Schweiz, nach Bern.

17. November

Ich hielt einen Vortrag im Forum Altenberg in Bern und machte eine beunruhigende Erfahrung, die zugleich eine lehrreiche Herausforderung war. Vor dem Vortrag sprach mich ein Mann an: »Ich bin von der anderen Seite. Sogar in Ihrer Schrift steht, dass das Land Israel gehört.« Er zeigte auf unterstrichene Stellen im Koran. Ich sagte, es stehe vieles in den Schriften, und es komme darauf an, was man annehme und wie man es interpretiere. Ich fügte hinzu: »Auch wenn Sie von der anderen Seite sind – ich möchte, dass wir versuchen, einander zu verstehen.« Er drückte seine Zweifel daran mit einer wegwerfenden Handbewegung aus. Ich begann meinen Vortrag mit der Beschreibung der schwierigen Situation. Er hörte zu, schüttelte jedoch den Kopf und murmelte vor sich hin. Er machte Notizen, atmete laut, rutschte auf dem Stuhl hin und her, wurde immer unruhiger. Als ich sagte: »Das ist die bittere Realität, mit der wir konfrontiert sind«, platzte er mit den Worten heraus: »Die Wurzeln des Konflikts sollten wir ansprechen! Was war vor hundert Jahren? Die Verfolgung der Juden über Jahrhunderte hinweg, der Holocaust, der Terror, die Angst und vieles mehr.« Er breitete seine Unterlagen aus und wollte zu jedem Punkt

Stellung nehmen. Ich sagte: »Alles ist wichtig, doch mein Vortrag ist über die Situation heute.« Unruhe breitete sich im Raum aus. Esther, die Moderatorin und Leiterin des Forums, versuchte ihn zu beruhigen. Es war schwierig. Ich sagte zu ihm: »Ich verstehe, dass es für Sie schwer ist, wie für mich, für uns alle.« Einige Zuhörer mischten sich mit Respekt und Geschick ein, und einer sagte: »Wer schreit, hat verloren. Also ruhig bleiben.« Ich fuhr fort: »Ich kann Ihre Ängste und Ihren Standpunkt sehr gut verstehen. Ich weiss von Ihrem Leid und respektiere Sie. Ich möchte von der ermutigenden Friedensarbeit berichten, sowohl mit Israelis wie auch mit der Jugend und den Frauen in Palästina.« Ich erzählte, wie wir mit dem Thema »Umgang mit Wut und Verletzung« umgehen. Es wurde ruhig und entspannter. Der Mann sagte am Ende: »Trotz der Differenzen finde ich Sie gut, denn Sie haben mich erreicht.« Er entschuldigte sich dann für die Unruhe und gab seinem tiefen Schmerz und der Angst um seine Familie in Israel Ausdruck.

18. November

Nach der Veranstaltung im Forum Altenberg war ich sehr aufgewühlt. Ich konnte nicht schlafen. Ich dachte an alles, was geschehen war. Manches tat weh, doch ich spürte auch Ermutigung und empfand Freude darüber, wie letztendlich wir alle im Saal die Situation bewältigt hatten. Ich hatte ein gutes Gefühl, weil Mitgefühl uns einander nähergebracht hatte. Dennoch war ich so mitgenommen, dass ich einen Migräneanfall bekam. Ein qualvoller Schmerz, ich weinte und schluchzte, umwickelte meinen Kopf mit einem Tuch und massierte die Schmerzpunkte. Dazwischen wischte ich mir das verzerrte Gesicht mit warmem Wasser ab. Erst nachdem ich mich übergeben hatte und meine ganzen Kräfte erschöpft schienen, schlief ich ein.

Das Telefon klingelte gegen drei Uhr morgens, ich wachte erschrocken auf. Benommen vom Medikament und erschöpft von der Migräne, hörte ich meine Schwester Ibtisâm sagen: »Eben habe ich einen Anruf von Farhât aus den USA erhalten. Unser Bruder Adnân ist gestorben. Farhât dachte, ich sei stärker als du, darum hat er mich angerufen, und ich hab mich vor diesem Moment gefürchtet.« Sie schluchzte. Ich weinte auch, doch ich nahm mich zusammen und sagte: »Gott sei ihm gnädig. Wir wussten, dass das kommt, wir haben fast darauf gewartet. Er ist erlöst von seinen Leiden. Dennoch tut es uns allen sehr weh.« Ich fügte hinzu: »Ich habe Migräne, ich bin erschöpft. Ich will mich etwas ausruhen, und wenn der Tag anbricht, werde ich unsere Mutter benachrichtigen, langsam und vorsichtig.« Denn unsere grösste Sorge war, wie wir es unserer Mutter beibrächten. Gegen acht Uhr rief ich sie an, und wie üblich sprachen wir über alles mögliche. Dann sagte ich: »Mutter, Adnân geht es nicht gut, er ist wieder ins Krankenhaus eingeliefert worden.« Sie fragte: »Wann wurdest du benachrichtigt?« – »Gegen drei Uhr nachts.« Sie sagte: »Da war ich wach und sehr besorgt.« Danach rief ich meine Schwester Rudaina und meinen Bruder Sâher in Birseit an und bat sie, bei meiner Mutter zu sein, bis Munîr komme und ihr die Wahrheit beibringe. Rudaina eilte zu Mutter, die sie sogleich fragte, warum sie rote Augen habe. Rudaina antwortete: »Ich hatte Kopfschmerzen, darum musste ich weinen.« Mutter sagte:

»Nimm dich jetzt zusammen, fege und putze das Haus. Sumaya hat angerufen, Adnân ist im Krankenhaus. Es könnte etwas passieren, und die Leute würden dann zu uns kommen. Beeile dich.«

Zwei Stunden später kam Munîr zu ihr. Als Mutter ihn sah, sagte sie: »Adnân ist sehr krank.« Munîr sagte: »Ja, ich weiss.« Mutter sagte: »Du brauchst nichts mehr zu sagen, es ist geschehen.« Sie schauten sich an, Tränen liefen ihnen übers Gesicht, und sie umarmten sich. Die Totenglocke erklang, und der ganze Ort erkundigte sich, wer gestorben war. Und die Nachricht verbreitete sich schnell. Das Trauerhaus ist jetzt für eine Woche geöffnet.

Ich bin völlig durcheinander, doch die Verantwortung ruft. Ich telefoniere mit meinen Geschwistern überall, in Florida, Kalifornien, Texas, Arizona, Berlin, Amman und Palästina. Wir einigen uns darauf, dass nur die Verwandten in den USA an der Beerdigung teilnehmen werden. Ansonsten solle jeder an seinem Wohnort trauern. Ich gehe in Bern meinem Programm nach.

Ich trauere sehr.

19. November

Ich trauere sehr. Wie gut, dass ich heute keinen Vortrag habe.

20. November

Ich trauere und weine.

25. November
Ich trauere allein, doch ich bekomme viel Trost und Mitgefühl bei all meinen Veranstaltungen.

Die Beerdigung fand in Austin, Texas, statt. Mehr als vierzig Verwandte und viele Freunde von Adnân, die in den USA leben, nahmen daran teil. Es war eine grosse Stärkung für die Familie.

Wir alle waren erstaunt, wie stark unsere Mutter war. Sie hatte die Nachricht von Adnâns Tod realistisch und verantwortungsvoll aufgenommen und gab uns Trost und Kraft. Vor neun Jahren, bei Bassâms Tod, hatte sie vom Arzt Beruhigungsspritzen bekommen, war dadurch wie betäubt und konnte kaum weinen. Noch heute leidet sie darunter, dass sie ihrem Sohn nicht die gebührende Ehre hatte erweisen können, nämlich richtig um ihn zu trauern. Jetzt, bei Adnâns Tod, sammelte sie ihre Kräfte und nahm die Sache in die Hand. Sie hielt das Trauerhaus für eine Woche geöffnet und empfing Hunderte von Menschen, man sang gemeinsam Trauerlieder und rief sich Adnân in Erinnerung. Die Trauerzeit wollte sie mit einer Messe in der Kirche beschliessen und danach ein Essen für hundertzwanzig Leute bereiten. Damit sollte der Kreis der Trauer ehrenvoll geschlossen werden.

Dezember 2006

3. Dezember

Rückflug nach Amman. Die Europareise war sehr anstrengend. Fast täglich hatte ich Vorträge, Begegnungen und Gespräche. Doch ich habe viel Ermutigung und Stärkung aufgetankt. Das liebe ich an allen Reisen – die Begegnungen mit Menschen, die mir Augen und Herz öffnen und mich begleiten.

5. Dezember

Nach einem Tag Ausruhen in Amman fuhr ich heute über die Jordanbrücke nach Palästina. Ich kam spät zu Hause an, und es war bereits dunkel. Als erstes rief ich meine Mutter an. Sie dankte Gott, dass ich heil angekommen war, und bat mich, erst am nächsten Tag zu ihr zu kommen, denn ich müsse mich ausruhen. Morgen hätten wir Zeit, um zu trauern, sagte sie.

6. Dezember

Ich besuchte meine Mutter. Wir umarmten uns und weinten gemeinsam um Adnân. Sie berichtete in allen Einzelheiten von den Trauertagen und zählte auf, wer gekommen war und was die einzelnen mitgebracht hatten – Reis, Zucker, Kaffee, Zigaretten, Oliven, Öl und anderes mehr. Immer wieder seufzte sie, hielt inne, und dann sagte sie: »Jetzt erzähl du, was hast du über die Beerdigung gehört?« Ich erzählte vieles, auch von meinen Erlebnissen in Deutschland und in der Schweiz, einfach um die Stimmung aufzuhellen. Wir gaben einander Trost und Beruhigung. Es war einfach schön. Ich blieb drei Stunden bei ihr. Dann ging ich nach Hause, um auszuruhen. Ich fühlte mich sehr erschöpft.

7. Dezember

Heute räumte ich auf und schaute meine Post durch. Hunderte von Mails warteten auf mich, und ich erhielt viele Anrufe von Frauen aus dem Dorf, die ihr Beileid aussprechen wollten, da ich bei der Trauermesse ja verreist gewesen war. Ich musste schnell zu meiner Mutter, denn dorthin würden sie kommen, um sie zu ehren. Stunden später kam ich erschöpft nach Hause.

8. Dezember

Ich bin so traurig, dass ich böse auf mich werde. Ich will nicht so sein, aber ich kann nicht anders. Ich spüre eine grosse Schwäche und breche fast zusammen.

9. Dezember

Schon um sechs Uhr morgens erwachte ich. Ich mochte nicht aufstehen. Am liebsten hätte ich den ganzen Tag ge schlafen. Ich blieb im Bett. Ich war müde, aber meine Augen fielen nicht zu, ich starrte an die Decke, und in meinem Kopf überschlugen sich die Gedanken. Vergeblich versuchte ich zu lesen. Dann wollte ich den üblichen Weihnachtsbrief an meine Freunde schreiben, schaffte es aber nicht; ich fühlte mich blockiert. Schliesslich stand ich auf, und als ich auf die Veranda trat, hörte ich den Gemüsemann rufen. Ich kaufte Gemüse und Obst bei ihm und bereitete eine Schüssel Salat zu. Nach dem Essen ging ich zu meiner Mutter, denn es kamen noch immer Frauen zu ihr. Das lenkte mich ab. Doch es blieb trüb in mir.

10. Dezember

Als der Tag anbrach, war mir sehr elend. Bewusst hörte ich keine Nachrichten, ich wollte nichts wissen. Am liebsten alles hinschmeissen und weglaufen. Ich ging zum Kasr. Ein kalter Wind wehte, aber ich fror nicht. Ich ging von einem Olivenbaum zum nächsten, berührte sie und roch an ihnen. Ich sah mir die Pistazien an und den Johannisbrotbaum, die Erdbeer- und Lorbeerbäume, die Reben und die Feigenbäume und dazwischen die Salbei-, Thymian-, Klematis- und Smilax-Sträucher. Ich besichtigte sie einzeln, nickte ihnen zu, blieb stehen. Es war, als wollten sie alle mich anfassen und umarmen. So stellte ich es mir jedenfalls vor, und es tat mir gut.

11. Dezember

Wieder nahm ich mir vor zu schreiben, doch bereits nach wenigen Zeilen fühlte ich mich blockiert. Ich bezweifle, dass ich überhaupt wieder in Schwung komme. Wie kann ich schreiben, wenn so vieles um mich herum passiert. Ich fühle mich gefangen. Ich besuchte wieder meine Mutter, und wiederum kamen Frauen, um die Trauerzeit von vierzig Tagen mit uns zu verbringen. Sie erzählten wütend und verbittert von ihren Erlebnissen und hofften zugleich auf einen Funken Licht. Wenn man die eigenen Sorgen ausspricht und den Sorgen der anderen zuhört, wird das Tragen leichter.

12. Dezember

Heute möchte ich über etwas schreiben, das mich sehr quält. Täglich gibt es Verletzte und Tote, täglich wachsen die Ängste. Die internen Kämpfe der Palästinenser lassen viele verzweifeln. Wir schämen uns für unser Versagen. Die Auswirkungen des Streiks der Behörden und des öffentlichen Dienstes lähmen unser Leben. Es werden keine offiziellen Papiere ausgestellt, keine Geschäfte getätigt, keine Gerichtsverfahren durchgeführt.

Laila, zum Beispiel, wollte mit Mann und Baby bei den Eltern in Jordanien Weihnachten feiern. Sie hatten sich seit drei Jahren nicht gesehen, und die Eltern dürfen nicht hierher zu Besuch kommen. Ihr Kind ist vier Monate alt, und es hat keine Geburtsurkunde, weil die Angestellten streiken. Das Kind kann also nicht in ihrem Pass registriert werden und kann nicht reisen. Tausende von Besuchern können sich keine Ausreisedokumente ausstellen lassen. Sie verlieren ihren Rückflugschein, ihre Arbeitsstelle, ihren Studienplatz. Huda erzählte wütend, dass ihr Mann eine hohe Geldstrafe zahlen musste, weil die israelische Polizei ihn ohne Fahrzeuglizenz erwischt hat. Die Behörde, die Lizenzen erteilt, streikt, und Hunderttausende von Autofahrern können ihre

Lizenz nicht erneuern. Die palästinensische Polizei teilt keine Strafzettel aus, weil auch sie streikt, aber die israelische Polizei liegt auf der Lauer. Die Menschen fühlen sich total ausgeliefert. Dschamîla erzählte, Haitham, ein Geschäftsmann aus San Francisco, sei für nur eine Woche gekommen, um seine sterbende Mutter zu besuchen. Er wollte seinen Reisepass erneuern, aber die Behörde streikte. Er musste sechs Wochen warten, bis er es schaffte auszureisen. Wie ihm das gelang, bleibt ein Geheimnis. Der Streik schadet uns selbst. An den Schulen hat der Streik im Anschluss an drei Monate Sommerferien den Schülern grossen Schaden zugefügt. Ein halbes Jahr lang blieben die Kinder auf der Strasse. Wir müssen uns nach unserer Verantwortung fragen. Wir sehnen uns nach einer gesunden Atmosphäre, in der wir sicher handeln und leben dürfen. Wir sehnen uns nach einem normalen Leben.

Täglich müssen wir uns vor Einbrechern fürchten, die Häuser, Autos und Personen überfallen. Immer öfter werden Olivenbäume gefällt und als Brennholz verkauft. Es tut weh, das zu sehen. Bäume, die über Jahrhunderte gewachsen sind, werden zu Brennholz, und die Lebensgrundlage der Bauern wird zerstört. Es passiert am hellichten Tag, und die Besitzer der Bäume können die Täter oft nicht daran hindern, denn diese sind bewaffnet.

Die Menschen fühlen sich zunehmend in ihrer persönlichen Sicherheit bedroht. Private Schutzfirmen, von Sicherheitskräften im Ruhestand oder solchen, die noch im Amt sind, gegründet, vermehren sich schnell. Sie haben eine Lizenz der Behörden und übernehmen Aufträge von Institutionen und Geschäften. Wer kein Geld hat, muss weiter in Gefahr und Angst leben. Soweit kommt es, wenn es weder eine Herrschaft der Gesetze gibt noch einen offiziellen Sicherheitsapparat eines normalen Staates. Es gibt neben den Sicherheitskräften des Präsidenten und denjenigen des Premierministers zahlreiche weitere bewaffnete Gruppen. Darunter sind aufrichtige Kämpfer, aber eben auch viele kriminelle Banden. Manche kommen zu zweit oder zu dritt in ein Restaurant, um zu essen. Sie bezahlen nicht, mit der Begründung, sie seien Kämpfer. Der Restaurantbesitzer schweigt. Am nächsten Tag kommen sie mindestens zu viert. Wenn irgendwann der Besitzer sein Unbehagen zeigt, wird das Restaurant überfallen. Danach kommen welche, die ihm Schutz für das Restaurant bieten, wenn sie und ihr Gefolge täglich umsonst essen können. Der Restaurantbesitzer kann nur einwilligen. All das tut so weh, und es ist beschämend, was aus uns geworden ist. Und wir fühlen uns total ausgeliefert. Die Politiker kämpfen nur um die Verteilung der Macht. Versteht man jetzt, warum Zorn und Wut aufkommen und wir so kurz vor dem Zerbrechen stehen? Es gibt nichts zu verteidigen, nichts zu rechtfertigen an dieser Situation: Sie ist das Resultat von neununddreissig Jahren Militärbesatzung, die darauf abzielt, die Menschen zu brechen.

14. Dezember

Hin- und hergerissen zwischen Trauer und Freude, entsprechen wir dem Wunsch meiner Mutter, die Hochzeit von Nuhas Sohn Râmi wie geplant durchzuführen. Meine kranke Mutter hatte mich und Munîr gebeten, hinzufahren und Nuha zur Seite zu stehen, denn auch sie ist in Trauer. So fuhr ich heute schon nach Amman, auch um Hâla zu empfangen, die aus den USA kam, um Weihnachten mit uns zu feiern. Meine Trauer und die trüben Gefühle legten sich, ja ich verdrängte sie. Wie schön, wieder ein paar Tage in Amman zu sein, mit meiner Tochter und bei den Familien von Nuha und Adîb. Munîr wird nachkommen, und wir werden eine Woche bleiben.

22. Dezember

Die Hochzeit war schön und bescheiden. Nuha weinte, als ihr Sohn, der Bräutigam, von jungen Männern hoch auf einem Stuhl in die Halle hineingetragen wurde und alle um ihn herumtanzten. Ich weinte auch. Die jungen Männer kamen mit dem Bräutigam zu unserem Tisch und zogen uns mit. Auch wir sollten tanzen, und so tanzten wir, während uns die Tränen übers Gesicht liefen. Tränen der Freude für Râmi und Nisrîn und Tränen der Trauer um Adnân. Nuha war früher sehr bekannt gewesen für ihre schönen Trillergesänge an Hochzeiten. Als sie diesmal nicht damit begann, dachte ich erst, es sei wohl noch zu früh dafür, denn das Trillern gilt als Höhepunkt der Feier. Ihre Tochter sagte mir aber, dass Nuha seit Bassâms Tod vor neun Jahren keine Trillergesänge mehr habe hören lassen. Die Trauer habe das Trillern zum Verschwinden gebracht und ausgelöscht. Das tat mir sehr weh. Ich umarmte Nuha fest, und wir weinten noch mal in Erinnerung an Bassâm. Dann sagten wir uns, Râmi und Nisrîn hätten ein Recht auf unsere freudige Beteiligung. Wir tanzten gemeinsam mit den anderen und freuten uns doch.

23. Dezember

Wir fuhren nach Birseit zurück, um Weihnachten zu Hause zu feiern. Das erste Weihnachten nach Adnâns Tod. Das ganze Dorf gedenkt der Verstorbenen am ersten Weihnachten nach ihrem Begräbnis. Nach der Messe tranken wir im Gemeindehaus der Kirche Kaffee, assen Kekse und zündeten Kerzen an.

Am Nachmittag fuhren Hâla und ich nach Ramallah, um etwas für den Abend einzukaufen und um ein wenig Abwechslung zu haben.

Ramallah ist der Sitz der Behörden, Ministerien, des Parlaments, vieler Auslandsvertretungen und Organisationen der Zivilgesellschaft. Die Stadt ist das Zentrum der Wirtschaft und auch der Kultur, mit dem Kasaba-Theater, dem Kattan-Kulturzentrum, dem Kulturpalast, mit Musik- und Theaterschulen sowie Literaturaktivitäten. Ein lebhaftes kulturelles Leben als Ausgleich für den schweren Alltag und die bittere Realität. Hunderte von jungen Menschen nutzen diese Chance, um sich zu unterhalten und neue Kraft zu schöpfen. Tausende nehmen jedoch nicht daran teil, weil sie Angst haben, abends noch in der Stadt zu sein, wo sich häufig israelische Kommandos den Weg freischiessen, um jemanden gefangenzunehmen oder zu erschiessen. Oft fehlt auch das Geld für die bescheidenen Eintrittsgebühren oder für das Rückfahrttaxi. Viele sind so verzweifelt und in tiefem Schmerz versunken, dass sie sich nicht zu Vergnügungen aufraffen können. Ihre Herzen und Seelen seien verhärtet und verkümmert, sagen sie. Ich fühle mich privilegiert und schätze mich glücklich, wenn ich es mit meiner Familie schaffe, ein paarmal im Jahr an kulturellen Aktivitäten teilzunehmen. Wer Ramallah kennenlernt, wundert sich, wie sehr sich diese Stadt von anderen palästinensischen Städten unterscheidet. In Nablus und Hebron, in Dschenîn und Bethlehem verkriechen sich die meisten Leute bei Sonnenuntergang in ihren Häusern. Es gibt dort kaum ein kulturelles Leben, da es häufiger israelische Militäraktivitäten und Schiessereien gibt.

Ramallah hat zahlreiche Hotels und viele Cafés und Restaurants. Für junge Menschen ist das die einzige Möglichkeit, alle zwei, drei Wochen einmal aus der Routine auszubrechen und sich zu treffen – ein Luxus, denn vielen von ihnen ist auch dies nicht erlaubt, nicht zugänglich oder zu gefährlich. Das Strassenbild ist bunt: schick gekleidete Männer und Frauen, als kämen sie aus Europa, neben einfachen oder auch sehr modisch gekleideten Mädchen mit bedecktem Kopf und Bauernfrauen in ihren bestickten Kleidern und mit Gemüsekörben. Alle sind in Bewegung, suchend und zielstrebig. Plötzlich erblickt man Bekannte, und man begrüsst und umarmt sich. Gespräche und Austausch von Neuigkeiten verlängern die Begegnung. Wegen der unvorgesehenen Gespräche muss man meist dreimal mehr Zeit als nötig für Ramallah einplanen.

Oft fahre ich für Behördengänge, wegen medizinischer Angelegenheiten oder um einzukaufen nach Ramallah. Heute bummelten Hâla und ich durch die Strassen und wollten dann in der Rösterei Wassermelonen- und Kürbiskerne kaufen. Unser Kerneknabbern wird von Aussenstehenden oft etwas irritiert zur Kenntnis genommen oder belächelt. Für uns ist es eine Tradition, die Spass macht. Manchmal wird abends in einer Runde ein halbes Kilo Melonenkerne geknackt. Die Kerne werden einzeln mit der einen Hand in den Mund gelegt und – in einem kunstvollen Zusammenspiel von Lippen, Zunge und Zähnen – wird die Hülle mit den Zähnen aufgeknackt, von der Zunge hin- und hergeschoben, bis sie von den Lippen ergriffen und in die andere Hand ausgespuckt wird und dann in der Schale auf dem Tisch landet. Der köstliche Geschmack des schwererkämpften winzigen Kerns und die Freude über das gelungene Schälen führen zum Griff nach dem nächsten und übernächsten Kern. Das Knacken wird immer schneller und lauter. Es darf durchaus zu hören sein, doch andere Mundgeräusche gehören sich nicht. Kerneknabbern ist wie eine Sucht, die man rechtzeitig stoppen muss, bevor die Lippen vom Salz wund werden. Danach gibt es Tee zur Erfrischung. Wenn Gäste zum Essen eingeladen sind, gehören Nüsse und Kerne als Vorspeisen dazu, um den Appetit anzuregen. Als Kinder sammelten wir die Kerne der Wassermelonen und trockneten sie an der Sonne. Wir bewahrten sie auf für die langen und kargen Wintertage. Dann nahmen wir sie hervor und rösteten sie, indem wir löffelweise Salzwasser beigaben. Manchmal taten wir etwas Zitrone dazu, manchmal Pfeffer. Eine besondere Köstlichkeit. Heute gibt es meistens Wassermelonen ohne Kerne. Das Importieren von Wassermelonenkernen ist ein blühendes Geschäft geworden.

Die Strassen waren voller Menschen. Junge Leute lehnten an Strassenrandgittern oder gingen lässig umher. In Ramallah wohnen siebzigtausend Menschen, doch tagsüber sind über hunderttausend in der Stadt, die zum Arbeiten herkommen, für medizinische Konsultationen oder soziale Dienstleistungen, zum Einkaufen oder um sich zu unterhalten. Die Augen der Menschen auf der Strasse blickten wach in alle Richtungen, als warteten sie auf etwas.

Während wir durch die Strassen schlenderten, gab es plötzlich Bewegung: Einige rannten los, andere eilten hinterher, und wie ein Feuer breitete sich die Unruhe aus, und alle flohen. Ich versuchte mit all meinen Sinnen die Situation zu erfassen – hören, sehen, fühlen, atmen, um das Richtige zu tun. Beinahe wäre ich von einem Wagen überfahren worden. Ich stand da wie angenagelt, und Hâla klammerte sich an mich. Ich sah bewaffnete, vermummte Männer aus einem Wagen heraus in einen Laden stürzen, der nur einen Spalt geöffnet war. Kurz darauf kamen sie mit mehreren Maschinengewehren wieder heraus. Sie stiegen ins Auto und rasten davon. Viele Leute sahen verängstigt aus. Niemand wagte ein Wort zu sagen. Stumm, die Augen zu Boden gerichtet, gingen alle weiter. Als es ruhig wurde, fragte ich einen älteren Mann, was da los gewesen sei. Er sagte, solche Szenen seien Alltag geworden. »Seht zu, dass ihr verschont bleibt.«

Wir verzichteten auf unsere Besorgungen und fuhren schnell heim.

24. Dezember

Heiligabend. Als Zeichen der Trauer fehlt bei meiner Mutter und in meinem Haus der Weihnachtsbaum. Wo Kinder sind, ist ein Weihnachtsbaum jedoch trotz Trauer angebracht. Rudainas und Sâhers Kinder zum Beispiel, freuen sich sehr darüber.

Ghâda lud uns ein, den Heiligabend bei ihr zu verbringen. Wir nahmen meine Mutter mit, und auch Suhaila, Ghâdas Schwiegermutter, und ihr Sohn Mâsin kamen hin. Das Licht der Kerzen am Weihnachtsbaum und die Köstlichkeiten auf dem Tisch sorgten für gemütliche Stimmung. Nachdem alle ihre bescheidenen Geschenke erhalten und wir uns beim Erraten des Inhalts amüsiert hatten, überraschten uns Ghâda und Marschûd mit einem Gedicht. Ghâda hatte es verfasst, und Marschûd las es vor dem Weihnachtsbaum vor. Es sprach davon, dass alle lange gewartet und sehnsüchtig beobachtet hätten, und jetzt sei die Zeit gekommen, von ihrem Glück und ihrer Freude zu berichten. »Wir sind dankbar, euch sagen zu dürfen, dass im August ein neues Leben unter uns sein wird.« Ghâda erwartet ein Kind! Alle begannen zu jubeln, wir umarmten einander und weinten vor Freude. Es war eine wunderbare Überraschung, denn die beiden hatten sehnlichst darauf gewartet. Die Angst ist immer präsent, dass Männer, die im Gefängnis schlimme Folterungen erlebt haben, keine Kinder mehr haben können. Spät abends fuhren wir froh nach Hause. Heute morgen riefen unsere Verwandten von überall aus den USA, aus Europa und Jordanien an. Sie gratulierten nicht nur zu Weihnachten, sondern auch zum Kind. Meine Mutter hatte die Nachricht sogleich in alle Welt verbreitet.

Nun begleiten wir alle mit Freude und Dankbarkeit das Kind.

26. Dezember

Gestern feierten wir ein ruhiges und frohes Weihnachtsfest zu Hause. Heute dachte ich: Es ist nie zu spät, den Freunden zu schreiben. Ich war in besserer Stimmung, und es gelang mir endlich, den verspäteten Weihnachtsbrief zu schreiben.

28. Dezember

Heute fuhr ich nach Ramallah, um im Café Europa einen Bekannten zu treffen. Ich war früh dran, blieb vor dem Café stehen und beobachtete die Strasse. Es war spät nachmittags. Es wimmelte von jungen Leuten. Ich sah Mädchen und Jungen, die sich begrüssten, sich umarmten oder flüchtig küssten und in dieses Café oder jenes Lokal gingen. Sie schienen fröhlich. Das freute mich. Da kam ein junger Mann auf mich zu und grüsste mich herzlich. Er sagte: »Doktor Sumaya, du warst meine Lehrerin an der Universität Birseit, vor vierzehn Jahren.« Er nannte seinen Namen, und ich erinnerte mich vage an ihn. Ich fragte, was er mache, und er erwiderte, er habe drei Jobs, wozu ich ihn beglückwünschte. Er sagte: »Ich bin bei den Präventiv-Sicherheitskräften und beim Geheimdienst der Fatach. Deshalb stehe ich da.« – »Und was tust du da genau?« – »Ich sammle Informationen und leite sie weiter.« Ich sagte, das sei doch langweilig. Er antwortete: »Ich bin eigentlich Lehrer, habe aber seit sieben Monaten keinen Lohn bekommen, so verdiene ich etwas nebenbei. Schau dir die vier dort drüben an und die zwei da vorne und die drei hinter uns. Alle sind vom Geheimdienst.« – »Mein Gott«, sagte ich, »wir wollen doch keinen Polizeistaat!« Er sagte, sie seien da, um die Menschen zu schützen: »Weisst du denn nicht, was die Israelis mit unseren Kindern machen, wie sie sie als Kollaborateure in den Abgrund jagen?« Ich sagte: »Im Namen der Sicherheit kann viel Schreckliches geschehen. Nimm dich in acht, und pass gut auf dich auf.«

Januar 2007

1. Januar

Hâla fuhr gestern abend nach Ramallah, um dort mit ihren Schulfreundinnen Silvester zu feiern. Zwei Stunden später kam sie bereits wieder zurück und sagte: »Ich möchte lieber bei euch sein.« Wir freuten uns und waren erleichtert. Ich hatte Angst um sie gehabt; denn in der Nacht könnte ja etwas passieren. Wir blieben zu Hause, plauderten, spielten, sahen fern und warteten, bis es zwölf Uhr schlug. Dann gingen wir auf die grosse Veranda hinaus, umarmten uns, tranken unseren Wein und lauschten dem Glockengeläut aller drei Kirchen von Birseit und der beiden Kirchen im Nachbardorf Dschifna. Es klang schön, und wir wünschten uns ein Jahr des Segens und des Friedens. Jugendliche fuhren hupend durch die Strassen, sammelten sich im Zentrum des Ortes und liessen Feuerwerkskörper steigen. Die Leute schauten von ihren Fenstern, Dächern und Veranden aus zu und freuten sich daran. Wir warteten auf die Anrufe von unseren Geschwistern und Verwandten in aller Welt, die dann auch zahlreich kamen. Kaum waren wir zu Bett gegangen, klingelte das Telefon erneut, und Hâlas Freundin berichtete, dass drei Lokale in Ramallah, in denen Silvester gefeiert wurde, von bewaffneten Gruppen überfallen worden seien. Panik brach aus, und statt Feierstimmung machte sich Wut und Trauer breit. Es gab keine Toten, nur Verletzte und grossen Sachschaden. Besonders schmerzt, dass diese Gruppen sich als Helden gebärdeten und niemand sie verfolgte. Niemand wagt es, über Entschädigungen zu sprechen. Wir waren froh, dass Hâla nicht in Ramallah geblieben war.

Neujahr, ein ruhiger Tag mit der Familie am Kasr im Weinberg. Meine Mutter ist für eine Stunde dabei, wir geniessen es.

4. Januar

Hâla und ich waren im Sammeltaxi unterwegs nach Ramallah. Kurz vor Surda klingelte das Telefon des Fahrers. »Was! Wann? Danke«, hörten wir ihn sagen. Dann wandte er sich zu uns um und sagte: »Wir fahren zurück. Israelische Kommandos haben das Zentrum von Ramallah überfallen. Sie schiessen auf alles, was ihnen begegnet. Das Militär hat das Gebiet abgeriegelt.« Stumm blickten wir in die Ferne, manche seufzten tief. Niemand sagte ein Wort, wir waren alle nur froh, dass wir rechtzeitig gewarnt worden waren und verschont blieben. Dann begannen alle, ihre Verwandten und Freunde anzurufen, um sich zu vergewissern, dass sie wohlauf waren, oder um sie zu warnen. Ich war froh, dass Ghâda bei sich zu Hause war. Zurück in Birseit warteten wir auf Nachrichten. Angst und Wut liessen uns verstummen. Erst zwei Stunden später rief Ghâda an und sagte, das Militär sei abgezogen.

5. Januar

Die Menschenrechtsorganisation al-Hak berichtete heute über die Invasion in Ramallah: Um drei Uhr nachmittags drangen vier israelische Undercover-Militäragenten in ein Gebäude am Gemüsemarkt in Ramallah ein. Sie wollten einen Mann gefangennehmen; er wurde angeschossen, konnte jedoch fliehen. Die Schiesserei lockte zahlreiche bewaffnete Männer an, die das israelische Tötungskommando umzingelten. Unterstützung für die Israelis kam binnen Minuten: fünfundzwanzig Militärjeeps mit drei Militärbulldozern drangen aus drei Richtungen ein, bahnten sich einen Weg und zerstörten alles, was ihnen in den Weg kam – Autos, Beleuchtungsmasten, Gemüse- und Obstkarren, Verkaufsstände, Haltestellen. Aus Helikoptern wurden Tränengasbomben geworfen. Bewaffnete Palästinenser schossen zurück, Jugendliche warfen Steine. Nach zwei Stunden zogen die Soldaten ab. Vier unbewaffnete Zivilisten, die zufällig am Ort gewesen waren, wurden erschossen, unter ihnen ein Sechzehnjähriger. Weitere achtundzwanzig Menschen wurden schwer verletzt. Vier junge Männer wurden verhaftet, doch nach wenigen Stunden wieder freigelassen. Der Sachschaden war sehr hoch. Nicht zu erwähnen die Panik und ihre Auswirkungen auf die Menschen.

Der israelische Regierungschef Olmert, der sich zu diesem Zeitpunkt in Kairo mit dem ägyptischen Präsidenten Mubarak traf, um über die Förderung des Friedens zu sprechen, bemerkte, es handle sich bei dem Angriff in Ramallah um eine reine Routinegefangennahme. Menschenrechtsorganisationen bezeichnen es als Kriegsverbrechen.

Mit einer brennenden Kerze gedenken wir unseres verstorbenen Vaters. Es ist sein Geburtstag. Wir treffen uns bei

Mutter und erzählen einander lustige Erinnerungen und weise Sprüche von ihm.

7. Januar

Es ist Sonntag. Heute vor neun Jahren starb mein Bruder Bassâm. Die Kerze brannte auch heute den ganzen Tag. Wir blieben mehrere Stunden bei meiner Mutter, telefonierten mit Bassâms Frau und Kindern in Florida und auch mit allen Geschwistern in San Francisco, Texas, Berlin und Amman.

Den Nachmittag verbrachten wir am Kasr im Weinberg. Wir stellten fest, dass unter mehreren Olivenbäumen wild in der Erde gewühlt worden war. Wildschweine, manche gross wie Kälber, gruben sich Durchgänge unter den Zäunen hindurch und drangen in die Weinberge ein. Mit ihrer Schnauze wühlten sie in der feuchten Erde, schnüffelten nach Trüffeln. Wildschweine sind eine Plage geworden, sie schaden dem landwirtschaftlichen Anbau. Weder Muslime noch Juden essen Schweinefleisch, und die wenigen Christen im Land machen aus Gewohnheit selten von ihrem Recht Gebrauch. Ausserdem ist uns die Jagd verboten. In Israel gibt es Kontrollen der Wildbestände, in Palästina fehlen die Befugnis und die Möglichkeit dazu.

Wir gingen den Zaun entlang, suchten nach Lücken und verschlossen sie mit Steinen und Dornengestrüpp. Wir räumten Steine weg, sortierten sie und legten sie für den Terrassenbau bereit. Zwischendurch ruhten wir uns aus und tranken Pfefferminztee. Am Abend waren wir alle zufrieden, weil wir so lange in der Natur geblieben waren.

Die körperliche Arbeit, eine sinnvolle Arbeit, hatte uns auf angenehme Art müde gemacht.

8. Januar
Heute traf ich mich zu einem Gespräch mit dem Vorsitzenden der Geographieabteilung an der Universität Birseit. Er bat mich, den Kurs »Die Flora Palästinas« zu unterrichten. Das freute mich sehr, denn seit Jahren warte ich auf die Möglichkeit, meine Lehrtätigkeit als Botanikerin wieder auszuüben. Mitte Februar soll ich anfangen. Ich werde sofort mit der Vorbereitung des Kurses beginnen.

An der Universität sprachen alle verärgert und verbittert über die Auswirkungen der neuen Bestimmungen der israelischen Behörden bezüglich der Einreise- und Aufenthaltsvisa für Palästinenser mit ausländischen Reisepässen und für alle übrigen Ausländer. Die Universität veröffentlichte heute eine Pressemitteilung, in der sie erklärte, dass die Verweigerung der Einreise für Personen mit ausländischen Pässen der höheren Bildung in Palästina einen schweren Schlag versetze. Unsicherheit und Instabilität im akademischen Leben sowie finanzielle Rückschläge erschüttern die Verwaltung der Universität.

Seit Anfang 2006 wurde Tausenden von Palästinensern mit ausländischen Pässen die Einreise in die palästinensischen Gebiete verweigert. Sie wollten wie bisher mit ihren Familien leben, ihre Verwandten besuchen, der Arbeit, die sie seit Jahren ausüben, nachgehen oder studieren. Von März bis September 2006 war die Hälfte der internationalen Dozenten und Professoren davon betroffen, so dass die Streichung ganzer Kurse und die Absage wichtiger Vorlesungen von Spezialisten befürchtet werden mussten. Eine Abteilung musste gar damit rechnen, die meisten ihrer Lehrpersonen zu verlieren. Zur Zeit sind die Kurse von vierzehn Lehrkräften gefährdet, und es gibt 383 Studenten, die von der Ausweisung bedroht sind oder an Checkpoints verhaftet werden könnten, weil ihre Aufenthaltsgenehmigung nicht verlängert wurde.

Am stärksten betroffen ist die Abteilung für arabische Sprache und Kulturgeschichte. Hunderte von internationalen Studenten sind dort eingeschrieben, und ihre Studiengebühren gelten als sichere Einnahmequelle für die Universität. Im letzten Semester durften vier Studenten nicht wieder einreisen und konnten deswegen ihr Studium nicht abschliessen. Das verunsicherte die anderen Studenten. So immatrikulierte sich nur die Hälfte der internationalen Studenten wieder für dieses Semester, und die Einnahmen sanken um die Hälfte.

Faddah ist eine dieser Studierenden. Sie ist Palästinenserin mit amerikanischem Reisepass. Ihr Mann ist Palästinenser mit palästinensischem Reisepass. Er darf in den besetzten Gebieten leben, sie jedoch nicht mehr. Sie hatte seit 2001 mit ihrem Mann im Land gelebt und hatte ihre Aufenthaltsgenehmigung immer wieder erneuern können. Im September 2006 reiste sie, die mittlerweile ein Baby hat, aus, um sich bei der Einreise wieder die übliche Aufenthaltsgenehmigung für drei Monate eintragen zu lassen. Sie war schockiert, als in ihren Pass »Einreise verweigert« gestempelt wurde. Die Begründung war, sie sei so oft hinein-

und hinausgegangen, jetzt sei Schluss damit, denn es gälten neue Bestimmungen. Bis heute ist sie im Ausland, weint, ist verzweifelt und weiss nicht, was die Zukunft bringt.

Tausende von Familien sind von diesen Bestimmungen betroffen. Um mit ihren Familien zusammenleben zu können, gibt es nur die Möglichkeit, dass die Palästinenser mit palästinensischen Pässen das Land verlassen. Und genau dies ist der Zweck: die systematische Vertreibung der Palästinenser mit bürokratischen und gesetzlich festgelegten Mitteln. Es tut sehr weh, ohnmächtig davorzustehen und zu sehen, wie unser Volk so offenkundig entwurzelt wird.

In der Nacht brach in Ramallah Chaos aus. Zweiundzwanzig Geschäfte und Gebäude wurden von einer bewaffneten palästinensischen Gruppierung durch Schiessereien, brutale Gewaltanwendung und Brandstiftung zerstört. Niemand wagte Stellung zu beziehen. Der Besitzer des Daraghmeh Shopping Centers weigerte sich, jemanden zu beschuldigen. Er sagte lediglich, er sei mit keiner politischen Partei verbunden und der Sachschaden sei sehr hoch, und er appellierte an die rivalisierenden Gruppierungen, Gewaltprovokationen zu stoppen.

Die Menschen auf der Strasse wissen sehr wohl, wer dieses Chaos verursachte. Es waren unverantwortlich und allein handelnde bewaffnete Gruppen, die sich als zu Präsident Abbâs gehörig ausgeben. Sie wollten diejenigen bestrafen, von denen sie vermuten, sie solidarisierten sich mit der Hamâs. Der Präsident versuchte die Situation zu beruhigen, indem er Entschädigungen für die Schäden versprach. Allerdings bezweifeln die Menschen, dass er in der Lage ist,

Kompensationszahlungen bereitzustellen oder die Chaoten zur Rechenschaft zu ziehen.

Ein Sprecher des Stadtrates sagte, Präsident Abbâs habe die Ausarbeitung eines Planes zur Garantie der inneren Sicherheit angeordnet. Aber wie?

In der Nacht waren ausserdem das Amt des Abgeordneten Salâm Fajjad, das Haus des stellvertretenden Bürgermeisters sowie ein parkender Schulbus beschossen worden. Solche Szenen sind Alltag geworden. Wir beobachten, hoffen inständig, dass es bei Sachschaden bleibt, und sind erleichtert, wenn es dann heisst, keiner sei verletzt worden.

Aus Protest gegen dieses Chaos organisierten die Einwohner von Ramallah und al-Bîreh ein Sit-in, an dem sich auch offizielle Persönlichkeiten und Sicherheitskräfte beteiligten.

9. Januar

Heute wurden die Autos am Checkpoint Atara stundenlang an der Durchfahrt gehindert. Tausende von Autos verstopften die Strassen von Birseit, und der Betrieb an der Universität wurde weitgehend behindert. Ich war in die Uni-Bibliothek gegangen, um mich auf meinen Kurs vorzubereiten. Einige Studenten sassen auf der Bank neben der Bibliothek und diskutierten. Sie sprachen über die Hip-Hop-Musikgruppe Dam, die sie vor kurzem erlebt hatten. Ich setzte mich dazu und genoss ihre begeisterte Schilderung.

Der Name der Gruppe Dam bedeutet auf arabisch und hebräisch »Blut«. Sie besteht seit 1998. Die Musiker sind aus

Lod und Jaffa, zehn Kilometer von Tel Aviv entfernt, und – wie ein Drittel der Einwohner dieser Städte – Palästinenser mit israelischer Staatsbürgerschaft. Sie kämpfen um ihre grundlegenden Rechte als Bürger und für Dienstleistungen des Stadtrats, die ihnen als Palästinenser verweigert werden. Die Regierung Israels kümmert sich nur um die Sicherung des Wohnbedarfs der jüdischen Bürger. Palästinensische israelische Staatsbürger haben keinen Anspruch auf die vom Staat gebauten Wohnungen; dieses Recht wird ihnen verweigert. Sie erhalten auch nur selten Baugenehmigungen für Häuser auf dem eigenem Grundstück und dürfen ihre verfallenden Häuser nicht renovieren; damit sollen sie zum Verlassen des Landes veranlasst werden. Die Palästinenser wollen aber nicht vertrieben werden, und viele sehen sich gezwungen, ohne Genehmigung zu bauen. Die Folge ist, dass allein in Lod ungefähr zweitausend Wohnungen von Palästinensern als illegal klassifiziert werden und von der Zerstörung durch die Regierung bedroht sind. Die Bewohner dieser Bauten haben keine Chance, eine Wohnung zu finden.

Dam sieht sich als Protestgruppe, die in ihrer Musik Osten und Westen mischt: »Wir bringen Dabka ein, unsere traditionelle Tanzmusik, setzen arabische Instrumente ein – die Ud und das Kanun – und vertonen arabische Gedichte. Wir nehmen von Ost und West und schaffen daraus eine neue Stimme für Dam.«

Im Oktober 2006 trat Dam am Bierfestival in Taibe, einem christlichen Dorf bei Ramallah, auf. Die Musiker begeisterten Hunderte von jungen Menschen, die mitsangen und tanzten. Die erste und einzige Brauerei in Palästina ist dort vor einigen Jahren von der Familie Chûri aufgebaut worden. Am Bierfestival wird nicht nur Bier verkauft und getrunken, es werden auch regionale Landwirtschaftsprodukte verarbeitet und zum Kauf angeboten. Auf einem bunten Marktplatz werden eingemachte Oliven, Olivenöl, Seife aus Olivenöl, Getreideprodukte, frische und getrocknete Gemüse und Wildpflanzen angeboten, sowie Feigen, Nüsse, Rosinen, Wein, Marmelade, Honig und Milchprodukte. Auch Kunsthandwerk und Handarbeiten aus Holz, Ton, Stoff und Glas werden angeboten. Mit Gesang und Tanz soll unser kulturelles Erbe belebt und wertgeschätzt werden. Das Taibe-Bier ist in Israel ebenfalls sehr beliebt, denn die Brauerei stellt auch ein von einem Rabbiner geprüftes, koscheres Bier her. Begründer der vielen Aktivitäten und des wirtschaftlichen Aufschwungs in Taibe ist Nadîm Chûri, der von dort stammt. Er hat keine palästinensische Identitätskarte, weil er zufällig zur Zeit der Volkszählung kurz nach dem Krieg 1967 zum Studium in den USA weilte. Er gilt als »gebietsfremd«, während seine Eltern und Geschwister als »Gebietsansässige« klassifiziert werden. Nadîm Chûri besitzt einen amerikanischen Pass, und ihm wurde während vieler Jahre die Aufenthaltsgenehmigung laufend erneuert, denn er hat mehr als zweihundert Millionen Dollar in Palästina investiert. Nach einer Reise im Sommer 2006 durfte er nicht wieder einreisen, mit der Begründung, es gälten neue Bestimmungen für Ausländer. Nach der Intervention der amerikanischen Botschaft bekam er eine Aufenthaltserlaubnis für drei Monate. Er kämpft jetzt alle drei Monate um die Erneuerung der Erlaubnis, zu Hause bei seiner Familie bleiben und seinen Projekten und seiner Arbeit nachgehen zu dürfen. Hunderte von Investoren mussten das Land verlassen, und viele liessen sich abschrecken, weil das Risiko zu gross ist, dass ein Geschäft zugrunde geht.

Dam ist auch in Bethlehem und im Kasaba-Theater in Ramallah aufgetreten. Das Theater war längst ausverkauft, als immer noch viele junge Menschen hinströmten, um die Sensation zu erleben. Mitten in dieser schweren, von Gewalt geprägten Zeit wollen die Menschen sich von der Musik für kurze Zeit in eine andere Welt entführen lassen. Die Leute, die um Tickets anstanden, drücken damit aus, dass sie leben und sich unterhalten wollen. Viele blieben draussen vor dem Theater stehen und lauschten später den Beschreibungen derjenigen, die die Vorstellung miterleben durften.

Die Jugendlichen sagten: »Wir lieben Dam, weil sie über unsere Probleme sprechen.« – »Unsere Stimme wird nicht gehört, vielleicht hört man uns durch ihre Musik.« – »Sie singen von unserer Realität unter der Besatzung, und sie sprechen soziale Probleme an – Drogen, zum Beispiel, und Frauenrechte.« – »Ihr Song ›Wer ist der Terrorist?‹ ist eine Herausforderung, ein Aufschrei gegen die stereotypen Vorstellungen vom Nahostkonflikt. Er beginnt mit der Aussage: ›Vielleicht sind Palästinenser und Iraker die am meisten terrorisierten Völker der Welt.‹ Und weiter: ›Wir kämpfen für unsere Freiheit, aber ihr habt daraus ein Verbrechen gemacht, und ihr, die Terroristen, nennt mich Terrorist?‹« – »Sie sprechen über mich und wer ich bin. Sie sind Palästinenser, egal, woher sie kommen.«

Die Musiker von Dam sagen: »Wir singen, weil wir vor den Augen der jüdischen Israelis diskriminiert werden. Sie sehen es nicht oder wollen es nicht sehen. Und wir wollen ihnen von unserem Leben unter ihnen erzählen. Wir singen, damit alle verstehen, warum durch ungerechte Behandlung das Leben für alle schwer gemacht wird.« – »Ich will der Welt sagen, ich bin ein Palästinenser, der auf seinem Boden im eigenen Land geblieben ist. Dieses Land heisst jetzt Israel. Und dann versuche ich zu erklären, dass die arabische Welt mich als Israeli behandelt und Israel mich als Palästinenser.« Der Musiker Machmûd Dschreri sagt weiter: »Diese Anormalität hat zur Folge, dass wir uns weder als arabische noch als israelische Band bezeichnen. Unser neues Album ist von den deutschen Red Circle Records herausgegeben worden. Wir mussten ins Ausland gehen, um wieder in unser Land hineingehen zu können. Ich bitte die Leute nicht darum, pro-palästinensisch oder anti-israelisch zu sein. Ich bitte darum zuzuhören, sich über die Situation zu informieren und sich dann eine Meinung zu bilden … Ich glaube nicht, dass ich die Welt verändern kann, aber ich lasse den Verstand Funken sprühen, die die Welt ändern.«

Die Bühne war in vielen glitzernden Farben dekoriert. Für die richtige Stimmung sorgten Symbole, die Gefühle der Verbundenheit mit Palästina, mit der Leidensgeschichte und unseren Zielen weckten, Palästinakarten und -bilder und, als Krönung, Handala, die Cartoonfigur des palästinensischen Künstlers Nâdschi al-Ali.

Handala ist der Name einer bitteren Beere, und bitter war der Verlust der Heimat für den 11jährigen Nâdschi al-Ali, als er im Jahr 1948 mit seiner Familie und Hunderttausenden Palästinensern aus Palästina vertrieben wurde und als Flüchtling im Lager Ain al-Hilwa im Libanon leben musste, auf die Rückkehr nach Palästina wartend. Handala repräsentiert Nâdschi al-Ali, der elf Jahre alt bleiben will, bis er wieder nach Palästina zurückkehren darf. Handala wendet sein Gesicht von uns ab, dreht uns den Rücken zu und schaut aus Protest in die Ferne. Seine Schultern sind von der schweren Last nach vorne gebeugt, der Rücken leicht gekrümmt. Die Hände hat er hinter dem Rücken verschränkt. Mit seinen geflickten Kleidern spricht er für alle Flüchtlinge. Seine Haare stehen ihm zu Berge und geben ihm eine kecke Ausstrahlung, auch wenn sein Gesicht nie zu sehen ist. al-Ali hat Handala in jede Karikatur irgendwo eingefügt. Jedes Werk verrät, wohin Handala schaut, was er beobachtet, ob er verlegen, traurig oder zornig ist, was er denkt, kritisiert und wohin er mit seinem Finger zeigt. Handala ist seiner Botschaft immer treu. Er ist ein Symbol für Widerstand, Selbstkritik, soziale und politische Gerechtigkeit und Befreiung. Der Künstler Nâdschi al-Ali, im Dorf al-Schadschara zwischen Nazareth und Tiberias geboren, gilt als »Brotfladen-Künstler«, als Künstler der Armen und Unterdrückten. Jeden Tag konnte man seine Karikaturen in verschiedenen Tageszeitungen der arabischen Welt finden. Vor Sonnenaufgang, wenn die Leute in den Flüchtlingslagern Brotfladen kaufen gingen, holten sie sich dazu die Zeitung, um sich an der Karikatur des Tages zu erfreuen. Kritik an den Herrschenden und ein Plädoyer für soziale und politische Gerechtigkeit und Befreiung waren seine Botschaft. Er sprach den Menschen aus der Seele und wurde von ihnen geliebt, doch die Herrschenden hassten und verfolgten ihn. Als er um sein Leben fürchten musste, ging er nach London. Seine letzte Karikatur war: »Nein zur ›Stummpistole‹, nein zur politischen Hinrichtung« – die Figur Handala wird von einer Pistole mit Schalldämpfer bedroht. Am nächsten Tag, auf dem Weg von seiner Wohnung zur Zeitungsredaktion in London, wurde er vom israelischen Geheimdienst mit einer ebensolchen Pistole zum Verstummen gebracht.

15. Januar

In den letzten Tagen hatte ich immer wieder gehört, dass verschiedene Leute auf Ausflügen unterwegs waren. Ich wunderte mich, denn das ist selten möglich. Ich erkundigte mich über diese seltsame Aktivität und erfuhr, dass der Priester von Birseit für mehr als hundertachtzig Leute einen Antrag auf eine Reisegenehmigung für Jerusalem gestellt hatte, mit der Begründung, sie wollten dort beten – und es klappte. Sie sind unterwegs nach Jerusalem und Israel, zum Beten, Einkaufen, Bummeln und vor allem zum Besuch ihrer Verwandten, auch in Jaffa, Akko, Lod und Nazareth. Welch eine Freude, einfach in die nächsten Städte und nach Jerusalem fahren zu dürfen. Sofort ging ich zum Priester und bat ihn, auch für mich einen Antrag zu stellen, denn meine Familie und ich sind seit vier Jahren nicht in Jerusalem gewesen. Er sagte, die Zeit des Antragstellens sei eigentlich nur während weniger Tage Mitte Dezember möglich gewesen. Die Genehmigung gelte für das Weihnachtsfest der Westkirche am 25. Dezember, dasjenige der Ostkirche am 7. Januar und das Weihnachtsfest der Armenier am 18. Januar. Aber ich könne es ja trotzdem versuchen, meinte er und gab mir einen Brief, in dem er die zuständigen Stellen darum bat, mir die Genehmigung zu erleichtern. Ich fuhr sofort mit dem Sammeltaxi nach Ramallah und nahm dort ein Spezialtaxi zur Militärbehörde. Der Weg dorthin war in schlechtem Zustand. Das Taxi fuhr durch Gassen der Wohnviertel in al-Bîreh, dann über Feldwege, steinig, holprig und gewunden. Es war eine Kunst, den Schlaglöchern auszuweichen, und ich war jedesmal froh, dass das Taxi vor einem platten Reifen verschont blieb. Ich sah ein Taxi, das in einen Graben gerutscht war, und der Fahrer versuchte verzweifelt, es mit Hilfe von anderen wieder aufzurichten. Endlich erreichte ich mein Ziel, ein verlassenes Feldstück, von einem Schuttwall zur Strassenseite hin begrenzt und mit einem Zaun umgeben. Durch eine Lücke im Zaun gelangte ich auf die asphaltierte Strasse vor dem Militärquartier. Auf dem Turm oben stand ein Wachsoldat. Ich schaute zu ihm hoch und war mir nicht sicher, ob ich warten musste, bis er mir erlaubte, auf der normalen Strasse weiterzugehen. Ich blieb stehen, machte einige Schritte, schaute wieder nach oben, zögerte, aber nichts rührte sich. Ein junger Palästinenser sagte mir: »Lauf zu, schau weder nach oben noch nach unten und nicht nach rechts oder links.« – »Soll ich dabei die Augen offenhalten oder schliessen?« fragte ich. »Darf ich normal atmen?« Er sagte: »Soweit kommt es noch! Nein, nie den Kopf hängen lassen und niemals die Augen schliessen.« Wir nickten einander zu und gingen weiter. Am Eingang schloss ich mich den Menschen an, die vor der ersten Metallschleuse warteten.

Über die Köpfe hinweg versuchte ich zu sehen, was vorne vor sich ging. Es klickte. Bei jedem Klicken schob sich eine Person durch die Schleuse. Endlich klickte es auch für mich, und ich war dran. Eine Stimme forderte mich in gebrochenem Arabisch auf, die Taschen zu leeren, Gürtel, Uhr, Jacke und Schuhe auszuziehen, auf die Bank zu legen und bis zur Scheibe vorzurücken. Hinter dieser sass ein Soldat. Er befahl: »Stehen bleiben! Handtasche öffnen! Fach für Fach zeigen! Alles ausleeren! Wieder einpacken! Geh durch die elektronische Kontrolle! Wieder zurück! Jetzt rückwärts gehen! In der Mitte stehenbleiben! Dreh dich um! Jetzt auf die andere Seite rum! Nein, links! Links! Links! Noch mal vorwärts! Jetzt weiter!« Ich war völlig durcheinander. Ich wollte den Anordnungen folgen, machte jedoch immer wieder etwas verkehrt. Angst und Gefühle der Erniedrigung und des Ausgeliefertseins erhöhten die Spannung und steigerten Wut und Verbitterung. Hinter der Schleuse versuchten die Leute mir zuzurufen, wie ich es machen musste. Das irritierte mich noch mehr, und der Soldat brüllte los und verlangte Ruhe. Sie hatten Mitleid mit mir, manche waren wütend, weil das so lange dauerte, oder zornig, weil sie sich mit mir gedemütigt fühlten. Endlich gelangte ich zur nächsten Station. Der Soldat hinter der Scheibe dieses Schalters forderte mich auf, meinen Antrag geöffnet an die Scheibe zu halten. Er gab mir eine gelbe Nummer 87 und machte mit dem Finger ein Zeichen, ich solle nach rechts gehen. Dort war eine zweite Schleuse. Ich rüttelte am Gitter, aber es gab nicht nach. Ich musste warten, bis ein Gong ertönte, dann konnte ich durch. Endlich kam ich zur dritten Station, in einen Raum voller Menschen, die auf Bänken sassen. Neben dem Polizeischalter gab es fünf weitere Schalter mit Scheiben aus Sicherheitsglas, wo man Anträge für verschiedenste Genehmigungen stellen konnte. Wenn es piepte, leuchtete eine Nummer auf, mit dem Verweis auf die Schalternummer. Ich wusste, dass es lange dauern würde, vielleicht vier oder fünf Stunden, bis man dran kam. Ich unterhielt mich mit den Frauen, die um mich herum sassen. Wir sprachen über unsere Sorgen, stöhnten, ärgerten uns, wurden wütend, und manchmal lachten wir. Wir versuchen die Zeit und unser Schicksal zu verkraften.

Eine alte Frau, um die siebzig herum, ging zum Schalter. Wir konnten hören, was sie dem Soldaten sagte: »Mein Sohn ist fünfzig Jahre alt und sehr krank, er kann nicht mehr gehen. Bitte gebt mir eine Genehmigung, damit er nach Jerusalem ins Krankenhaus fahren kann.« Der Soldat sagte: »Geh weg. Er muss persönlich herkommen. Trag ihn her oder lass ihn von irgend jemandem hertragen.« Sie sagte: »Aber der Offizier vorgestern hat mir gesagt, er brauche nicht persönlich zu kommen, wenn ich den Bericht des Krankenhauses bringe. Hier habe ich ihn.« Sie schob das Dokument durch den Schlitz. Er schaute sie an und sagte: »Bring mir einen Beweis, dass er im palästinensischen Krankenhaus nicht behandelt werden kann.« Sie sagte: »Er hat Krebs, und nirgends im Westjordanland gibt es eine Behandlungsmöglichkeit. Jeder weiss das, auch ihr wisst das!« – »Verschwinde, bring noch einen Beweis.« – »Aber der Bericht ist doch vom Krankenhaus und von der Gesundheitsbehörde.« – »Geh weg! Verschwinde!« schrie er sie an. Sie setzte sich auf den Boden und sagte: »Ich bleibe hier. Mich schickt niemand mehr weg. Seit zwei Wochen komme ich hierher und werde zurückgeschickt, und mein Sohn stirbt langsam, aber sicher. Ich will hier sterben.« Sie brach zusammen, weinte und schluchzte. Es herrschte Ruhe im Raum, wir schauten einander an. Dann ging ich zu ihr hin, setzte mich neben sie auf den Boden, fasste ihre Hand und sagte kein Wort. Eine zweite Frau kam dazu, eine dritte folgte, und eine vierte stand eben auf, als der Soldat uns anzuschreien begann: »Alle auf die Bänke, sonst schiesse ich.« Wir Frauen halfen der alten Frau auf die Beine und setzten sie auf die Bank. Alle blieben stumm.

Es gongte, und die nächste Nummer leuchtete auf. Ein Mann ging zum Schalter. Wir konnten seine Geschichte hören: Er war Lastwagenfahrer und zum achtenmal in diesem Raum. Seit zwei Monaten kämpfte er um eine Streckenfahrgenehmigung für seinen Lastwagen. Er war aus Ramallah, und seine Arbeit bestand darin, Waren von Hebron im Süden via Ramallah in der Mitte nach Nablus und Dschenîn im Norden zu transportieren. Heute bekam er endlich eine Genehmigung für die Strecke von Nablus nach Dschenîn, für einen Monat. Aber das nützte ihm nichts, denn für die Strecke von Ramallah nach Nablus und von Ramallah nach Hebron bekam er keine. Er flehte den Soldaten an, die Sache zu überprüfen. Dieser sagte: »Das nächste Mal bekommst du die Genehmigung für die nächste Strecke.« Mit erstickter Stimme sagte der Mann: »Aber das macht doch keinen Sinn, ich muss zuerst nach Nablus fahren können!« Der Soldat schrie ihn an und befahl ihm zu verschwinden. Der Mann fasste sich an den Kopf, hielt kurz inne und schlug dann seinen Kopf gegen die Wand. Er weinte laut. Zwei ältere Männer wagten es, ihn hinauszubegleiten. Die jüngeren Männer und alle Frauen blieben stumm und reglos. Wir fürchteten, die Soldaten könnten schiessen. Dann sagte ein junger Mann: »Und sie wundern sich noch, dass wir sie hassen!« Eine Frau sagte: »Sicher hassen sie uns mehr, als wir sie hassen, sonst würden sie uns das nicht antun.« Ich sagte: »Hass vergiftet unsere und ihre Seelen. Hass tötet unsere und ihre Menschlichkeit. Niemand will das. Ich wehre mich, ich kämpfe, damit mich der Hass niemals überwältigt. Sonst würde ich meine Wahrnehmung, meine Orientierung und meine Seele verlieren.« Ein Mädchen sagte: »Aber das ist schwierig!« – »Natürlich ist es schwierig«, erwiderte ich. »Sobald ich mich ärgere, sage ich mir, es darf Wut aufkommen, und sie kommt. Dann tobe ich meine Wut aus, weine, schreie oder stürze mich in die Arbeit. Hier, in diesem Raum, empfinde ich auch Wut, und ich beisse die Zähne zusammen, spüre mein Herz schneller schlagen und meinen Atem schwerer werden, aber dann sage ich mir: Halt! Du hast eine Aufgabe, nämlich dich selbst zu schützen, dich vor Wut und Hass zu retten. Ich atme tief durch und sage mir: Was zu ändern ist, versuche ich zu ändern, und was nicht zu ändern ist, das lasse ich stehen. Ich versuche das Beste aus der Situation zu machen.« Die Leute, die mir zuhörten, sagten: »Du hast es gut, ich kann das nicht.« Ich sagte: »Man kann das lernen. Es ist eine Einstellung und Übungssache.« Ich erzählte ihnen von meinen Seminaren und dass ich solches Verhalten mit Jugendlichen und Frauen übte. Alle, auch die Männer, sagten, sie wollten mitmachen.

Mit der nächsten Nummer ging Badia, eine Cousine meines Mannes, an den Schalter. Sie ist 86 Jahre alt, hat Bauchspeicheldrüsenkrebs und wollte zur Behandlung zu ihrem Bruder in die USA reisen. Sie bekam heute, nach fünf Anläufen, die Genehmigung, den Flughafen Tel Aviv zu benutzen, der den Palästinensern eigentlich nicht mehr offensteht. Wir freuten uns alle mit ihr über ihr Glück. Ein junger Mann sagte: »Ich wünschte, ich hätte Bauchspeicheldrüsenkrebs, vielleicht würde ich dann eine Arbeitsgenehmigung für Jerusalem kriegen!« Als nächster war ein Student dran, der bei der Ausreise an der Jordanbrücke zurückgeschickt worden war, weil er seinen Pass erst vor kurzem erneuert hatte und die Passnummer noch nicht bei den Israelis im Computer registriert war. Man muss nach der Ausstellung eines neuen Passes drei Wochen warten, bis man ausreisen darf. Dieser Student stellte den Antrag, dass seine Passnummer frühzeitig im Computer registriert werde. Er war glücklich, als es klappte, auch wenn durch die Zurückweisung sein Flugticket verfallen war. Es gongte wieder, und diesmal war ich dran. Ich ging zum Schalter und schob meinen Antrag durch den Schlitz. Der Soldat las den Brief des Priesters und sagte: »Das gilt nicht. Sizar muss den Brief schreiben.« – »Wer ist Sizar?« fragte ich, »ein Mann oder eine Frau, wo kann ich ihn oder sie finden?« – »In Jerusalem.« Ich sagte, ich dürfe doch nicht nach Jerusalem. Er erwiderte: »Nicht du, sondern die Kirche soll Sizar aufsuchen.« Die nächste Nummer gongte, und ich ging und rief den Verwalter im Priesteramt in Birseit an und fragte nach Sizar. Er sagte: »Nie von ihm gehört.« Voller Verzweiflung schrieb ich Abt Benedikt von der Dormitio-Abtei in Jerusalem ein Mail und erzählte meine Geschichte. Er schrieb zurück, er kenne Cesar und gab mir eine Telefonnummer. Dort hiess es, die Kirche müsse einen Antrag für eine Genehmigung für mich bei Cesar einreichen, damit Cesar oder Sizar ein Gutachten an das Militär schicken könne. Cesar war, so stellte sich heraus, ein Beamter im Innenministerium, beim Amt für Religionsangelegenheiten. Eigentlich wäre es also machbar, eine Genehmigung zu kriegen, aber wo konnte ich eine Kirchenbehörde finden, die sich für mich einsetzte, mich einlud zum Gebet, zu einer Sitzung oder zu einem Vortrag? Ich bin müde geworden, bin traurig und geknickt. Ich gebe den Versuch erst mal auf. Tausende sind in der gleichen Lage. Ich warte bis Ostern, vielleicht geschieht ein Wunder, und ich darf nach Jerusalem, in die geliebte Stadt, von der ich nur eine halbe Stunde entfernt wohne.

17. Januar

Heute fuhr ich nach Ramallah ins Kattan-Kulturzentrum zu einer Lesung von Machmûd Darwîsch*. Es war sehr schön. Ich fühlte mich ermutigt durch die Präsenz von über achtzig meist jungen Menschen, die sich für Kultur interessieren. Wach und selbstbewusst diskutierten sie danach noch lange bei Tee und Saft.

*Von Machmûd Darwîsch auf deutsch erhältlich: *Ein Gedächtnis für das Vergessen* (2001), *Wir haben ein Land aus Worten* (2002), *Warum hast du das Pferd allein gelassen* (2004), *wo du warst und wo du bist* (2004), *Weniger Rosen* (2005).

18. Januar
Heute wird in der griechisch-orthodoxen Kirche das Tauffest Jesu gefeiert. Tausende von Menschen reisen zum Jordanfluss, um an der Taufstelle zu feiern. Mit Gesang und Gebet begleiten Priester und Bischöfe die Menschenmenge, die mit Bussen und das letzte Stück zu Fuss zum Jordan pilgern. Diplomaten vieler Länder nahmen teil – und viele Soldaten und Polizisten waren da. Offizielle palästinensische Persönlichkeiten durften nicht anwesend sein.

Unter den Feiernden waren auch viele Muslime. Sie kämen jedes Jahr, sagten mir einige Frauen. Sie warten auf diesen einen Tag im Jahr, an dem sie sich so nah an die jordanische Grenze begeben dürfen. Sie waren mit Männern aus dem Westjordanland verheiratet, lebten hier jedoch ohne Genehmigung. Würden sie das Land nur einmal verlassen, dürften sie nie wieder zur Familie zurück.

Ich traf dort eine Bekannte, die Frau eines Freundes der Familie. Ich wunderte mich, sie hier zu sehen, denn ich hatte angenommen, dass sie seit sieben Jahren in Jordanien war und keine Genehmigung mehr bekommen hatte, um zu ihrem Mann ins Flüchtlingslager bei Ramallah zurückzukehren. Die israelische Botschaft vergibt nur selten Visa für Jordanier mit palästinensischem Ursprung. Deshalb können die Verwandten niemals nach Palästina zu Besuch kommen. Die Frau hatte, so erfuhr ich, vor zwei Jahren ein Tagesvisum erhalten, mit dem sie einreiste. Sie hatte dafür zehntausend Dollar bezahlen müssen. An der Grenze wurde sie von einem Beamten zum nächsten weitergereicht, und der letzte nahm ihr ihre Dokumente weg, damit kein Beweis existierte, dass sie im Land lebte. So spielt die Korruption zwischen Palästinensern und Israelis zusammen. Die Besatzung macht alle korrupt. Diese Frau lebt also wieder hier, kann sich jedoch nicht frei bewegen, hat immer Angst, erwischt und dann ausgewiesen zu werden. Sie war an den Jordan gekommen, um ihre Mutter zu sehen, nach der sie sich so sehr sehnte. Ihre Mutter sei ans andere Ufer gebracht worden, damit sie sich, aus etwa hundert Meter Entfernung von weitem sehen könnten. »Wir haben uns telefonisch verabredet«, sagte sie.

Wie lange hält sie durch? Spätestens wenn die beiden Kinder in die Schule gehen, wird sie vermehrt ihr Haus verlassen müssen. Die Gefahr, erwischt zu werden, den Zusammenhalt der Familie zu verlieren, wird grösser. Sie müsste das Land verlassen. Wo blieben dann die Kinder und der Mann? Die Familie hätte nur die Möglichkeit, das Land zu verlassen. Eine menschliche Tragödie überlagert die andere. Jeder Mensch hat eine eigene Tragödie. Manche leben seit zehn oder fünfzehn Jahren so und kommen an diesem Tag an den Jordan, um über den Fluss hinweg mit der Mutter und der Familie zu sprechen. Sie waren gekommen, um sich anzuschauen, sich gemeinsam zu freuen und zusammen zu weinen. Alle standen sie da, schrien, jauchzten, heulten. Zuletzt warfen sich einige auf den Boden und wollten nicht wieder weggehen. Die israelischen Soldaten schauten zu. Sie sagten nichts, sie wollten von diesem menschlichen Leiden nichts wissen und sich nicht dazu äussern.

Ich habe keine Lust zu schreiben, auch wenn ich einen unerträglichen Druck spüre. Ich ärgere mich. Ich gehe zu meiner Mutter und kümmere mich um sie. Sie ist sehr schwach. Sie erzählt, und ich höre zu. Ich nehme mir vor, nicht zu jammern und diese Zeit als etwas sehr Kostbares zu geniessen. Wer weiss, wie lange Mutter noch leben wird. Sie lacht, und ich lache mit. Sie schweigt, und ich sinniere vor mich hin. Dann mache ich mich auf den Weg zum Weinberg. Ich schaue die Bäume an, pflücke Petersilie und Thymian und räume einige Steine weg. Dann geht es mir besser. Ich gehe nach Hause und fühle mich wieder in Ordnung.

22. Januar

Heute las ich in *Haaretz* einen Artikel von Amira Hass über die vielen Verbote, denen die Palästinenser ausgesetzt sind. Sie schreibt:

»Alle Versprechungen, die Einschränkungen im Westjordanland zu lockern, haben das wahre Bild nur vernebelt. Ein paar Strassensperren wurden weggeräumt, aber die folgenden Verbote sind geblieben (diese Informationen wurden von *Haaretz,* vom United Nations Office for the Coordination of Humanitarian Affairs UNOCHA sowie von Machsom Watch gesammelt).

Standige Verbote

– Bewohner des Gasastreifens dürfen sich nicht im Westjordanland aufhalten.

Palästinensern ist es verboten, Ost-Jerusalem zu betreten.

– Palästinensern ist es verboten, den Gasastreifen über den Erez-Grenzkontrollpunkt zu betreten.

– Palästinensern ist es verboten, das Jordantal zu betreten.

– Palästinensern ist es verboten, Dörfer, Land, Städte und Stadtteile entlang der ›Randzone‹ zwischen dem Trennungszaun und der Grünen Linie (etwa zehn Prozent des Westjordanlandes) zu betreten.

– Palästinenser, die nicht Bewohner der Dörfer Bait Furik und Bait Dadschan (im Raum Nablus) und Ramadîn (südwestlichste Ecke des Westjordanlandes) sind, dürfen diese Orte nicht betreten.

– Palästinensern ist es verboten, das Areal um die Siedlungen zu betreten, auch wenn ihr Land innerhalb des von Siedlungen bebauten Landes liegt.

– Palästinensern ist es verboten, Nablus mit einem Fahrzeug zu ›betreten‹.

– Palästinensischen Bewohnern von Jerusalem ist es verboten, die Zone A (palästinensische Städte des Westjordanlandes) zu betreten.

– Bewohnern des Gasastreifens ist es verboten, das Westjordanland über die Allenby-Brücke zu betreten.

– Palästinensern ist es verboten, über den Flughafen Ben-Gurion ins Ausland zu reisen.

– Kinder unter 16 dürfen Nablus nicht ohne den Originalgeburtsschein und nur in elterlicher Begleitung verlassen.

– Palästinenser mit Passierschein für Israel dürfen keinen Übergang benützen, der für Israelis und Touristen bestimmt ist.

– Bewohner des Gasastreifens haben kein Wohnrecht im Westjordanland.

– Bewohner des Westjordanlandes haben kein Wohnrecht im Jordantal, in den Dörfern Bait Furik und Bait Dadschan, auch nicht in der Randzone.

– Palästinensern ist es verboten, Waren und Frachtgut durch die internen Westjordanland-Kontrollpunkte zu bringen.

Zeitweilige Verbote

– Bewohnern bestimmter Teile des Westjordanlandes ist es verboten, in den übrigen Teil des Westjordanlandes zu reisen.

– Personen einer bestimmten Altersgruppe – vor allem Männer im Alter von 16 bis 30, 35 oder 40 Jahren – ist es verboten, das Gebiet zu verlassen, in dem sie ansässig sind (gewöhnlich Nablus und andere Städte im nördlichen Westjordanland).

– Private Wagen dürfen den Sawâhra-Abu-Dis-Kontrollpunkt (der den nördlichen Teil des Westjordanlandes vom südlichen Teil trennt) nicht benutzen. Dieses Verbot wurde vor zwei Wochen aufgehoben, um die ›Einschränkungen zu erleichtern‹.

Zu beantragende Dokumente

– Eine Magnetkarte (an sich für die Einreise nach Israel, sie erleichtert aber auch das Passieren durch die Checkpoints innerhalb des Westjordanlandes).

– Eine Arbeitserlaubnis für Israel (der Arbeitgeber muss diese bei der zivilen Verwaltung beantragen).

Eine Genehmigung für medizinische Behandlung in israelischen und palästinensischen Krankenhäusern in Ost-Jerusalem (der Antragsteller muss eine Eintrittseinladung des Krankenhauses vorlegen, seinen gesamten Krankenbericht und einen Beleg dafür, dass er die Behandlung, die er sucht, in den besetzten Gebieten nicht erhalten kann).

– Eine Genehmigung, um durch die Checkpoints im Jordantal reisen zu können.

– Eine Genehmigung für Kaufleute, um Waren zu transportieren.

– Eine Erlaubnis, um in der Randzone Land zu bearbeiten; erfordert ein Formular des Landregistrierungsamtes, eine Besitzurkunde und einen Beleg, dass man ein Verwandter ersten Grades des registrierten Besitzers ist.

– Passierscheine für die Randzone (für Verwandte, medizinische Teams, Bauarbeiter usw.). Inhaber dieser Passierscheine müssen die Randzone durch denselben Übergang betreten und verlassen, selbst wenn dieser weit entfernt ist oder früh geschlossen wird.

– Passierscheine, um von Gasa durch Israel ins Westjordanland reisen zu dürfen.

– Einen Geburtsschein für Kinder unter 16.

– Eine Identitätskarte für langjährige Bewohner, die in den Randzonen-Enklaven wohnen.

Checkpoints und Barrieren

Am 9. Januar 2007 gab es 75 mit Militär besetzte Kontrollpunkte im Westjordanland. Zusätzlich gibt es durchschnittlich pro Woche noch 150 »fliegende Kontrollpunkte«.

Ausserdem gibt es 446 Absperrungen zwischen Strassen und Dörfern, einschliesslich Betonklötzen, Erdhaufen, 88 eisernen Toren und 74 Kilometer Zaun entlang der Hauptstrassen.

Im Sicherheitszaun, der das Land von seinen Besitzern trennt, gibt es 83 Stahltore. Davon öffnen sich nur 25 Tore gelegentlich.«

Die Regelungen sind bewusst so kompliziert und verwirrend gemacht. Genauso verhält es sich mit den verschiedenen Identitätskarten:

Identitätskarten

1. Die Jerusalem-Identitätskarte: für Palästinenser, die kurz nach der Besatzung 1967 bei der Volkszählung als Bürger Jerusalems registriert wurden, und für ihre Nachkommen. Sie dürfen nicht in palästinensischen Städten und Orten wohnen und zur Schule gehen und teilweise auch nicht arbeiten, andernfalls verlieren sie ihr Wohnrecht und damit ihre Jerusalem-Identität. Sie dürfen nur durch bestimmte Checkpoints in palästinensische Städte fahren. Sie verlieren ihre Identitätskarte, wenn sie sich länger als ein Jahr im Ausland aufhalten. Sie müssen jedes Jahr zurückkehren, um ihre Jerusalem-Identität zu behalten. Das Erneuern des Wohnrechtes ist nur sechsmal möglich. Danach erlischt das Recht auf diese Identitätskarte. Wenn eine Frau aus Jerusalem einen Mann ohne Jerusalem-Identitätskarte heiratet, darf der Mann nicht zu ihr ziehen und sie muss Jerusalem verlassen, wenn sie mit ihm leben will. Ein Mann aus Jerusalem, der eine Frau von ausserhalb der Stadt heiratet, beantragt eine Aufenthaltsgenehmigung, die zwar erneuert wird, aber nur mit grossen Unterbrechungen und in mühevollen Prozeduren. Manche Kinder werden nicht als Bewohner Jerusalems anerkannt und bekommen keine Identitätskarte.

2. Die Westjordanland-Identitätskarte: Damit darf man nicht nach Ost-Jerusalem, Gasa, ins Jordantal oder nach Israel fahren und nur über die Jordangrenze ausreisen. Zwischen den Städten des Westjordanlandes dürfen keine Privatautos fahren. Männer aus Nablus zwischen sechzehn und sechzig Jahren dürfen ihre Stadt ohne Militärgenehmigung nicht verlassen.

3. Die Jordantal-Identitätskarte: Anfang 2006 erklärte Premierminister Olmert das Jordantal, ein Gebiet von fünfzehn Kilometern Breite und hundert Kilometern Länge östlich des Westjordanlandes bis hin zum Jordanfluss, zum geschlossenen Militärgebiet. Die Mauer, die dieses Gebiet vom Westjordanland trennt, ist auf den Karten eingezeichnet, doch es werden noch drei Jahre nötig sein, um den Bau zu vervollständigen. In diesem Gebiet leben mehr als fünfzigtausend Palästinenser und sechstausend israelische Siedler. Die Palästinenser unterliegen strikten Bewegungseinschränkungen. Sie dürfen sich nur mit Militärgenehmigungen von einem Ort zum anderen bewegen, insbesondere wenn sie zum Studieren, Arbeiten oder für Besuche in andere Städte des Westjordanlandes reisen wollen, die nur wenige Kilometer entfernt sind. Auch Palästinenser des Westjordanlandes dürfen nur mit Militärgenehmigungen ins Jordantal, die jedoch selten vergeben werden. Tausende haben ihre Arbeitsplätze verloren, vor allem in der Landwirtschaft. »Die Jordantalbewohner sind zu einem schweren Entscheid gezwungen: auf ihrem Land und in ihren Häusern zu bleiben und dafür ihre Arbeit in der Stadt nicht mehr ausüben zu können, oder in der Stadt zu arbeiten und Haus und Land zu verlieren, die nur einige Kilometer entfernt liegen.« Das sagte mir ein Lehrer aus dem Jordantal, der in Jericho unterrichtet. Mit diesen Einschränkungen, die durch Militärgesetze legalisiert werden, wird bezweckt, dass die Menschen es nicht mehr aushalten und das Gebiet verlassen. Das Jordantalgebiet wird so völlig von Palästinensern gesäubert und annektiert. Die gleichen Einschränkungsbestimmungen gelten für Palästinenser, die in der Randzone wohnen. Diese liegt zwischen der Mauer und der Israel-Grenze von 1967. Die Mauer wurde nicht auf die Grenze zwischen Israel und Palästina gebaut, sondern schlängelt sich bis tief ins Westjordanland hinein, so dass riesige Landflächen einverleibt wurden. Die Mauer umgibt ganze Orte und trennt Palästinenser von Palästinensern, das Wohnhaus von der Arbeitsstelle, von Schulen, Verwandten und der Gemeinschaft. Das Leben in der Randzone soll genauso erschwert werden wie im Jordantal, damit die Menschen gezwungen sind wegzuziehen. Die Behörden sprechen dann von freiwilligem Wegzug.

4. Die Gasa-Identitätskarte: Gasa-Palästinenser dürfen nicht ins Westjordanland oder nach Ost-Jerusalem reisen und nicht über die Jordanbrücke ausreisen. Der einzige Ausreiseweg ist der Rafah-Grenzübergang nach Ägypten, der von Israel kontrolliert wird. Oft bleibt diese Grenze zu.

5. Palästinenser in Israel mit israelischer Staatsbürgerschaft dürfen ohne Genehmigung nicht ins Westjordanland oder nach Gasa reisen.

6. Für *Palästinenser mit ausländischem Pass* (etwa einem deutschen, französischen, Schweizer oder amerikanischen Pass) *und palästinensischer Identitätskarte* gilt der ausländische Pass nicht mehr, sobald sie ins Land Israel und Palästina einreisen. Sie unterliegen denselben Einschränkungen und Verboten wie alle unter Besatzung lebenden Palästinenser.

7. *Palästinenser mit ausländischem Pass, aber ohne palästinensische Identitätskarte* dürfen nur als »Touristen für kurze Zeit« einreisen. Normale Touristen bekommen schon an der Grenze eine dreimonatige Aufenthaltserlaubnis. Eine Person mit einem ausländischen Pass, die mit einer palästinensischen Person mit palästinensischer Identitätskarte verheiratet ist, bekam früher eine Aufenthaltsgenehmigung, die erneuert wurde. Heute bekommt man eine Aufenthaltserlaubnis für drei Monate, die einmal erneuert werden kann, dann muss die Person für ein Jahr ins Ausland, bevor sie erneut berechtigt ist, eine Aufenthaltserlaubnis zu beantragen. Folge davon sind getrennte Familien, die zum Verlassen des Landes gezwungen sind.

8. *Palästinenser ohne Identitätskarte:* Es gibt Hunderte von Palästinensern ohne Identitätskarten, deren Müttern es nicht gelang, eine Geburtsurkunde erstellen zu lassen. Manche wussten nicht, wie man das macht, für andere waren die Wege zur Behörde zu umständlich, es wurde gestreikt oder sie hatten es vergessen. Bei unterschiedlichen Identitätskarten der Eltern haben die Kinder ausserdem kein Anrecht auf eine Identitätskarte.

Zum Beispiel Fâtin: Sie hatte an unseren Seminaren für junge Mädchen teilgenommen. Sie heiratete und kam nach einem Jahr wieder in unser Seminar für jungverheiratete Frauen. Bei der Vorstellungsrunde stellte sie sich als Sarah vor. Ob Sarah ihr zweiter Name sei, fragte ich sie. Sie sagte, das sei ihr neuer Name, und sie erzählte ihre Geschichte: Sie war die sechste Tochter der Familie. Die Mutter hatte ausser Haus gearbeitet und keine Zeit gehabt, ihre Geburtsurkunde erstellen zu lassen, und später hatte sie es vergessen. Erst als Fâtin Abitur machen wollte, stellte sie fest, dass sie keine Geburtsurkunde hatte. Sie durfte die Prüfung nicht machen. »Als ich heiraten wollte, brauchte ich eine Geburtsurkunde. Mein Mann hat alle Hebel in Bewegung gesetzt, frag mich nicht, welche. Nun habe ich eine Geburtsurkunde mit einem anderen Namen. Allerdings bin ich darin vier Jahre jünger als in Wirklichkeit. Mein Name ist jetzt Sarah, und es ist der Name eines Mädchens, das bei einem Autounfall starb und als Fâtin beerdigt wurde. Ich bin so glücklich über diese neue Identität. Ich fühle mich frei und bin Sarah dankbar; ich fühle mich als Sarah und nicht mehr als Fâtin. Ich muss vier Jahre warten, dann melde ich mich zur Abiturprüfung an.« – »Aber so hast du kein Anrecht auf das Erbe«, bemerkte eine Frau. »Meine Familie hat Gott sei Dank nichts zu vererben, und für mich ist das Wichtigste, dass ich als normaler Mensch behandelt werde.«

Eine andere Frau erzählte, ihr Schwager habe zwei Kinder, vier und sechs Jahre alt. Beide haben keine Geburtsurkunde. Die Mutter hatte kein Geld, um die Geburt im Krankenhaus zu bezahlen, und bekam deshalb die Geburtsurkunden nicht. Sie solle erst zahlen, dann würde sie sie bekommen. Die Jahre vergingen, und die Mutter ist noch ärmer geworden.

Beim Aufzählen der Identitätskartentypen spüre ich eine Zerrissenheit, die mich sehr traurig macht. Ein Volk mit unterschiedlichen Identitäten verliert langsam, aber sicher die Grundkomponenten, die es zu einem Volk machen. Die unterschiedlichen Klassifizierungen zerstückeln uns und machen, dass wir uns voneinander entfremden, auch im Geist und in der Seele. Es ist die Zersetzung der Gesellschaft und der Verlust unserer Gemeinschaft und unserer Kultur.

25. Januar
Heute hatte ich ein Seminar in Talitha Kumi, und Ghâda hielt das Seminar für junge Frauen in Birseit.

Am Abend besuchten wir ein Barockkonzert in der katholischen Kirche in Ramallah, gespielt von Musikern aus Leipzig. Es war wunderbar.

29. Januar
Die mehr als 10 000 palästinensischen politischen Gefangenen in israelischen Gefängnissen, darunter zwölf Minister und 48 Abgeordnete, verurteilen die internen palästinensischen Kämpfe und fordern die sofortige Einstellung der Kämpfe und Feindseligkeiten. Sie drohen mit einem Hungerstreik, um die politische Führung von Fatach und Hamâs zur Vernunft und zur Verantwortung zu zwingen.

»Wir sind von der Ohnmacht überwältigt«, sagen viele. Alle stellen Fragen und erhoffen sich Antworten und Erklärungen. Was ist aus uns geworden, was ist mit uns passiert? frage ich mich.

Unsere Jugend bekämpft sich, unsere Politiker haben den Kompass verloren. Sie richten ihre Wut und ihren Zorn gegeneinander. Sie wetteifern darum, wer den anderen mehr Schaden zufügt, wer brutaler foltert und mehr zerstört. Unsere Kinder sind vom Horror geplagt, und viele sind traumatisiert. Sie sind Alpträumen verfallen, leiden an Schlaf- und Appetitlosigkeit, und sie haben Angst, auf die Strasse zu gehen. Was ist in uns gefahren, dass unsere Jungen so brutal geworden sind und Schulen, Behörden und Moscheen angreifen?

Machtstreben und Machtverteidigung schüren den Streit. Mehr als hundert Menschen sind durch interne Kämpfe getötet worden, Hunderte wurden verletzt. Alle spüren tiefe Verletzungen in ihren Seelen, und Verbitterung und Ohnmacht nehmen von uns Besitz. Wir schämen uns, wir schweigen mehr als zuvor und sind verbittert.

Viele Fragen quälen mich. Ich suche nach Antworten.

Februar 2007

1. Februar

Ein neuer Monat beginnt, und wie an jedem Monatsanfang erbitte ich das Gute für das Land und die Menschen. Mein Wunsch ist, dass unsere Gesellschaft vor dem Zerfall und die Menschen vor dem totalen Verderben bewahrt bleiben. Das Vorbild des Vaters als Patriarchen taugt nicht mehr, und die Familie bietet keinen Halt mehr. Dieser Verlust an Halt und Würde bricht der Jugend das Rückgrat. Die Waffen haben das Sagen und bestimmen über Leben und Tod. Nicht der Verstand waltet, sondern die Gewalt. Nicht die Gescheiten und Gebildeten führen, sondern die versagenden, gebrochenen Jugendlichen. Sie beherrschen die Strassen. In ihrem Leben haben sie vor allem Erniedrigung und Entbehrung erfahren. Sie haben gewartet und gehofft – vergebens. Sie sind wütend und zornig in ihrer Ohnmacht gegenüber der gewaltsamen Besatzungsmacht. Sie rächen sich an sich selbst und an der eigenen Gesellschaft. Sie bedienen sich abscheulicher Verhaltensweisen, die zu ihrem Zerbrechen führen, machen sich diese zu eigen und scheinen sie ihrer mächtigen schrecklichen Wirkung wegen geradezu zu verehren. Sie sind oft gefoltert worden, und heute foltern sie die eigenen Leute. Wenn Recht und Ordnung nicht mehr existieren und die Sicherheitskräfte machtlos sind, dann werden die Schuldigen nicht zur Rechenschaft gezogen. Ihre Loyalität gegenüber der Partei, der Clique oder der politischen Miliz enthebt sie jeglicher Schuld. Sie werden für ihre Taten nicht bestraft, sondern werden geschützt, und das ermutigt sie zu weiteren Untaten. Sie fühlen sich als Helden. Sie werden kreativ darin, andere schlecht zu machen, Tatsachen zu verdrehen, fanatisch und blind zu urteilen und die Menschlichkeit abzuschütteln. Sie hassen, hassen und hassen. Sie sind vergiftet und verdorben. Der Hass ist eine Plage bei uns, er schmerzt, macht blind und knickt die Seelen. Unsere Gesellschaft ist im Koma.

Ich bin wütend, und am liebsten möchte ich laut schreien und heulen. Doch ich weiss, dass viele gleich mir verzweifelt und ohnmächtig sind, und ich sage mir: Warum sollte ich es anders empfinden? Ja, ich fühle mich schwach und ausgeliefert. Dann ist es eben so. Die Lage ist ja wirklich zum Verzweifeln. Weiter sage ich: Und? Was jetzt? Halt! Die zehn Minuten Wut und Zorn, Trauer und Schwäche werden bald zu Ende sein. Wenn zehn Minuten nicht ausreichen, dann nehme ich mir eben eine halbe Stunde, um mich in dieser Stimmung auszutoben. Dann beschliesse ich, zur nächsten Phase überzugehen. Ich sage mir: Jetzt liegt es an mir, dass ich mir selber helfe, mir Mut mache. Wie oft habe ich es versucht, und es hat geklappt. Also los! Aus Verantwortung gegenüber allen, die schwächer sind und denen es noch schlechter geht als mir, bin ich verpflichtet, aktiv und kreativ zu werden. Sobald ich mich dazu entschliesse, fühle ich mich schon besser. Ich atme tief durch. Ich lächle. Es geht mir wirklich besser. Ich denke bewusst an die Kinder und Jugendlichen und an die Frauen. Ich lächle wieder.

Unsere Jugend muss vor dem Zerbrechen gerettet werden. Gerade deshalb fuhr ich auch heute wieder in meine Schule Talitha Kumi nach Bait Dschalâ und hielt mein Seminar über »Selbsthilfe bei Verzweiflung und Ohnmacht«.

Wir lernten: Das Aussprechen der Sorgen, der Wille zum Lernen, der Mut zum Ausharren und die Sehnsucht nach einem normalen Leben wecken in uns die Freude am Leben. Das tat uns allen gut.

2. Februar

Meine Mutter ist krank. Sie musste ins Krankenhaus. Ich fuhr mit ihr nach Ramallah. Ärzte und Pflegepersonal streiken jedoch seit einer Woche, weil sie in den letzten Monaten nur einen Bruchteil ihres Gehaltes bekommen haben. Die Blockade der palästinensischen Regierung durch die westlichen Länder hat nicht nur zur Folge, dass keine Hilfsgelder aus Europa eintreffen; auch Gelder aus arabischen Ländern werden von den Banken gesperrt. Wir kehrten um. Im Taxi hörten wir die Nachricht, dass israelische Truppen Ramallah stürmten und in ein Haus eindrangen. Die Nachbarn riefen die palästinensische Polizei zu Hilfe. Als die beiden Polizisten Chaldûn Schumân aus Ramallah und Muhammad Abu Arab aus dem Flüchtlingslager Balata bei Nablus auf das Haus zugingen, wurden sie von israelischen Soldaten erschossen.

Sechs Palästinenser sind in den letzten vierundzwanzig Stunden von Israelis getötet geworden. Kein Ende solcher Taten in Sicht! Jeder Mensch kann getroffen werden, wenn er durch Zufall zur falschen Zeit am falschen Ort ist. Wie lange halten wir das noch aus?

3. Februar

Ich fuhr heute für mein Seminar nach Bait Dschalâ. Die Sorge um meine kranke Mutter liess mich nicht los. Ich rief jede halbe Stunde von unterwegs die beiden Nachbarinnen an, die ich gebeten hatte, sich um sie zu kümmern. Erst am Abend kam ich heim. Schnell ging ich zu ihr. Sie fühlte sich sehr elend. Ich führte sie unter die Dusche und rieb ihr dann den Körper mit Olivenöl ein. Das liebt sie. Ich kämmte ihr die Haare und flocht sie ihr mit Stoffbändern, so wie sie es immer tut, zu Zöpfen, die dann als länglicher Knoten am Hinterkopf festgemacht werden. Sie fühlte sich erfrischt. Ich bereitete das Abendessen, und sie war gerührt. Als ich gehen wollte, sagte sie: »Ich mag heute nacht nicht allein sein.« Dann würde ich bei ihr bleiben, sagte ich. Ich legte mich ins Bett nebenan, die Nacht wurde lang, denn sie schlief unruhig und wollte erzählen. Wir redeten und lachten viel. Sie sagte immer wieder: »Es tut mir leid, dass du dich so mit mir plagen musst.« Und ich sagte: »Keineswegs plage ich mich, es ist eine wunderbare Sache, wieder zu Hause zu schlafen und bei dir zu sein. Ich geniesse es. Meine Geschwister beneiden mich darum und würden dich gerne pflegen und deinen Segen empfangen.« Sie lächelte und gab allen von Ferne den mütterlichen Segen. Sie war erleichtert, und mir gab es ein gutes Gefühl.

Mutter hat eine Krankenversicherung bei der Gesundheitsbehörde. Aber wenn Ärzte und Pflegepersonal streiken, bleibt die Versorgung aus. Medikamente, die von der Versicherung gedeckt werden, sind in den Krankenhäusern seit Monaten nicht mehr vorrätig. Man muss sie privat in

Apotheken kaufen. Die Krankenversicherung ist nicht Pflicht; die Mehrheit der Leute ist nicht versichert. Private Krankenversicherungen können sich nur die wenigsten leisten. Zudem bezahlt die Versicherung den Krankenhausaufenthalt erst nach einer Selbstbeteiligung des Patienten von zweitausend Dollar.

Auch eine Altersvorsorge gibt es nicht für alle. Nur Staatsangestellte bekommen eine Rente; für Angestellte privater Institutionen wie Universitäten, Geschäfte und Betriebe und auch für Handwerker und Bauern gibt es kein Rentensystem. Die Versorgung der Alten ist Aufgabe der Familien. Die Kinder werden von klein auf im Bewusstsein erzogen, dass sie für die Alten und Alleinstehenden zu sorgen haben. Familienkassen decken die Kosten bei Notfällen; sie werden von Spenden der Verwandten, auch der im Ausland lebenden, gespeist. Last und Verantwortung werden gemeinsam getragen. Das stärkt die Familienbande und das Zugehörigkeitsgefühl. Es ist beruhigend zu wissen, dass man nicht allein gelassen wird. So wie ich mich um die anderen kümmere, weiss ich, dass andere auch für mich sorgen werden.

4. Februar

Eine erfreuliche Nachricht: In Gasa werden Kinder zu positiven Aktivitäten ermutigt und angeleitet. Die Kinder, die dort, wo Krieg eine Alltagsrealität ist, oft mit Plastikspielzeugwaffen spielen, haben sich mit Hilfe von Lehrern organisiert und beschlossen, ihre Spielzeugwaffen zu zerstören, um gegen die innerpalästinensischen Kämpfe zu protestieren. »Nieder mit den Waffen und sofort Gespräche führen und euch einigen«, riefen die Kinder.

Und in Chan Jûnis organisierten Kinder eine Fotoausstellung, um ihren Gefühlen von Angst und Ohnmacht Ausdruck zu geben. Sie malten Bilder, die ihre Träume von einem normalen, freien und sicheren Leben wiedergeben.

5. Februar

Anfang Monat begann das Semester an der Universität Birseit. Doch die Studenten streikten und wollten keine Gebühren zahlen. Die Universität verlangte zwar nur das Minimum und bot die Bezahlung in Raten an, aber die Studenten schlichen sich in die Administration und besetzten das Gebäude. Die Universitätsleitung schloss aus Protest die Universität bis auf weiteres.

Ich bin sehr traurig, weil ich darauf gewartet hatte, dass Studenten meinen Kurs »Die Flora Palästinas« belegten und ich nach zehn Jahren endlich wieder die Möglichkeit hätte, mein Fach zu unterrichten. Der Streik verhinderte die Registrierung, und mein Kurs wurde gestrichen. Nachdem Studenten und Universitätsleitung zu einer Einigung gekommen waren, wollten mehr als zwanzig Studenten meinen Kurs belegen, doch die Frist war abgelaufen. Meine Enttäuschung ist sehr gross, doch was bleibt mir anderes übrig, als auf das nächste Semester zu hoffen? Ich tröste mich mit dem guten Gefühl, dass es dann bestimmt klappen wird.

Viele Studenten können die Universität nicht erreichen, denn die israelischen Besatzer belagern die Stadt Nablus und riegeln sie noch stärker ab. Zur Zeit herrscht totale Sperre. Die Bewegungsverbote lähmen mehr als zweihunderttausend Menschen, die weder hinein noch hinaus dürfen.

Die israelischen Checkpoints machen ein normales Leben unmöglich. Palästinenser müssen verhandeln, Anträge stellen und um Genehmigungen betteln – die selten vergeben werden –, um zum Markt zu gehen, ihre Arbeitsstelle zu erreichen, an Schule und Universität zu gelangen oder einfach um ihre Familie zu besuchen. In Nablus stieg die Arbeitslosigkeit auf siebzig Prozent. Verarmte Jugendliche bilden Banden, die sich mit Gewalt Nahrung und Macht sichern wollen. Sie bekämpfen einander und verwickeln auch die politischen Rivalen Hamâs und Fatach in ihre Auseinandersetzungen. Anstatt dass die Banden zur Rechenschaft gezogen werden, finden sie Schutz bei den politischen Gruppen. So werden sie zu neuen Ausschreitungen ermutigt. Die einst blühende Wirtschaft der Stadt liegt am Boden, und alle Beamten und Angestellten des öffentlichen Dienstes, auch die Polizei, haben seit Monaten keinen Lohn erhalten.

8. Februar

Aus dem Gefängnis meldet sich einer meiner früheren Studenten, der politische Fatach-Führer Marwân Barghûti, mit einem Appell an die politische Führung zu Wort. Er ruft dazu auf, in Mekka die Chance für den Dialog zwischen Fatach und Hamâs, der auf Einladung von Saudi-Arabien möglich wurde, nicht zu vergeben.

Alle Verantwortlichen von Fatach und Hamâs werden aufgefordert, sich das Ausmass der Opfer und des Leidens des palästinensischen Volkes vor Augen zu führen und ihre Verantwortung wahrzunehmen, damit eine Koalitionsregierung gebildet werden kann. Sie werden aufgefordert, die internen Kämpfe ein für allemal einzustellen und einen Ausweg zu finden aus der sozialen, wirtschaftlichen und politischen Krise.

Barghûti fügt hinzu: «Das palästinensische Volk wird der Partei niemals vergeben, die die Bemühungen der Konferenz untergräbt. Es ist eine historische Gelegenheit, um eine umfassende Strategie für den Dialog zwischen allen politischen Fraktionen zu erarbeiten. Das Wichtigste für Palästina ist, die nationalen Errungenschaften zu wahren und eine Neuorientierung und Umstrukturierung der internen Angelegenheiten zu erreichen. Die Geschichte wird niemals Gnade zeigen gegenüber denjenigen, die diese Gelegenheit zum Dialog zum Scheitern bringen.«

9. Februar

Das Abkommen von Mekka wurde unterzeichnet. Darin wird festgehalten, dass blutige Auseinandersetzungen verboten sind und nur der Dialog als Basis zur Lösung der Probleme angewandt werden darf. Eine Einheitsregierung aller Parteien soll gebildet werden. Die Reform der PLO muss entsprechend der Abkommen von Kairo und Damaskus beginnen. Im Abkommen steht auch, dass das Prinzip für die politische Zusammenarbeit auf Pluralismus basieren muss. Vor Freude gingen die Menschen auf die Strassen, sie trommelten, klatschten und sangen. Manche schossen in die Luft, andere fuhren mit den Autos herum und hupten un-

unterbrochen. Alle atmeten auf und hofften, dass eine neue, von der Welt anerkannte Einheitsregierung die Hamâs-Regierung ersetzt und die Blockade aufgehoben wird. Dennoch bleibt Skepsis, ob die Vereinbarung eingehalten wird und ob die Welt diesen Schritt gutheisst. Auch Verbitterung kommt auf, weil wir erkennen, wie sehr wir sogar in unseren internen Angelegenheiten von der Bestätigung durch den Westen abhängig sind. Ein Volk unter Besatzung erfährt immer neue Besatzungsformen. Leider erklärten Israel und die USA sofort die Ablehnung des Abkommens, und die Europäer verhalten sich abwartend. Grosse Enttäuschung legt sich auf die Menschen in Palästina, und die Freude verblasst.

12. Februar

Immer öfter hören wir von Landraub. An vielen Orten war Land, das Stadtgemeinden gehörte, mit einer Unterschrift von Jassir Arafat in den Besitz von mächtigen Personen übergegangen. Gerade während der Zeit seiner Krankheit hatten seine engen Mitarbeiter seinen Zustand ausgenutzt, und er unterschrieb, ohne sich bewusst zu sein, was er tat. Auch wurde seine Unterschrift gefälscht. Und das Land ist weg. Manche dieser Mächtigen sollen Angestellte im Katasteramt mit Waffengewalt gezwungen haben, ihnen Boden und Eigentum zu überschreiben und neue Besitzurkunden zu erstellen. Die vielen Vorkommnisse als Folge der fehlenden Polizeimacht veranlassten Präsident Abbâs, das Katasteramt zu schliessen und zu versiegeln, um ähnliche Vorfälle zu verhindern. An mehreren Orten, auch in Birseit, nutzen manche die Stunde des Chaos, um auf Boden zu bauen, der anderen Menschen, der Kirche oder, in anderen Gegenden, islamischen Wakf-Stiftungen gehört. Manche nehmen Häuser in Beschlag, deren Besitzer im Ausland sind, und weigern sich, sie wieder zu verlassen, selbst wenn die Besitzer ihr Eigentum zurückfordern. Viele zahlen seit Jahren keine Miete mehr. Die Besitzer sind machtlos. Aufbauprojekte scheinen nutzlos, Investitionen werden ins Ausland verlagert.

15. Februar

In Birseit herrscht Panik. Im Nachbardorf Dschifna hat ein Mann achtzig alte Olivenbäume abgesägt, um sie als Brennholz zu verkaufen. Der Besitzer rief die Polizei, doch sie konnte den Mann nicht aufhalten, denn er war bewaffnet und drohte, sie zu erschiessen. Erst nach einer Woche konnte er verhaftet werden, die Bäume aber sind weg. Viele liefen daraufhin zu ihren Feldern und stellten fest, dass auch in Birseit viele Bäume abgeholzt worden waren. Seitdem halten Jugendliche Wache, um die Bäume zu schützen. Die Familien machen sich jedoch Sorgen um sie, weil die Holzfäller bewaffnet sind. Wir fühlen uns ausgeliefert und ohnmächtig.

Die Olivenbäume sind unser Kulturerbe und die Basis unserer Existenz. Besitz und Eigentum wie auch unsere gesellschaftlichen Werte geraten in Gefahr. Ich bin traurig und verzweifelt. Es tut doppelt weh, wenn die Bäume von den eigenen Menschen vernichtet werden.

19. Februar

Heute beschlossen wir als Familie, einen Ausflug nach Jericho zu machen. Wir wollten einfach raus aus Birseit und uns den Beginn der Wüstenblüte ansehen. Nach dem Regen blüht die Wüste für wenige Wochen. Wunderschöne Büsche und Blumen wachsen aus dem Boden, und es ist ein Genuss, die Wüste grün zu sehen. Von überall her waren Leute nach Jericho gekommen, um die noch milde Frühjahrswärme und die Pracht des Frühlings zu geniessen. Manche aber jammerten und klagten, und auf mein Nachfragen hin erfuhr ich die Geschichten ihrer Anreise. Eine Familie kam mit dem Taxi aus Hebron und wurde am südlichen Checkpoint von Jericho vom Militär gestoppt. Es gebe neue Bestimmungen, hiess es dort: Nur diejenigen mit einer Identitätskarte des südlichen Teils des Westjordanlandes dürften den südlichen Eingang von Jericho benutzen. Diejenigen mit einer Identitätskarte des nördlichen Teils müssten den nördlichen Eingang benutzen. Eine Frau und zwei Kinder, die eine Identitätskarte des nördlichen Teils hatten, durften nicht nach Jericho. Verärgert und traurig mussten sie aussteigen und mit einem anderen Taxi zurückfahren. Die anderen Familienmitglieder beschlossen, dennoch weiter nach Jericho zu fahren. Doch die Freude über den Ausflug schlug in Wut und Zorn um.

22. Februar

Heute war ein besonderer Tag. Zum erstenmal begegnete ich meiner israelischen Freundin Hanna, die ich seit fünf Jahren nur über Telefon und Internet kenne. Damals hatte sie mich angerufen, hatte sich vorgestellt und gesagt, mein Name sei ihr von einer Friedensfrau genannt worden. Ihre Familie habe dem Jerusalem-Park einen Rosengarten gestiftet, und sie suche eine arabische Botanikerin, die die Rosen und die anderen Pflanzen des Rosengartens auf arabisch benennen könne. Sie schickte mir ihre Unterlagen, und mit Freude gab ich ihr mein bescheidenes Wissen in der Pflanzenbestimmung weiter. Es war für mich etwas Besonderes, mit einer Israelin nicht über Politik, sondern über Rosen zu sprechen. Seitdem ruft sie immer wieder an und erkundigt sich nach unserer Familie. Wenn ich nicht zu Hause bin, unterhält sie sich mit meinem Mann oder meinen Kindern. Mit ihren Gedanken und ihrer gefühlvollen Anteilnahme an unserem Leben ist sie eine Freundin der Familie geworden. Wir konnten uns jedoch nie treffen, da die Mauer uns trennt und Israelis uns nicht mehr besuchen dürfen. Früher hatten uns Israelinnen in ihren Autos nach Jerusalem mitgenommen, und wir konnten viel Gemeinsames unternehmen. Heute ist das nicht mehr möglich.

Für die Vorbereitung meines Kurses brauchte ich Bücher aus der Universität in Jerusalem und wollte mir einen Überblick verschaffen, was inzwischen in Israel an botanischen Büchern neu auf dem Markt war. Ich bat Hanna um Hilfe. Sie war sofort bereit, Bücher zu besorgen, und wir beschlossen, uns endlich zu treffen. Aber wie und wo? Der Zufall kam mir zu Hilfe. Einmal tagte in Talitha Kumi neben meinem Seminarraum eine Gruppe von Israelis und Palästinensern, die über interreligiöse Themen sprachen. Erstaunt erkundigte ich mich, wie sie dahin gekommen waren, und erfuhr, dass das Osttor der Schule als Zone A klassifiziert wird, also palästinensisch, und das Westtor der Schule als Zone C, also israelisch. Die Palästinenser kommen vom Osttor, die Israelis vom Westtor. Das gab mir die Idee, ich könnte auch Hanna auf diese Weise treffen. Sie war begeistert davon und sagte, ihre Freundin Dalia würde sie sofort in ihrem Auto hinfahren. Dalia machte sich kundig, welchen Weg Israelis fahren dürfen, und dann fuhren sie los. Sie kamen vor mir in Bait Dschalâ an und besichtigten die Schule, die ihnen sehr gefiel. Zum erstenmal besuchten sie eine palästinensische Schule. Ich war sehr aufgeregt und gespannt, wie wohl Hanna aussah und wie unsere Begegnung verlaufen würde. Als ich den Seminarraum betrat, stürzten sich zwei Frauen auf mich. Wir umarmten uns mit Freudenschreien. Sie stellten sich vor. Eine Pause trat ein, und wir schauten einander von oben bis unten an und lächelten. Hanna hatte am Telefon gesagt, sie sei dreiundsiebzig Jahre alt: Ich fand sie aber so jung und lebhaft, voller Energie und mit einer beeindruckenden Ausstrahlung. Ich war beglückt, meine Freundin endlich zu treffen und eine weitere Freundin, die Botanikerin Dalia, gewonnen zu haben. Ich hatte für meine Schüler aus Ramallah siebzig Sandwichs mitgebracht, und wir assen davon und tranken Tee. Bis zum Seminarbeginn blieben uns noch fast zwei Stunden. Hanna breitete viele Botanikbücher vor mir aus und reichte mir eine Tafel Schokolade. Ich war gerührt. Auch Broschüren über Vögel und Tiere in Palästina waren dabei. Ein wunderbares Geschenk! Dalia beteiligte sich an dem Gespräch, und als Botanikerinnen trafen sich unsere Gefühle und unsere Bewunderung füreinander. Dann aber wurde unser Treffen unterbrochen, weil ein Schüler in den Raum kam und um ein persönliches

Gespräch vor dem Unterrichtsbeginn bat. Hanna und Dalia waren sehr verständnisvoll, und ich verschwand mit ihm in den Nebenraum. Während sie auf mich warteten, kamen weitere Schülerinnen und Schüler herein und begannen mit Hanna und Dalia zu sprechen. Unsere Zeit war schnell um, und vieles war ungesagt geblieben. Wir hätten stundenlang reden können. Wir wollten uns unbedingt wieder treffen. Die Zeit reichte noch für Fotos, dann verabschiedeten wir uns.

23. Februar

Die Berichte über Gesetzlosigkeit und zunehmende Angriffe auf privates Eigentum hatten sich auch in Nablus in letzter Zeit gehäuft und die Menschen in grosse Angst versetzt. Alle politischen Fraktionen und offiziellen Institutionen riefen zu einem Generalstreik auf und beschlossen, jede Deckung für Gesetzesbrecher zu untersagen.

In einem gemeinsamen Communiqué hiess es: »Die tragischen Umstände, unter denen unsere Menschen leiden und die sich auf das Leben unserer Bürger auswirken, resultieren aus zunehmenden Gesetzesbrüchen und verbrecherischen Handlungen wie Erpressung und Diebstahl, die wir ebenso verurteilen wie die Unfähigkeit der Sicherheitskräfte. Wir erklären den 24. Februar zum Tag des Generalstreiks. Wir fordern, dass kein Gesetzbrecher von seiner politischen Fraktion gedeckt werden darf, sondern sich vor Gericht verantworten muss.«

In Nablus hatten sich die Bürger aufgerafft und die Initiative ergriffen. Mehr als zweihundert Menschen bilden

den Zivilen Rat, an dem sich jeder beteiligen kann, unabhängig von politischer, sozialer oder familiärer Zugehörigkeit. Der Zivile Rat bot der Stadtverwaltung seine Mithilfe an bei der Aktivierung der Jugend und bei der Schaffung von Ordnung auf der Strasse. Eine Frauengruppe organisiert Gesangs- und Tanzkurse. Die Wertschätzung der eigenen Kultur stärkt das Selbstwertgefühl und hilft, das schwere Leben zu ertragen. Manche übernehmen die Aufgabe, für Sauberkeit in der Stadt zu sorgen, und andere führen Gespräche mit den bewaffneten Gruppierungen und fordern sie auf, ihre Verantwortung wahrzunehmen, um die Gewalt in den Griff zu bekommen. Veranstaltungen, die seit Monaten nicht mehr stattfinden konnten, wurden wiederbelebt, um öffentlich über soziale und politische Probleme zu sprechen. Diese Bürgerinitiative ist beispielhaft, und man hofft, dass weitere Städte folgen.

Am Eingang und in der Halle der Bank in Ramallah sah ich bewaffnete Männer in dunkelblauen Uniformen – Wächter von privaten Schutzfirmen, wie ich sie in letzter Zeit zunehmend auch auf den Strassen und am Eingang von Restaurants und Institutionen wahrgenommen hatte. Sie rufen ambivalente Gefühle bei mir hervor. Die Unfähigkeit der offiziellen Polizei, Schutz zu gewährleisten, kommt in ihrer Präsenz zum Ausdruck. Ich möchte mich sicher fühlen, doch mich quält der Gedanke, dass die Schutzmänner sofort bereit sind zu schiessen, falls nötig.

24. Februar
Trotz des Mekka-Abkommens verlieren fünf Menschen in Gasa bei internen Kämpfen das Leben.

Der 27jährige Muhammad Ali Ghalban, ein Mitglied der Kassambrigaden der Hamâs, und der siebzig Jahre alte Ismail Subuh wurden getötet. Mitglieder der Kassambrigaden beschuldigten die Familie Kuware, auf sie geschossen zu haben, als sie an deren Haus vorbeikamen. Sie belagerten das Haus und beschossen es. Die Schiesserei forderte drei weitere Tote. Politische Abkommen können von politischen Gruppen eingehalten werden, doch wie verpflichten sich Familien dazu? Wer zwingt sie dazu, und wer könnte sie zur Rechenschaft ziehen? Fragen und noch mehr Fragen, die verzweifelt auf Antworten warten.

26. Februar
Der Tag begann mit der Nachricht, dass das israelische Militär fünf Häuser in Hebron zerstört hatte. Auch das geht weiter. Den ganzen Tag musste ich an die vierzig Menschen denken, die dadurch obdachlos geworden waren. Sicher waren sie von Wut und Trauer erfüllt, die bei manchen Jugendlichen dieser Familien irgendwann in Rache- und Hassgefühle umschlagen können. Gewalt und Gegengewalt scheinen sich zu rechtfertigen.

Heute fand ich die Zeit, um Hanna zu schreiben:

»Liebe Hanna

Herzlich möchte ich Dir für den Besuch und das persönliche Kennenlernen danken. Die Begegnung war zu kurz, die Aufregung zu gross, und ausgerechnet an diesem Tag benötigte ein Schüler eine individuelle Beratung und kamen die Schüler eine Stunde früher. Erst zu Hause habe ich die Zeit gefunden, die Begegnung richtig auszukosten, und ich habe gespürt, wie schön sie war und welche Bedeutung sie hat. Auch Dalia kennenzulernen war eine grosse Freude. Ich hatte übrigens das Gefühl, ich kenne sie von früher. Wir werden das Treffen wiederholen, nicht wahr? Ich möchte mich auch ganz herzlich für die Bücher bedanken, die uns eine grosse Freude und Hilfe sind. Munîr liest täglich darin, und gemeinsam schauen wir uns die Bilder der Pflanzen an.

Dir und Dalia alles Liebe und Gute
Sumaya«

27. Februar

Hunderte von Israelis protestierten in Jaffa gegen die seit Wochen andauernde Militärinvasion in Nablus. Bürger der Stadt Jaffa, Palästinenser und Israelis, darunter mehrere Friedensorganisationen wie Gusch Schalom und Coalition of Women for Peace, demonstrierten und forderten die Aufhebung der Belagerung von Nablus. Ihre Parolen lauteten: »Besatzung ist illegal, hebt die Belagerung auf.« – »Wir trauern um Anan al-Tibi, fünfzig Jahre alt, der heute vom Besatzungsmilitär ermordet wurde, während er unbewaffnet auf der Strasse ging.«

In einer Presseerklärung hiess es: »Die Demonstration wurde spontan von jungen Menschen organisiert, die das Schweigen über die fürchterlichen Handlungen nicht mehr ertragen können, die in unserem Namen in den besetzten Gebieten, dem Hinterland von Israel, begangen werden. Der Öffentlichkeit wird gesagt, es handle sich um ›Bekämpfung des Terrors‹, ›Gefangennahme von gesuchten Terroristen‹ und ›Aufdeckung von Sprengstofflaboren‹. Der Öffentlichkeit wird aber verschwiegen, dass die Anwendung solch massiver Gewalt enormen Hass gegen uns erzeugt und die Entschlossenheit zur Rache fördert. Der Öffentlichkeit wird nicht gesagt, dass die Palästinenser nicht bereit sind, unter Besatzung und mit Unterdrückung zu leben, und dass sie einfach, wie wir auch, in Freiheit leben wollen. Der Öffentlichkeit wird nicht gesagt, dass Aktionen wie diese provokative Invasion von Nablus effektiv die ›Infrastruktur des Terrors‹ aufbauen und den Kampf gegen die Besatzung aufrechterhalten. Wir sind hierhergekommen, um der israelischen Öffentlichkeit zu sagen, dass wir niemals Frieden haben werden, wenn wir weiterhin die Palästinenser unterdrücken.«

Ich las diese Presseerklärung und fühlte mich bestärkt durch den Mut der israelischen Menschen.

28. Februar

Im heutigen Seminar mit Schülerinnen und Schülern in Birseit berichtete ich über die Demonstration in Jaffa. Niemand hatte davon gehört, denn darüber wird in unseren Medien nicht berichtet. Ich hatte nur im Internet darüber gelesen. Manche Schüler waren angetan von den Worten der Israelis. Andere bezweifelten, dass es ihnen wirklich ernst sei, und wollten wissen, weshalb sie nur selten ihre Stimmen erhöben. Manche fanden, es nütze nichts, denn das Militär höre nicht zu und nehme sie nicht wahr. Ich sagte: »Wenn wir sie schätzen, ermutigen wir sie. Und es tut uns innerlich gut zu wissen, dass es sie gibt.« Alle stimmten zu.

März 2007

1. März

Von meinem Balkon aus sah ich heute wieder weit draussen auf den Hügeln Autos auf Feldwegen. Und dann erblickte ich Männer bei Landvermessungen. Ich vermute, dass es Makler sind, die Land kaufen oder verkaufen wollen. Es stimmt mich traurig, weil ich befürchte, dass unser Dorfland an Fremde geht, die darauf Häuser bauen und so die Landschaft verändern. Die Grundstücksmakler machen grosse Geschäfte. Die palästinensischen Behörden können, weil alle Ländereien ausserhalb der Stadt- und Dorfgrenzen von israelischen Militärbehörden gewaltsam ihrer Befugnis unterstellt wurden, weder Schutz noch Kontrolle bieten. Es gilt als Hochverrat, wenn Palästinenser Land an Israelis verkaufen. Das Land soll Palästina erhalten bleiben. Wer Land verkauft, läuft Gefahr, getötet zu werden. Seit Jahren gieren israelische Institutionen danach, Land zu kaufen und es als Staatsbesitz registrieren zu lassen. Der Handel wird geheimgehalten; erst wenn der Verkäufer stirbt oder Israelis ihm zur Emigration verholfen haben, wird er öffentlich. Es werden viele krumme Geschäfte getätigt, auch Betrug findet statt. Israelische Agenten suchen zum Beispiel Palästinenser, die im Exil leben, und bieten ihnen grosse Summen, wenn sie ihren Anteil am Erbe verkaufen. Viele, die niemals in Palästina waren, kennen den wahren Wert des Landes nicht und verkaufen. Manchmal werden auch Gefangene aufgefordert, im Gegenzug zu ihrer Entlassung Land zu verkaufen.

So gehen, neben der offiziellen Konfiskation von Land durch die Militärbehörde, Tausende Hektaren Land von Palästina in israelischen Besitz über.

3. März

Ein palästinensischer Student schrieb mir:

»Ich studiere Architektur in Weimar, setze mich aber auch mit anderen Fachbereichen auseinander. Ich habe das Angebot erhalten, bei einem Kunstprojekt in Deutschland mitzuwirken. Ich bin mir nicht sicher, ob ich teilnehmen soll oder nicht, und wenn ja, unter welchen Bedingungen.

Die Grundidee des Projektes ist, dass palästinensische und israelische ›Künstler‹ sich in die Rolle der anderen Seite hineinversetzen sollen und dabei ›Kunst‹ entstehen lassen – was auch immer unter Kunst zu verstehen ist. Im Konzept ist zu lesen: ›Sie werden ermutigt zu versuchen, sich in die Gedanken und Gefühle der ›anderen‹ zu versetzen und das Thema des ›Crossover‹, des ›Hinüberschreitens‹ mit den Mitteln zu interpretieren und auszudrücken, die Sie für die passendsten halten, zur Erfüllung der Aufgabe.‹

Für mich ist klar, dass die Besatzung und die Unterdrükkung durch Israel die Ursache des Konflikts sind, und es fällt mir nicht ein, mich mit Israelis im Konflikt gleichzusetzen. Es ist, als ob man eine Frau, die missbraucht wurde, darum bittet, sich in die Rolle des Täters hineinzuversetzen und damit indirekt auch sein Handeln zu verstehen!

Wenn ich sagte, beide müssten nachgeben – was einfach nicht stimmt –, würde ich die Unterdrückung verschweigen.

Anderseits könnte ich die Gelegenheit nützen, um meine Meinung zu äussern und die Veranstalter vielleicht auf den Kern der Probleme zu lenken. Ich bin verwirrt und verzweifelt.

Auf meine Rückfrage hin haben mir die Projektplaner folgendes geschrieben:

›Sie erkundigen sich nach unseren politischen An- und Absichten. Die Ausstellung soll keine politische Kundgebung werden, auch keine Solidaritätsbekundung für die eine oder andere Seite. Unsere Haltung zum israelisch-palästinensischen Konflikt läuft auf den Wunsch nach einer friedlichen Koexistenz der beiden Völker hinaus, nach einer Existenz in zwei Nachbarstaaten, die einander anerkennen und respektieren.

Die meisten Politiker beider Seiten, vermutlich auch die Mehrheit der Menschen in dieser Region, sind scheinbar nicht willens oder fähig, sich in die Köpfe der anderen hineinzuversetzen – in ihre Erfahrungen, ihr Leid, ihre Ängste und Wünsche. Wir glauben, dass Künstler eher dazu fähig sind, weil sie naturgemäss über nationale Grenzen hinaus schauen – zumindest lehrt das die Beschäftigung mit den europäischen Avantgarden des 20. Jahrhunderts.

Eine befreundete Journalistin deutsch-palästinensischer Herkunft meinte, die Zeiten seien zu ernst für unser Vorhaben. Dieser Meinung sind wir nicht, auch wenn wir nicht verkennen, wie verfahren der augenblickliche Zustand ist und wie schwer er für den einzelnen zu ertragen sein mag. Kunst ist keine Gutwetterveranstaltung. Wir erwarten auch keine leeren Friedens- und Sympathiekundgebungen, keine Picasso-Tauben, sondern ehrliche Zeugnisse des Bemühens, in den Kopf des anderen hineinzusehen, was immer dabei herauskommt.‹

Ich möchte die Entscheidung nicht unüberlegt treffen und benötige darum Ihren Rat. Sie und Ihre Erfahrung in vielen Bereichen, auch in Deutschland, respektiere ich sehr, deswegen würde es mich freuen, bald von Ihnen zu hören.

Liebe Grüsse

SM«

Ich antwortete:

»Lieber S.

Danke für Deinen Brief und Dein Vertrauen. Es ist eine schwierige Aufgabe, Dich in dieser Sache zu beraten. Ich habe lange darüber nachgedacht. Sicher würdest Du etwas lernen und einiges weitergeben können. Andererseits wuchern zur Zeit die Projekte, die beweisen wollen, dass Kunst und Musik den Frieden möglich machen. Kunst und Musik können sicher Mittel zur Annäherung, Verständigung und Versöhnung sein. Aber die bittere und harte Realität ist die der Vertreibung und des Landraubs. Unser Problem ist nicht, dass wir nicht miteinander sprechen oder keine Kunst oder Musik machen wollen. Wir wünschen uns, dass wir diese Aktivitäten frei ausüben, uns daran freuen und kulturelle Veranstaltungen planen und durchführen dürfen. Unser Problem ist, dass wir nie damit einverstanden sein können, das, was uns angetan wird – Landwegnahme, Vertreibung und Erniedrigung –, als Frieden zu bezeichnen und dem zuzustimmen. Gerade in heutiger Zeit ist es nicht ratsam, an solchen Aktivitäten teilzunehmen. Wer bietet Schutz, wer gibt uns Sicherheit? Man verlangt von uns, dass wir uns wie freie Menschen verhalten. Wir sind nicht frei, wir sind nicht auf die gleiche Ebene gestellt und werden nirgends gleich behandelt, nicht in Israel, nicht in Deutschland und in der Welt. Israelis, die an solchen Aktivitäten teilnehmen, sind geschützt und werden in ihrer Gesellschaft geschätzt. Sie haben es leichter, da sie auf der starken Seite sind und ihr Verhalten weniger vom politischen Kurs abhängig ist. Oft verstehen diejenigen, die solche gemeinsamen Aktivitäten planen, den Kern der Probleme nicht und denken, sie müssten uns bei der Lösung anleiten. Sie sind von ihrer Idee begeistert und gerührt, allein schon, weil sie Palästinenser und Israelis zusammengebracht haben. Dabei kommen Tausende von Israelis und Palästinensern seit vielen Jahren zusammen und arbeiten zusammen – ohne Intervention von aussen. Was unsere Zusammenarbeit stört, sind die politischen Massnahmen, die unsere Trennung durch den Mauerbau und Militärregeln gezielt erzwingen. Angst wird geschürt und gepflegt, was den Raum für Vertrauensbildung einschränkt. Es ist leichter, die andere Seite zu verteufeln, wenn man uns abschreckt und voneinander trennt. Die Politik verhindert, dass wir uns treffen und uns auf gleicher Ebene in die Augen schauen. Sich als Menschen zu begegnen ist die Grundlage für die gegenseitige Akzeptanz, für Respekt und Verständigung. Friedensstifter sollten sich dafür einsetzen, dass sich Menschen in Palästina und Israel normal begegnen können. Die Mauer und die Militärgesetze verhindern Menschlichkeit, sie müssen verschwinden. Es genügt nicht, vom Frieden zu sprechen oder den Frieden zu wollen; er muss ermöglicht werden. Vorurteile und falsches Wissen sind bei vielen so gefestigt, dass pauschale Urteile über Palästinenser und über Israelis gefällt werden, ohne Raum für Differenzierungen zu lassen. Deshalb schrecken viele davor zurück, die Dinge beim Namen zu nennen. Ich habe viele Gespräche mit Israelis geführt, und das Gespräch funktionierte, wenn wir uns darauf einigten, welche heiklen Worte zu vermeiden waren. Oft war es schwer, sich daran zu halten, denn das Gespräch quälte uns. Die Israelis wollen folgende Worte nicht hören: Besatzung, Vertreibung, Unterdrückung, Demütigung, Menschenrechtsverletzung, Rückkehrrecht und Apartheid – leider sind es genau diese Worte, die die Politik Israels für uns kennzeichnen. Palästinenser wollen von Israelis keine Sätze hören wie: ›Wir haben Angst, wir können euch nicht vertrauen. Wir mussten euch 1948 vertreiben, um uns zu retten. Wir müssen euch eingrenzen, um den jüdischen Charakter des Staates zu schützen. Das Land ist uns von Gott geschenkt worden. Ihr müsst uns Sicherheit garantieren, ihr müsst mit der Gewalt aufhören.‹ Eigentlich könnte die jeweils andere Seite genau dasselbe sagen. Für beide Seiten stimmen diese Parolen, und sie gelten als die eigene Wahrheit. Sie schmerzen, doch es braucht Bereitschaft und Mut, sich den Gedanken und Gefühlen der anderen anzunähern, sie anzuhören und sich damit auseinanderzusetzen mit dem Ziel, sie zu verstehen, um sich selbst vor Verletzung zu schützen und um eine gemeinsame Basis zu finden. Ein Seminar oder ein Projekt genügt nicht: Es ist ein langer Prozess, zu dem man bereit sein muss. Bei einem Vortrag in der Schweiz fragte mich ein Israeli: ›Warum hassen uns die Palästinenser?‹ – ›Und warum hassen uns die Israelis?‹ fragte ich zurück. ›Die eine Seite hasst die andere mindestens ebenso stark, wie die andere es tut.‹ Er sagte:

›Ich war sechs Jahre als Soldat in den palästinensischen Gebieten. Die Kinder schmissen Steine auf mich, weil ihre Mütter sie zu Hass und zum Steinewerfen erziehen.‹ Ich sagte: ›Niemals würde ich deine Mutter beschuldigen, sie hätte dich dazu erzogen, auf Kinder zu schiessen. Die Gewaltposition, in der du als Besatzungssoldat die Menschen regierst, ist keine Sache der Mütter, sondern von Militärbefehlen. Du schiesst auf Kinder und bist entsetzt, wenn sie dich mit Steinen bewerfen. Erwartest du, dass sie dich umarmen? Ich würde niemals zulassen, dass Kinder Steine werfen, denn sie riskieren ihr Leben.‹

Der Teufelskreis, von der Politik angetrieben, schafft Vorurteile und verdrängt die eigene Verantwortung. Wir können ihn durchbrechen, wenn wir uns nicht mehr anmassen zu wissen, was die andere Seite tut. Wir wissen nämlich kaum etwas über die Erziehung, die Kultur und die menschlichen Beziehungen der anderen Seite. Pauschale Beschuldigungen greifen unsere Seele an und treffen uns tief in unserer Menschenwürde. Was uns verletzt, dürfen wir niemals der anderen Seite zufügen. Andernfalls wird dieses Verhalten unseren Charakter prägen und unsere Seele verstümmeln.

Auch ich werde oft gebeten, an solchen Projekten teilzunehmen. Es schmerzt mich, wenn ich ablehnen muss. Aber ich muss meine Prioritäten neu setzen. Heute ist meine Priorität, mit meinen Menschen, mit den Jugendlichen und den Frauen, zu arbeiten, damit sie nicht zerbrechen.

Unser Leben und unsere Seele sind so sehr in die Politik verstrickt, dass wir uns nicht entziehen können. Die interne politische Situation ist grausam und sehr gefährlich. Lass

Deine Priorität jetzt Dein Studium sein. Ich lese erfreut und dankbar Deine Mails, ich sehe, wie sehr Du Dich einsetzt. Lass es Dir gut gehen, pass auf Dich auf.

Alles Liebe

Sumaya«

»Ich habe sehr lange nachgedacht, vor allem über Grundsätzliches«, schrieb S. dann an die Projektplaner. »Die Sache ist für mich klar: Wenn Sie ein Projekt mit Palästinensern und Israelis organisieren, machen Sie damit, auch wenn Sie dies nicht beabsichtigen, eine politische Aussage oder thematisieren mindestens eine politische Frage: In Ihrem Konzept ist zu spüren, dass Sie der Meinung sind, dass Palästinenser und Israelis durch Kunst besser in der Lage seien, sich zu verständigen, und dass dies auf Gegenseitigkeit beruhe. Ich sage: Viele Palästinenser und Israelis sind schon immer in der Lage gewesen, menschlich und vernünftig miteinander umzugehen und zu kommunizieren. Das Problem ist ein anderes.

In Ihrem Konzept wird der Kontext nicht klar gesehen. Die Realität aus meiner palästinensischen Sicht ist die der täglichen Erniedrigung, Unterdrückung und des Landraubs, und dies geht von einer Seite aus. Es gibt keine palästinensischen Soldaten in Tel Aviv, wir konfiszieren kein israelisches Land, schränken die Bewegungsfreiheit der Israelis nicht ein und ignorieren nicht mehrere Dutzend internationale Gerichtsentscheide und Resolutionen.

Man kann natürlich so tun, als ob es keine Probleme gäbe, und einfach ein Kunstprojekt machen. Oder man thematisiert das Problem, das für mich eindeutig die

Besatzung ist, und zwar die Besatzung Palästinas durch Israel. Indem man von mir wünscht, mich in den Kopf von Israelis hineinzuversetzen, werden wir auf die gleiche Ebene gestellt. Vom Menschlichen her finde ich das gut, wenn das auch fast nirgends auf der Welt so geschieht. Doch wenn es um die Verantwortung geht, um Ursache und Wirkung der Probleme, dann kann ich nicht zustimmen, weil ich, wie ich oben erläutert habe, mich und mein Volk als Opfer der israelischen Besatzung sehe. Und dies lässt sich nicht umgekehrt interpretieren. Israel und damit auch seine Bürger, einschliesslich der Künstler, haben eine Verantwortung den Palästinensern gegenüber, nämlich die Beendigung der Besatzung.

Ich würde es sehr begrüssen, mit israelischen Künstlern zusammenzuarbeiten, solange die Zusammenarbeit ein klares Ziel hat. Es genügt nicht, die Besatzung, die mein Leben prägt, für nicht gut zu erklären. Sie muss als illegal verurteilt werden, und wir wie sie müssten daran arbeiten, diese zu beenden. Wir müssen die politische Versöhnung erreichen, unsere elementaren Menschenrechte und die Rechte als Nation sowie den Schutz des Eigentums erlangen, damit die soziale und menschliche Versöhnung möglich wird.

Ich kann mich an Ihrem Projekt leider nicht beteiligen. Ich danke sehr für Ihre Bemühungen und wünsche Ihnen viel Erfolg.

Mit freundlichen Grüssen

SM«

4. März
Seit ich die Bücher von Hanna bekommen habe, studieren Munîr und ich sie mit viel Freude und tauschen unsere Erkenntnisse aus. Täglich gehen wir zum Weinberg, beobachten die Abfolge der Blütezeit der Pflanzen im kurzen Frühling, bestimmen sie und suchen neben der wissenschaftlichen Bezeichnung den arabischen Namen. Jeder, der uns auf dem Weinberg besucht, bekommt eine Einführung in die Pflanzenkunde. Wir öffnen ihnen die Augen für die Betrachtung der Natur und wecken ihre Freude daran. Früher kannten die Bauern die Namen der Pflanzen und gaben sie den Kindern weiter. Heute gibt es nur noch wenige Bauern, und die Weitergabe dieses Wissens an die junge Generation bleibt leider aus.

Auf dem Weg zur Universität sahen Munîr und ich Tausende von Zugvögeln, die den Himmel fast bedeckten. Wir stiegen aus und beobachteten ihren Flug. Sofort nahm Munîr einen Zettel und zeichnete sie. Zu Hause holte er Hannas Vogelheft hervor und war glücklich, sie dort zu finden. Es waren weisse Störche, die von Afrika nach Europa ziehen und in unserem Land eine Pause einlegen. Im Internet fand er auch die Beschreibung der Lebensart dieser Störche. Es war interessant zu lesen, dass sie in lebenslanger Monogamie leben. Meist trifft der männliche Vogel früher als das Weibchen in Europa ein. Er beginnt sofort an derselben Stelle wie in früheren Jahren mit dem Nestbau. Wenn das Weibchen eintrifft, ist das Nest bereit. Schön, diese Zusammenarbeit und Treue. Munîr verfasste einen Artikel darüber mit der Überschrift »Von den Vögeln können wir lernen« und hängte ihn für die Studenten der Biologie aus. Alle hatten ihre Freude daran.

5. März

Lulu, eine Palästinenserin aus der Schweiz, schrieb mir:

»Heute mittag habe ich den Film *Massaker* gesehen. Er handelt von Sabra und Schatîla, und ich bin sehr traurig aus dem Kino gekommen. Im Film kamen sechs israelische Soldaten zu Wort, die damals diese Massaker zuliessen, und es war schrecklich, ihnen zuzuhören. Nicht nur in unserem Seminar, sondern überall, wo ich mich engagiere, kann ich nur frei sprechen, wenn keine Israelfreunde dabei sind. Und sie sind überall dabei. Für mich bedeutet dies, nicht frei reden zu können. Aber Du hast ja lange mit der ›anderen‹ Seite zusammengearbeitet und kannst mir vielleicht einen Tip geben. Mein Problem ist, dass ich gar kein Vertrauen zu ihnen habe. Ich wünsche Dir eine gute Zeit und freue mich auf Deine Antwort.

Deine Freundin Lulu«

Ich schrieb ihr zurück:

»Liebe Freundin,

Du hast, wie wir alle, genügend Gründe, skeptisch zu sein, und es ist und bleibt sehr schwierig und manchmal unmöglich zu vertrauen. Aber was wir sagen und tun, machen wir mit Überzeugung und aus tiefem Glauben heraus. Dafür stehen wir ein, und wir haben keine Angst. Niemals dürfen wir uns bange machen lassen.

Angst weckt das Gefühl von Verfolgung. Israelis und Juden sind Opfer der Angst, und sie sind so gefangen in ihr, dass sie einen Teil ihrer Identität bestimmt. Das zerreisst und quält sie. Bei einem Gespräch mit einer Israelin über den Umgang mit unseren Ängsten und über die Notwendigkeit, unsere Ängste gegenseitig anzuerkennen, wahrzunehmen und zu respektieren, damit wir uns frei fühlen zur Vertrauensbildung, sagte sie: ›Wir haben Angst, die Angst zu verlieren, weil wir wissen, was wir euch antun. Wir haben Angst, dies einzugestehen, weil wir fürchten, dass unser Leiden dadurch relativiert wird.‹ Ich erschrak, doch mein Bedürfnis nach Einfühlsamkeit ihnen gegenüber wurde von neuem geweckt. Ich will versuchen, ihre Angst zu respektieren und zu verstehen, weil das hilft, dass sie unsere Angst gleichfalls respektieren und verstehen. Lass uns aus ihrer Erfahrung lernen und uns vor diesen Alpträumen hüten.

Wir wollen lernen, uns selbst treu zu bleiben, unsere Ideen zu verwirklichen und uns dabei zu schützen, ohne anderen zu schaden. Wir wollen gewaltfrei und weise sprechen und handeln, und wir wollen lernen, die anderen von der Gerechtigkeit zu überzeugen, die wir anstreben. Unsere Gedanken und Ziele sind einfach menschlich und sind deshalb immer gültig. Ich freue mich, ausführlich mit Dir darüber zu sprechen.

Es gibt zahlreiche jüdische Menschen in verschiedenen Ländern, die sich sehr klar äussern und die treu und ehrenhaft sind. Ich kenne viele. Es ist wichtig, dass wir sie wahrnehmen und sie als unsere Alliierten gewinnen. Sie machen das nicht, weil sie uns mögen, sondern weil sie sich Sorgen machen um ihre Leute und um sich selbst, denn sie erkennen die Gefahren, die diese Politik für sie birgt. Auch sie lieben ihre Leute und wollen tatsächlich, dass sie geliebt werden. Die Sache so zu betrachten tut uns innerlich gut, denn es motiviert uns zum Guten. Wir müssen viel lernen. Ich freue mich sehr auf die Begegnung in Bern. Grüsse Deine Familie herzlich. Ich umarme Dich.

Deine Sumaya«

7. März

In den letzten Tagen empörten sich zahlreiche palästinensische Intellektuelle darüber, dass das Erziehungsministerium das Buch *Kul ya tâir* (Sprich, o Vogel, sprich wieder) aus allen Schulbibliotheken entfernt habe. Die Begründung war, es hätte abwegige Sprüche darin, die sich negativ auf die Erziehung der Kinder auswirken könnten. Das Buch ist vom Ethnologen Scharif Kanaana verfasst worden. Es ist eine Sammlung von volkstümlichen Fabeln und Geschichten, in denen unter anderem die Geschlechtsorgane beim Namen genannt und witzige Sprüche wiedergegeben werden, wie sie seit Hunderten von Jahren von Generation zu Generation mündlich überliefert wurden. Das Buch dokumentiert einen Teil unseres Kulturerbes.

Die Empörung richtete sich insbesondere gegen die öffentliche Verbrennung der Bücher in den Schulen. Es weckte Erinnerungen an die Bücherverbrennungen, nicht zuletzt während der Nazizeit. »Dort, wo man Bücher verbrennt, verbrennt man am Ende auch Menschen«, schrieb der deutsche Dichter Heinrich Heine 1821 in seiner Tragödie »Almansor« über die Verbrennung des Korans während der spanischen Inquisition. Mit diesem Heine-Zitat demonstrierten heute Hunderte von Akademikern, Journalisten und Studenten vor dem Ministerium und erreichten, dass die Verbrennungen eingestellt wurden und das Buch doch in den Schulen bleibt. Es ging um mehr als um das Buch, nämlich um demokratische Prinzipien, Meinungsfreiheit und um die Verhinderung der staatlichen Kontrolle über wissenschaftliche Werke und Moralvorstellungen. Vor zwei Jahren wurde der Auftritt einer Musik- und Gesangsgruppe verhindert, weil sich Mädchen und Jungen beim Tanzen an den Händen fassten. Wenn wir schweigen und nicht sofort reagieren, laufen wir Gefahr, dass die soziale Agenda von einer einzelnen politischen Partei diktiert wird. Die Regierung und alle extremen Gruppierungen sollen wissen, dass die Menschen wach sind und sich nichts diktieren lassen. Es war eine gute Erfahrung im Kampf für Freiheit und Rechte. Wenn auch alarmiert, waren wir doch alle erleichtert, weil wir unsere Verantwortung diesbezüglich wahrgenommen hatten.

8. März

Heute ist der internationale Frauentag. Ich fühle mich verbunden mit Millionen von Frauen in der Welt. Ich bewundere sie. Bewusst erinnere mich an wunderbare Frauen, die auf mein Leben gewirkt haben. Wie ein Ritual denke ich an diesem Tag immer an Rosmarie Kurz. Sie war für den schweizerischen Christlichen Friedensdienst (cfd) tätig und gründete unter anderem die Frauenstelle für Friedensarbeit, unermüdlich in ihrem Engagement als Feministin und

Friedenspolitikerin. Seit ihrem Tod im Jahr 2002 zünde ich jeweils an diesem Tag eine Kerze für sie an.

Unzählige Male war ich in Rosmaries Haus. Es war wie ein zweites Heim für mich. Am runden Tisch oder am Kamin sassen wir zu dritt mit ihrem Mann Samuel Maurer in einer gemütlichen Atmosphäre, bei Kerzenlicht, der Raum mit Blumen geschmückt. Wir erzählten stundenlang und lachten von Herzen, wir tranken Wein und beendeten unseren Abend mit einer Eisspeise. Ich durfte viele Male an der wunderbaren Gemeinschaft von Rosmarie und Samuel teilhaben. Ich lernte ihre Liebe und Wärme und ihre Weisheit und Ausstrahlung kennen und spüren. Viele schöne Erinnerungen sind in meinem Herzen lebendig geblieben und werden auf meinem Weg weiterleuchten.

9. März

Erneut meldete sich Marwân Barghûti aus dem Gefängnis zu Wort. Er forderte dazu auf, eine Frist zu setzen für die Durchführung der sechsten Generalversammlung der Fatach-Partei. Es sei dies eine nationale Forderung ebenso wie eine Forderung der Fatach, insbesondere weil die letzte Generalversammlung fünfzehn Jahre lang immer wieder verschoben worden sei. Inzwischen hätten sich mehrere wichtige Veränderungen auf der palästinensischen, regionalen und internationalen Ebene ergeben.

Es gebe nichts, was die Verschiebung weiter rechtfertige, da die Fatach während dieser Zeit ja auch fähig gewesen sei, zwei Präsidenten- und Legislativwahlkämpfe zu führen. Er unterstrich, dass die Generalversammlung ein historisches

Zeichen setzen müsse, um die Einheit der Fatachfraktionen zu manifestieren, und sie biete die Gelegenheit, neue Kräfte antreten zu lassen, um Demokratie und Partnerschaft zwischen den Generationen zu fördern. Es sei die Chance, um den Zustand der Schwäche und des Chaos zu beenden, und es sei eine Chance für Reformen in den Institutionen. Ferner müsse die Parteistruktur neu organisiert und das Programm erneuert werden, um den Konsens unter den Fatachmitgliedern und allen Palästinensern zu erreichen und ihre Unterstützung zu gewinnen. Tausende von Kämpfern in der Heimat und im Exil warteten gespannt auf die Konferenz als Weg zur Stärkung der Bewegung und um die Führungsrolle der Partei unter den Palästinensern aufrechtzuerhalten, so dass sie in der Lage wären, die wichtigsten nationalen Aufgaben zu bewältigen – das Ende der Besatzung und der Besiedlung bzw. Kolonialisierung, die Errichtung des Staates Palästina mit Jerusalem als Hauptstadt, die Sicherung des Rückkehrrechts und die Freilassung der Gefangenen.

Barghûti unterstrich, dass die Fatach immer für die demokratische Option eingestanden sei und dass Fatachmitglieder das Recht hätten, ihre Führer auf allen Ebenen und aus freiem Willen zu wählen. Er forderte die Mitglieder aller Fraktionen auf, darauf hinzuarbeiten, dass die Generalversammlung möglichst bald abgehalten werden könne.

Ein Trauertag: Am Checkpoint Atara, nur einen Kilometer von meinem Haus entfernt, starb das sechs Monate alte Baby Châled al-Fakîh. Die Soldaten hielten die Eltern mit dem kranken Baby mehr als eine Stunde fest und hinderten sie daran, rechtzeitig ins Krankenhaus zu gelangen. Von der

Moschee erklangen Trauergebetsgesänge. Die Trauerglokken der Kirche läuteten. Die Geschäfte wurden geschlossen, und die Schüler brachen den Unterricht ab und gingen nach Hause.

10. März

Ein Brief von Hanna. Sie schrieb sehr herzlich und liess mich an ihrem Leben teilhaben. Das tat mir gut:

»Liebe Sumaya!

Vielen, vielen Dank für Dein Mail. Ja, es war eine grosse Freude für mich, Dich endlich zu sehen. Ich bin sehr beeindruckt von Deiner Arbeit; in hebräischer Sprache würde man sagen, Du machst eine heilige Arbeit mit den Jugendlichen in einer unheilen Welt. Wir sagen auch, Du rettest eine Seele und gewinnst eine ganze Welt.

Auch ich denke, wir sollten uns öfter sehen. Vielleicht an Ostern? Das wäre wunderschön! Dalia hat sich auch sehr gefreut, Dich kennenzulernen. Sie meinte, Du hättest sie vielleicht bei Machsom Watch gesehen.

In der Zwischenzeit will ich Ausschau halten nach guten Büchern über die Pflanzenwelt im mediterranen Raum. So wird auch Dein lieber Mann weiteren Lesestoff haben. Bitte, lass mich immer wissen, wie ich Dir helfen kann, ja! Der Himmel behüte Dich, Deine Familie und Deine Freunde. Ich bin glücklich zu wissen, dass es Dich, dass es Euch gibt. So können wir uns gegenseitig unterstützen bei einem sinnvollen Leben in einer zerstörerischen Welt.

Ich bin mitten in den Vorbereitungen für unser Pessachfest. Da gibt es viel zu tun mit der Reinigung des Hauses, doch noch wichtiger ist unsere innere Reinigung, um Gott begegnen zu können.

Viele liebe Grüsse und gute Wünsche

Masalam

Deine Hanna.«

12. März

Der Bürgermeister von Birseit lud die Bevölkerung zu einer Versammlung ein, um über Erfolge, Herausforderungen und Probleme der Stadt zu berichten und zu diskutieren. Der Saal war voll, alle waren erfreut, weil sie an der Stadtpolitik beteiligt wurden. Mit Hilfe des Computers präsentierte er Entwicklungspläne, Budget und Probleme der Administration. Die Probleme sind: Die Gelder vom Ministerium bleiben wegen der Blockade der Regierung und weil keine Hilfsgelder eintreffen aus. Die europäischen Hilfsorganisationen weigern sich, den Stadtrat zu treffen, weil er für sie ein Resultat der Wahl von Hamâs ist. Dabei wurde nur ein Hamâsmitglied in den Stadtrat gewählt; die anderen zwölf Mitglieder sind von anderen Parteien oder unabhängige Personen. Die wenigen Hilfsorganisationen, die doch mit dem Stadtrat sprechen, knüpfen eine Unterstützung an die Bedingung, dass die Stadt mit einem israelischen Stadtrat zusammenarbeitet und ein gemeinsames Projekt durchgeführt wird. Das ist jedoch politisch unmöglich, da die Besatzung andauert. Andere Probleme sind: Die Stadtkasse hat Schulden in der Höhe von mehr als einer Million Dollar, weil viele Bürger weder Steuern noch Wasserrechnungen bezahlen. Sie haben kein Geld, weil sie arbeitslos sind, oder sie wollen nicht bezahlen. Viele nutzen die rechtlose Situation und bauen auf Ländereien, die ihnen nicht gehören. Manche bauen ohne Bewilligung oder halten sich beim Bau nicht an die Vorschriften der Stadtplanung.

Der Polizeichef sprach über die Angriffe auf Privatbesitz und über seine Ohnmacht, weil er nicht eingreifen kann. Viele Bürger sind bewaffnet, und die Polizisten fürchten um ihr Leben. Hinzu kommt, dass das israelische Militär vom Checkpoint Atara aus die bewaffneten palästinensischen Polizisten in Uniform überwacht, denn sie dürfen sich nur hundert Meter vom Polizeirevier wegbewegen. Oft kommen Hilferufe von Bürgern, und die Polizei kann ihnen nicht zu Hilfe kommen. Sobald sie sich weiter als hundert Meter entfernen, kommt ein Militärjeep, manchmal auch ein Panzer, und treibt sie zurück. Schon oft seien Polizisten gefangengenommen oder bestraft worden, sagte er. Er rief die Bürger zur Zusammenarbeit auf. Viele junge Menschen boten an, als Zivilisten Wache zu halten und mit Privatautos zum Beispiel Diebe und illegale Holzfäller zu verfolgen. Erst nach der Überprüfung jedes einzelnen könnte er das zulassen, damit sich keine Banden oder Kollaborateure einschlichen, meinte der Polizeichef. Er fragte die Anwesenden, ob sie sich vorstellen könnten, wie erniedrigend es für die Polizei sei, nicht handeln zu dürfen und den Menschen nicht helfen zu können. Es werde viel über die Polizei geschimpft und geflucht. »Wir sind wütend, weil wir macht- und schutzlos sind.« Er bat um Verständnis, Solidarität und Mithilfe. Es wurde vorgeschlagen, dass die Polizei das Wassergeld einfordern solle. Für die säumigen Zahler müsse die Abschaltung des Wassers in Betracht gezogen werden. So einfach sei das nicht, hiess es, denn es könnte noch mehr Unruhe bringen und Feindseligkeiten gegenüber dem Stadtrat und den Angestellten, die das Geld einkassierten, wecken. Man einigte sich darauf, dass denjenigen, die innerhalb eines Monats mit dem Zahlen begännen, ein Drittel der Schulden erlassen würde, um sie zum Zahlen zu bewegen. Von der Moschee aus wurden die Bürger aufgefordert, sich an die Moral unserer Gesellschaft zu halten und ihre Schulden zu bezahlen. Die Rechnungen könnten auch in Raten, über ein Jahr verteilt, bezahlt werden. In der Folge entschlossen sich viele zu zahlen. Was nicht bezahlt wird, bleibt jedoch der Stadt als Schulden.

18. März
Heute war ich wieder in Dair Ibsî zum Seminar der Frauen. Dreiundzwanzig Frauen hatten beschlossen, eine Kooperative zu gründen, und hatten mit dem Ministerium bereits alle Formalitäten geregelt. Jede zahlte fünfzig Dollar ein und verpflichtete sich, monatlich weitere zehn Dollar zu zahlen. Mit diesem Geld wollen sie Landwirtschaft betreiben und zwanzig Bienenkörbe kaufen. Ausserdem wollen sie einen Laden für ihre Produkte eröffnen und nebenbei auch Kinderkleider und Haushaltsartikel anbieten, damit die Frauen zum Einkaufen nicht nach Ramallah zu gehen brauchen. Der Gewinn soll für Kredite zur Verfügung stehen, um Frauen bei ihren eigenen Projekten, etwa einem Frisierladen oder einer Nähstube, zu unterstützen. Im Seminar lasen wir gemeinsam den Grundsatz, erklärten Satz um Satz und lernten, wie Sitzungen abgehalten und Budgets verwaltet

werden. Dabei erinnerten wir uns an das Seminar, in dem wir gelernt hatten, ein Projekt zu präsentieren und Anträge für Unterstützung zu stellen. Heute wurde der Vorstand gewählt und aufgefordert, sofort mit der Arbeit zu beginnen. Wir tranken Tee und assen Brote, die, mit Olivenöl und Zucker vermengt, im Holzofen gebacken worden waren. Wir feierten den Erfolg mit Singen und Tanzen. Es war wunderschön.

19. März

Wieder ein Trauertag: Tanya Reinhardt, die israelische Friedensfrau und herausragende Linguistin, starb in New York an einem Herzinfarkt. Ich trauere sehr um sie, denn sie hat vielen Palästinensern die Augen geöffnet für den Respekt gegenüber der israelischen Seite. Sie schrieb unermüdlich und kämpfte für Menschlichkeit und Gerechtigkeit. Tanya wird in unserer Erinnerung immer lebendig bleiben.

Ein Satz von ihr lässt mich nicht los: »Wir Israelis haben verinnerlicht, dass alles Leiden, das weniger gross ist als das des Holocausts, wenig zählt.«

20. März

Eben erhalte ich die Nachricht aus Düsseldorf, dass die Diakonisse Margret Kölbach gestorben ist. Sie war die vorletzte der Schwestern, die sich in meiner Schule Talitha Kumi jahrelang der Ausbildung von Mädchen gewidmet hatten. Ich trauere um Schwester Margret, die auf mein Leben eingewirkt hat. Mit ihr geht ein Stück meines Daseins weg.

Doch ihre Botschaft wird in mir und anderen wachbleiben. Ich kann den Diakonissen nur danken für ihre Arbeit in unserem Land.

21. März

Heute ist in Palästina Muttertag. Am Nachmittag gingen wir mit meiner Mutter zum Weinberg und verbrachten schöne Stunden in der Natur.

23. März

Meine Mutter fühlt sich nicht wohl. Ich ging zu ihr und blieb zwei Stunden. Dann eilte ich zurück an meinen Computer und las meine Mails. Probst Gräbe aus Jerusalem lädt mich ein, die evangelischen Bischöfe zu treffen, die im April kommen würden. Ich rief an und sagte, dass ich sehr gerne käme, Jerusalem allerdings nicht betreten dürfe. Er müsse beim israelischen Innenministerium ein Gesuch einreichen und eine Genehmigung erbitten. Sofort beantragte er, der Ausländer, für mich, die einheimische Palästinenserin, eine Einreisegenehmigung nach Jerusalem. Wir warten ab.

24. März

Ich fuhr zum Seminar nach Talitha Kumi.

25. März

Eine Todesanzeige aus Hamburg. Mein Doktorvater Professor Düvel ist vor sieben Monaten gestorben. Erst heute erfahre ich davon, denn die Post hat sechs Monate gestreikt. Ich rufe sofort Frau Düvel an und spreche ihr mein Beileid aus. Wir reden lange über unsere schönen Begegnungen, und ich verspreche, sie zu besuchen, wenn ich im Herbst nach Hamburg fahre. Ich freue mich darauf.

29. März
Ein Anruf aus Jerusalem: Meine Einreise nach Jerusalem ist genehmigt worden! Ich juble von ganzem Herzen. Wunder können also doch noch geschehen!

30. März
Schon frühmorgens fuhr ich nach Ramallah zur Militärbehörde. Ich war so erfüllt von Freude, dass das lange Warten mir nichts ausmachte. Ich sass gelassen da, ohne Anspannung, wusste ich doch, dass ich eine Genehmigung kriegen würde. Als sie mir vom Soldaten überreicht wurde und ich sie las, verdoppelte sich meine Freude noch: Die Genehmigung gilt für drei Monate, und ich werde darin als »Angestellte der Kirche« klassifiziert. Welch eine Ehre, eine solche Position zu erhalten! Es ist ein Höhepunkt meiner Karriere, denn ich darf nach Jerusalem.

31. März
Die Reise nach Jerusalem! Ich liess alles stehen und liegen und fuhr nach vier Jahren erstmals wieder nach Jerusalem.

Den neuen Checkpoint Kalandija erlebte ich zum erstenmal. In fünf Reihen standen Menschen in langen Schlangen. Ich reihte mich ein und beobachtete, wie sich die anderen vor mir verhielten. Immer wenn die Lampe grün leuchtete und ein Gong ertönte, traten sie einzeln durch das Drehgitter ein. Leuchtete sie rot, war der Zugang gesperrt. Als ich an der Reihe war, hörte ich eine Stimme, die mich aufforderte, Taschen, Gürtel, Handy, Schmuck und alles Metall auf ein Fliessband zu legen und dann durch das Gitter vorzutreten. Nach der Schleuse gelangte ich zu einem Schalter, wo Soldaten hinter einer Scheibe sassen; einige hatten ihr Gewehr auf mich gerichtet. Ich hielt meinen geöffneten Ausweis und die Genehmigung an die Scheibe. Eine Soldatin überprüfte die Angaben im Computer und gab dann mit einer Handbewegung ihre Zustimmung. Ich ging weiter zur nächsten und übernächsten Schleuse und dann zum Ausgang im Hinterhof. Ich war glücklich. Ich schaute mir alles ganz genau an, wollte alles verstehen und alles in Erinnerung behalten. Ein Bus wartete auf die Reisenden; Privatautos sind hier verboten. Als er voll war, fuhr er los, Richtung Jerusalem, das nur einige Kilometer entfernt ist. Nach kaum fünfhundert Metern stoppten uns Soldaten und kontrollierten jeden einzelnen. Nach drei Kilometern noch mal eine Kontrolle. Dann erreichten wir die Endstation. Schnell eilte ich zum Damaskustor, dem Eingang in die Altstadt. Ich erschrak: Der Platz am Tor schien wie tot, die Altstadt traurig und verlassen. Einige Menschen gingen hastig die Treppen hinunter, andere sassen müde und lustlos da. Die Bäuerinnen, die sonst mit ihren bunten Trachten und Gemüsekörben den Vorhof schmückten, waren verschwunden.

Keine Spur von den Verkaufskarren. Ich schaute mich nach der Frau um, die früher am Tor auf ihrem kleinen Ofen Nüsse geröstet und verkauft hatte. Sie war weg, ebenso wie der Mann mit seinen Simismîja und Fustikûja, der in Sirup getränkten Sesam- und Erdnussmasse. Ich ging durch das Tor. Korangesänge aus einer Kassettenbude erinnerten mich daran, dass doch noch etwas von uns hier geblieben war. Doch ich vermisste die schönen Gesänge, die früher die Atmosphäre bestimmten. Ich fragte den Kassettenhändler danach, und er antwortete: »Unsere Freude an den Liedern ist verblasst, in unserem Gemüt ist nur noch für Gebete etwas Raum.« Ich sagte ihm: »Wenn wir sie vernachlässigen, gehen sie und ihre Wirkung uns verloren.« Er wechselte die Kassette, und schöne Musik erklang. Er sagte dann: »Das ist ein Willkommensgruss für dich.«

Ich ging durch den Suk und sah mir eine Bude nach der anderen an. Ich suchte die Sesampresse, doch auch sie existierte nicht mehr; auch der Geruch der Sesampaste in den Gassen war weg. Ich stellte fest, dass Produkte aus dem Ausland die einheimischen Stoff-, Leder- und Tonartikel ersetzt hatten – Waren, wie sie auch auf den Märkten in der Türkei, in Thailand oder Indien zu finden sind. Das Marktbild hatte sich verändert, und die Menschen schienen mir sehr fremd. Israelische Fahnen auf vielen Dächern und bewaffnete Soldaten rüttelten mich auf und brachten mich zurück in die Realität der Besatzung. Sie hinderten mich daran, das Schöne wahrzunehmen. Wenige Touristen und jüdische Leute prägten das Strassenbild. Die arabische Präsenz war kümmerlich klein geworden. Die Vielfalt der Kulturen war verschwunden. Doch ich beschloss weiterzugehen und nach dem Schönen zu suchen. So war ich froh zu sehen, dass die Bäckerei Salatîmo noch existierte. Ich ging hinein und bestellte Mutabak – das mit Schafskäse gefüllte, in Zuckersirup getränkte und mit Puderzucker bestäubte Blätterteiggebäck. Das war früher in Jerusalem immer mein Frühstück gewesen. Ich rief Munîr an und sagte: »Ich bin bei Salatîmo und frühstücke.« Er sagte: »Du Glückliche, iss auch ein Mutabak für mich.« Ich verriet ihm jedoch nicht, dass der schöne alte Holzofen aus Lehm durch einen kleinen Metallgasofen ersetzt worden war, was den Geschmack des Gebäckes beeinflusste. Gestärkt ging ich dann in die Grabeskirche. Vor dem heiligen Grab war es fast leer. Früher musste man lange warten, um das Grab besuchen zu können. Ich ging voller Ehrfurcht hinein, zündete sieben Kerzen an, liess die Atmosphäre auf mich wirken und bat um Segen für meine Familie und für alle Menschen im Land, und ich dankte für alle Gaben, die ich erhalten durfte. Dann stieg ich die schmale Treppe hoch, zu Golgota, dem Ort der Kreuzigung Jesu. Ich setzte mich zur Besinnung still auf die Steinbank. Ein schöner, erfüllender Moment. Danach ging ich nebenan in die Jakobskirche der griechisch-orthodoxen arabischen Gemeinde. Ich schaute sie mir an, setzte mich wieder auf eine Bank, liess die schönen alten Ikonen auf mich wirken und gedachte meiner Familie und Munîrs Grossvater, der hier als Priester viele Jahre gewirkt hatte. Die spirituelle Verbundenheit wurde in mir wieder geweckt und erneuert. Ich fühlte mich wohl und glücklich und wünschte mir, eines Tages mit meinem Mann und den Kindern diesen Besuch zu wiederholen. Ich wanderte durch das jüdische Viertel, das neu gestaltet, modern und verändert war. Ich fühlte mich dort sehr fremd und unerwünscht. Ich war froh, es schnell wieder zu verlassen. Im muslimischen Viertel spürte ich die Ohnmacht, Armut und Verwahrlosung der Häuser und der Menschen. Lustlos schauten sie mich an, voller Zweifel, ob sich ihre Situation jemals wieder zum Positiven verändern würde. Ich sprach mit den Menschen, und sie sprudelten nur so über von ihren Problemen. Sie fühlten sich im Stich gelassen und ausgeliefert, mit unermesslich grossen sozialen und wirtschaftlichen Problemen. Sie fürchteten um ihre Existenz und meinten, es sei eine Frage der Zeit, bis alle zum Verschwinden gezwungen würden. Ich sagte: »Es ist bestimmt viel Positives an eurer Präsenz hier.« Ich sah einige renovierte Gebäude muslimischer Architektur, die das Herz erfreuen. Sie nickten. »Ihr seid auserwählt worden, um in Jerusalem zu bleiben und dafür zu sorgen, dass unser Kulturerbe und unsere spirituelle Quelle bewahrt werden.« Die Augen leuchteten auf, und lächelnd sagten sie: »Wir werden hier bleiben. Es ist eine heilige Aufgabe.« Danach ging ich in das christliche Viertel, in die Nähe der Wohnung meiner Tante, die vor vielen Jahren in die USA ausgewandert war. Ich schaute in die Fenster und in die Hofeingänge, in der Hoffnung, jemand würde mich erkennen oder ich würde wie früher jemandem begegnen. Es stimmte mich sehr traurig, mich als Fremde in der vertrauten Gegend meiner Kindheit wiederzufinden. Ich wollte nicht nachgeben und beschloss, die Altstadt nicht zu verlassen, bis ich bei einer Familie Kaffee getrunken hatte. Ich suchte das Elternhaus meiner Schulfreundin Nahla, die seit Jahren in Los Angeles lebt. Es war nicht leicht zu finden, denn drum herum war alles verbaut worden. In einer

Gasse erblickte ich einen kleinen Balkon mit Blumentöpfen, und ich erkannte ihn. Ich klingelte. Welch eine Freude, die Schwägerin von Nahla zu sehen, die mir die Tür öffnete und mich gleich erkannte. Es war eine herzliche Begrüssung. Ich sagte: »Es durfte einfach nicht sein, dass ich endlich wieder in Jerusalem bin und niemanden finde, den ich kenne.« Die Frau sagte: »Und es darf nicht sein, dass du nicht mit uns das Brot teilst.« So trank ich nicht nur Kaffee, sondern setzte mich auch zum Essen zu ihnen. Die gerollten Weinblätter und gefüllten Zucchini waren köstlich, als wäre das Essen gesegnet. Wir kramten in den Erinnerungen und erzählten von unserer heutigen Situation. Wir wollten uns von neuem kennenlernen und uns gegenseitig stärken. Es gelang uns, und wir fühlten uns beschenkt und bereichert. Auf dem Heimweg kaufte ich Nüsse, Gewürze, Jerusalembrot, armenische Wurst und Sesamgebäck, um der Familie eine Freude zu machen. Beim Abendbrot erzählte ich, was ich erlebt und gesehen hatte, und alle hörten gespannt, doch mit Wehmut, zu. Unsere Hoffnung: nächstes Jahr gemeinsam nach Jerusalem gehen zu können.

Mein Tagebuch schliesst sich, um sich den Leserinnen und Lesern zu öffnen, so wie ein Kind nach neun Monaten geboren wird und das Licht erblickt. Ich halte mich an der Freude am Schreiben, Arbeiten und Wirken fest. Ich lasse mich leiten von der Liebe zum Leben. Denn sie wird bleiben.

Anhang

Israels Verantwortung

Von Ernest Goldberger

Ein verwurzeltes Volk

Sumaya Farhat-Naser vertraut ihrem Tagebuch aus Palästina ihre Erlebnisse, Begegnungen, Beobachtungen und Gedanken an. Sie lebt in einer grausamen Realität, der sie aber in bewegender Weise kleine Freuden des Alltags abzutrotzen vermag. »Wir müssen die Kunst lernen, für Momente die Schwere auszublenden und das Schöne und Erfreuliche bewusst zu erkennen und wahrzunehmen.«

Die ständigen zermürbenden Erfahrungen können ihren festen Glauben an die universalen Werte wahrer Menschlichkeit nicht untergraben. Daraus zieht sie die seelische Kraft, die Grundsätze ihrer Lebenshaltung ihren Schülern zu vermitteln und die Täter auch als Opfer wahrzunehmen. »Wir und sie sind Opfer und Täter.« So schützt sie die kleine Flamme der Hoffnung vor den tobenden Winden von Hass, Gewalt und Gegengewalt. Sie beschreibt auch Auswüchse in der eigenen Gesellschaft wie die Ehrenmorde, die Tötung von der Kollaboration verdächtigten Personen ohne Schuldbeweise, kriminelle Taten unter dem Deckmantel des nationalen Kampfes oder die Unterdrückung der Frauen als Folge patriarchalischer Strukturen. Die grosse Überzeugungskraft und Glaubhaftigkeit ihrer Ausführungen werden dadurch noch mehr gesteigert.

Disteln im Weinberg widerspiegelt die Heimatliebe und Verwurzelung der arabischen Bevölkerung in der lieblichen und äusserlich so friedlichen Hügellandschaft westlich des Jordans. Die Vorfahren Sumaya Farhat-Nasers liessen sich vor fünfhundert Jahren in Birseit nieder, einer Ortschaft nördlich von Ramallah, die vor ihren Toren die bekannteste Universität Palästinas beherbergt. Sie wurde 1924 gegründet. Ein Jahr danach wurde der Grundstein zur ersten Hebräischen Universität in Jerusalem gelegt, was kaum eine zufällige Zeitabfolge sein dürfte. Bis heute leben die Autorin und viele ihrer Angehörigen in Birseit in Verbundenheit mit ihrem von einer landwirtschaftlichen Kultur geprägten Heimatland. Dessen Wahrzeichen sind die unzähligen immergrünen und wild verzweigten Olivenbäume.

Diese gewachsene und bestandene Zivilisation in den im Alten Testament erwähnten Gebieten Judäa und Samaria ist für gewisse zionistische Kreise eine derart störende Tatsache, dass sie mit Mitteln des historischen Betruges geleugnet wird. 1984 erschien in New York ein Buch mit dem Titel *From Time Immemorial: The Origins of the Arab-Jewish Conflict over Palestine.* Darin behauptete die Autorin Joan Peters, Palästina sei vor der zionistischen Besiedlung praktisch leer gewesen. Erst nachdem die Juden das Brachland fruchtbar gemacht hätten, seien die Araber aus den benachbarten Gebieten eingeströmt, um von der Pionierarbeit der Zionisten zu profitieren. Das Buch wurde zum Bestseller, da es von bekannten jüdischen Persönlichkeiten, darunter auch Intellektuelle, freudig begrüsst und gelobt wurde. Inzwischen ist das Machwerk als eine Sammlung gezielter Fälschungen entlarvt worden, nicht zuletzt durch schlüssige Untersuchungen namhafter israelischer Historiker wie Yehoshua Porat von der hebräischen Universität Jerusalem. Trotzdem berufen sich weiterhin auch hochgestellte Personen des öffentlichen Lebens auf die gefälschten Daten wie beispielsweise Israels ehemaliger Ministerpräsident Netanjahu.

Eine solche Ignoranz und die Verdrängung des Bestandes des palästinensischen Volkes und ihrer Kultur haben eine lange Geschichte. Schon Theodor Herzl, der als Gründer des politischen Zionismus angesehen wird, prägte die Phrase »Ein Land ohne Volk für ein Volk ohne Land«, obwohl er wusste, dass zu seiner Zeit in der Provinz Palästina des damaligen Osmanischen Reiches mindestens eine halbe Million Araber lebten gegenüber höchstens 50 000 Juden. Allerdings ist ihm zugute zu halten, dass er sich nach einem Besuch in Palästina in seinem Zukunftsroman *Altneuland* aus dem Jahre 1899 korrigiert hat. In den in diesem Buch umschriebenen Visionen geht er davon aus, dass die eingesessenen Landesbewohner Palästinas die jüdischen Einwanderer freudig empfangen würden, weil ja der Aufbau des Landes auch ihnen zugute käme. Diese Hoffnung und Prognose wären vielleicht nicht so abwegig gewesen, hätten die Einwanderer und ihre Nachkommen in ihrer Mehrheit jene humanistischen Wertvorstellungen mitgebracht und gelebt, die Herzl ihnen in seinem Buch zuschreibt. Die Wirklichkeit schlug aber einen anderen Weg ein. Herzls Vorstellungen wurden einem diffusen Nationalismus und, wie weiter unten dargelegt, der Fiktion eines »Staates mit jüdischem Charakter« geopfert.

Auch Golda Meir, Israels Ministerpräsidentin von 1969 bis 1974, erklärte immer wieder öffentlich, es gebe kein palästinensisches Volk. Von einer solchen böswilligen Leugnung führt eine direkte Linie zu den heutigen Apologeten eines »Transfers« der palästinensischen Araber und der Unterdrückung der Bevölkerung im Westjordanland als Mittel einer Vertreibungspolitik.

Palästinensischer Nationalismus

Die Araber in der palästinensischen Provinz des Osmanischen Reiches haben sich nicht so wie heute als Volk wahrgenommen, sondern als Glieder einer osmanisch-sunnitischen Gemeinschaft. Es war jedoch abzusehen, dass der von einem Teil der Zionisten mitgebrachte nationalistische Geist auf sie übergreifen würde. Der Zionismus und das ständig angeführte Schlagwort vom »Staat mit jüdischem Charakter« sind die befruchtenden Quellen des heutigen palästinensischen Volks- und Zivilisationsbewusstseins, mit dem die ansässige Bevölkerung ihre Forderung nach Selbstbestimmung begründet. Doch bis heute tut sich Israel schwer mit dem ethischen Grundsatz, wonach man nicht für sich eine Identität fordern kann, ohne sie auch andern zuzugestehen. Diese Ausblendung des Reziprozitätsprinzips führt beispielsweise dazu, dass Israel als Vorbedingung für Verhandlungen mit den Palästinensern ohne entsprechende Gegenleistung die verbale Anerkennung seines Existenzrechtes fordert. Der Schrei nach für die Realitäten wenig bedeutsamen Lippenbekenntnissen zeugt von innerer Unsicherheit. Sumaya Farhat-Naser meint treffend dazu: »Nicht mit Gewalt und Erpressung sollte die Anerkennung erzwungen werden, sondern durch Einsicht und auf der Basis gleichberechtigter Partner.«

Doch das »Tagebuch aus Palästina« dokumentiert mit erschütternder Authentizität, wie sich Israelis und Palästinenser weiter bekriegen und sich fast hoffnungslos ineinander verkrallt haben. Beide Völker wollen auf dem gleichen Flecken Erde leben. Die Juden begründen ihre Besitzforderungen mit historischen und religiösen Rechten, die Palästinenser mit ihrer Ansässigkeit seit mindestens 13 Jahrhunderten. Die Israelis untermauern ihre Ansprüche, wenn auch oft nicht ausdrücklich, mit dem Holocaust, in dem sechs Millionen Juden ermordet wurden. »Jad Vaschem« in Jerusalem, die Gedenkstätte an diese unfassbare Katastrophe, wird als unantastbare Bestätigung von Israels Existenzrecht benutzt, weshalb jeder ausländische Besucher in offizieller Mission dorthin geführt wird. Die Palästinenser weisen demgegenüber darauf hin, dass sich die Hölle des Holocaust auf europäischem Boden befunden hatte, sie damit nichts zu schaffen hätten und deswegen auch nicht bestraft werden dürfen. Die Juden hätten die Lehren aus ihrer Leiderfahrung vergessen und seien selbst zu Tätern geworden. Die Israelis wiederum beanspruchen das Monopol der Opferrolle weiter für sich und versuchen durch akribische Schuldzuweisungen zu verhindern, dass die Palästinenser in sie hineinschlüpfen. Beide Seiten begehen schwere Menschenrechtsverletzungen, die sie als Selbstverteidigung rechtfertigen. Den Israelis und den Palästinensern ist ein ähnlich strukturierter Solipsismus eigen, der von der ausschliesslichen Richtigkeit der eigenen Sichten ausgeht und deshalb, wie Sumaya Farhat-Naser in einem Vortrag in Augsburg treffend ausgeführt hat, mit der »Kunst des Friedenschliessens« unvereinbar ist. Er müsste einer Empathie weichen, welche »das Unsichtbare beleuchtet und die Augen und Herzen beider öffnet«.

Solange diese Botschaft nicht verstanden und internalisiert wird, geht der kriegerische Konflikt mit brutaler Heftigkeit weiter und fordert jeden Tag neue Opfer. Letztlich geht es, wie in den unzähligen Kämpfen in den Jahrhunderten der bekannten Menschheitsgeschichte, in erster Linie um Territorium, aber auch um Demographie, Ethnizität, Sozioökonomie, Wasser und zunehmend um Religion und Kultur. Durch seine globale Ausstrahlung ist der Konflikt zusätzlich in ein Gestrüpp schwer berechenbarer Einflüsse verstrickt. Die sogenannten »Heiligen Stätten« der drei Weltreligionen in den umstrittenen Gebieten, die emotionale Anteilnahme der arabischen und islamischen Welt an einem fremdbestimmten Brudervolk und das Interesse der Weltmacht USA an Israel als Vorposten in einem geopolitisch wichtigen und sensiblen Teil der Welt erschweren eine Beilegung.

Die Auseinandersetzung zwischen Israel und den Palästinensern ist durch eine schroffe Asymmetrie der physischen Macht gekennzeichnet, welche Israel zu einer Unterdrükkungspolitik verführt hat. Sumaya Farhat-Naser erlebt und beobachtet deren Auswirkungen in ihrem palästinensischen Alltag. Doch was sie davon in ihrem Buch hinausschreit, sind nur Tupfen eines erschreckenden Gesamtbildes. Gemäss einem Bericht der Vereinten Nationen vom März 2007 gibt es im Westjordanland 546 feste und mobile Kontrollpunkte und Sperren, fast die doppelte Zahl, zu der sich Israel in einem Vertrag vom November 2006 verpflichtet hatte. Die Weltbank stellte etwa zur gleichen Zeit fest, dass die geltenden Bestimmungen den Palästinensern den Zugang zu 50 Prozent des Westjordanlandes versperren. 41 Prozent des Strassennetzes, dies sind insgesamt 700 Kilometer, dürfen nur von Israelis benutzt werden. Mit zusätzlichen administrativen Massnahmen bestehen so willkürliche Beschränkungen und ständige Ungewissheiten für den Zugang zu Arbeitsplätzen, Schulen, Einkaufsmöglichkeiten, Spitälern und anderen Gesundheitsdiensten, Feldern usw. Die Folgen dieser Strangulierungen auf die Wirtschaft hat Louis Michel, der EU-Kommissar für humanitäre Hilfe, in der französischen Tageszeitung *Le Monde* eingehend analysiert. 60 Prozent der Bevölkerung leben unter der Armutsgrenze von zwei Euro pro Tag. Die Armut hat innerhalb eines Jahres um 30 Prozent zugenommen. Mehr als ein Drittel der Bevölkerung leidet an Hunger, die Hälfte aller Kinder an Anämie. Ein Viertel der Bevölkerung hat keinen Zugang zu Wasser. Die Menschenrechtsorganisation »Amnesty International« stellte in ihrem Ende Mai 2007 veröffentlichten Bericht fest, dass im Jahre 2006 650 Palästinenser durch die israelische Armee getötet worden sind, davon zahlreiche Kinder. Demgegenüber wurden in der gleichen Zeit 21 Israelis durch Terrorakte von Palästinensern getötet.

Die internationalen Organisationen recherchieren bestimmbare Fakten und befassen sich nicht mit den verheerenden psychischen Auswirkungen der täglichen Verletzungen von elementaren Menschenrechten, der Würde des einzelnen und der Gesellschaft. Israel schafft einen Nährboden für Hass und Aggression, deren Manifestationen es dann mit noch mehr Härte entgegentritt. Sumaya Farhat-Naser stellt mit Sorge fest, wie »die Realität uns unserer

Menschlichkeit beraubt und unsere Seelen zerstört« und der »Verlust an Halt und Würde die Jugend verstümmelt«. Die Wut aus Ohnmachtsgefühlen richtet sich auch gegen die eigenen Leute in Form von kriminellen Taten. Israel zerbricht die palästinensische Gesellschaft auch von innen.

Die Besatzung

Die Folgen einer Besatzung und Besiedlung der palästinensischen Gebiete waren unschwer abzusehen. So warnten der Chef des Geheimdienstes Mossad und die Spitzen des militärischen Geheimdienstes kurz nach dem Ende des Sechstagekrieges vom Juni 1967 vor einem solchen Schritt, weil dieser zu polizeistaatlichen Repressionen und Rassismus führen werde. Am 22. September 1967 schrieb die Tageszeitung *Haaretz:* »Fremdherrschaft bringt Widerstand, Widerstand bringt Unterdrückung, Unterdrückung bringt Terror und Gegenterror. Die Besatzung wird uns zu einer Nation von Mördern und Mordopfern machen.« Der berühmte Naturwissenschafter Professor Yeshayahu Leibowitz, ein orthodoxer Jude, warnte unermüdlich vor den Konsequenzen einer Besatzung, die er klarsichtig voraussah: Israel werde so ein Geheimpolizeistaat mit der für alle kolonialistischen Regimes bezeichnenden Korruption und das Militär eine Besatzungsarmee; Erziehung, Freiheitsrechte und demokratische Werte würden einen Niedergang erfahren. Sogar David Ben Gurion, der sonst expansionsfreudige erste Ministerpräsident, erhob aus dem Kibbuz Sde Boker in der Negev-Wüste seine Stimme gegen die Besatzung. Die Politiker hörten nicht auf diese Warnungen und annektierten zudem den Ostteil von Jerusalem und weite Gebiete darum herum. Es waren ohne viel Nachdenken gefasste, emotional motivierte Entscheidungen.

Israel hat die wirtschaftliche Entwicklung der besetzten Gebiete nicht gefördert, sondern diese vornehmlich als Quelle für billige Arbeitskräfte genutzt. Es ist deshalb nicht erstaunlich, dass das Pro-Kopf-Einkommen in Israel zwanzigmal höher ist als in den palästinensischen Gebieten. Dieses krasse Ungleichgewicht zwischen zwei eng beieinanderlebenden Völkern ist eine soziale Zeitbombe. In Israel wird dies kaum wahrgenommen.

Die Besiedlung

Bis heute haben sich in den besetzten Gebieten etwa 250 000 Juden in 121 Siedlungen niedergelassen, nicht eingerechnet die 200 000 Personen in Gebieten um Jerusalem, die nach dem Sechstagekrieg im Juni 1967 annektiert worden sind. Ihre Ortschaften blühen und wachsen. Es fehlt ihnen an nichts. Auch Wasser und Elektrizität sind unbeschränkt vorhanden. Der Staat Israel finanziert grosszügig die Infrastruktur und baut Strassen, welche Palästinensern verboten sind. Ein Drittel des Landes, auf denen die Siedlungen stehen, stammt gemäss dem erwähnten Bericht der Weltbank aus konfisziertem palästinensischem Privatbesitz. Nicht alle Siedler sind aus ideologischen Gründen in die besetzten Gebiete gezogen. Viele greifen vielmehr mit beiden Händen nach den Steuerprivilegien und anderen verlockenden Vorteilen, die der Staat Israel ihnen bezüglich Wohnkosten, Erziehung usw. offeriert. Ihretwegen schliessen sie die Augen vor dem schreienden Unrecht in ihrer unmittelbaren Umgebung und werden zu Mitläufern eines Verstosses gegen die auch von Israel feierlich unterzeichnete 4. Genfer Konvention von 1949, welche eine Besiedlung von besetzten Gebieten völkerrechtlich verbietet.

Die eigentlichen Herrscher des Westjordanlandes sind jedoch die zahlenmässig schnell wachsenden Gruppen der militanten Siedler. Sie definieren sich als Kämpfer mit dem göttlichen Auftrag, die biblische Verheissung des Landes an die Juden als Vorbedingung der messianischen Zeit zu verwirklichen. In den ansässigen Arabern sehen sie nur die in der Thora erwähnten ewigen Feinde Israels. Diese sind daher Ziel eines krankhaften archaischen Hasses, der schon den Kindern eingepflanzt wird. Die Palästinenser werden nicht als Menschen mit ihren Rechten, Gefühlen und Leiden wahrgenommen und sind daher ständig der ungebändigten kriminellen Energie der militanten Siedler ausgesetzt. Man fällt ihre Olivenbäume, zerstört ihre Ernten, vandalisiert ihre Habe und vertreibt sie aus ihren Häusern. Regelmässig werden sie auch von den Siedlern tätlich angegriffen. Sogar palästinensische Gräber sind schon geschändet worden. Die israelische Armee hat die Aufgabe, diese Siedler zu schützen, was deren Untaten erst richtig ermöglicht. Trotzdem werden Soldaten immer wieder als Nazis beschimpft und bespuckt, wenn diese, was selten vorkommt, die Übergriffe einzudämmen versuchen. Das Westjordanland ist weitgehend ein gesetzloser Raum, in dem Apartheid und Rassismus grassieren und das Recht des Stärkeren gilt.

Die Sinnlosigkeit der Schuldfrage

Sumaya Farhat-Naser vermittelt in ihrem Tagebuch ihre Beobachtungen und Erlebnisse ohne richtende Worte. Dies verstärkt die Betroffenheit des Lesers, weil er dadurch zum eigenen Urteil aufgerufen und verpflichtet wird, denn, wie sie mahnt, »Schweigen gegenüber dem Unrecht versperrt die Wahrnehmung der eigenen Verantwortung«.

Um so quälender sind die sich aufdrängenden Fragen: Wie konnte ein ganzes Volk auf seinem eigenen angestammten Boden in eine derart würdelose Unterdrückung geraten? Welche Kräfte halten sie in ihrer Rechtlosigkeit gefangen und verschlechtern ihre Lage weiter? Welches fundamentale Umdenken muss stattfinden und in konstruktive Taten umgesetzt werden, damit die Wellen nicht mit zerstörerischer Wucht über dem ganzen Gebiet zusammenschlagen?

Die Not der Bevölkerung im Westjordanland durch die israelische Militärherrschaft ist nicht bestreitbar, doch wird sie von den Wortführern der israelischen Machthaber als Folge einer Selbstverteidigung hingestellt. Die Checkpoints, die teilweise acht Meter hohe Trennmauer tief im Innern des Landes zum Zwecke der Zerstückelung des Landes, die Verbote der Benutzung von Strassen, die Einschränkung der Bewegungsfreiheit, die täglichen Todesopfer und Verhaftungen, die Institution der administrativen Einkerkerung ohne Gerichtsurteile und das weitere Arsenal von Willkür seien unerlässliche Sicherheitsmassnahmen zum Schutze des Staates Israel und seiner Einwohner vor dem palästinensischen Terror. Ein Teil der israelischen Bevölkerung, der insbesondere in nationalistischen und religiösen Kreisen zu finden ist, hat sich diese Begründung zu eigen gemacht: Die Palästinenser wollen uns vernichten, ins Meer werfen und die von Hitler begonnene Arbeit an der »Endlösung der Judenfrage« vollenden. Sie werden sich niemals mit einem eigenen Staat im Westjordanland und in Gasa zufriedengeben, sondern ihre Hand auch nach Haifa, Beerschewa und Jaffa ausstrecken. Wir führen einen gerechten Überlebenskampf, dem manchmal bedauerlicherweise auch Unschuldige zum Opfer fallen. Dies ist in einem Krieg nicht zu vermeiden. Vor allem in den letzten Jahren wird zudem unaufhörlich betont, auf der andern Seite sei kein Gesprächspartner mit der notwendigen Autorität und Friedensbereitschaft auszumachen.

Eine lange Liste historischer Ereignisse soll diese Sicht stützen: Das Massaker an jüdischen Einwohnern in Hebron im Jahre 1929, der blutige Aufstand der Araber insbesondere in den Jahren 1935 bis 1939, die offenen Sympathien palästinensischer Führer für Hitler vor und während des Zweiten Weltkrieges, die Opposition gegen den Teilungsplan der Uno vom November 1947, der Angriff der angeblich herbeigerufenen Armeen der »Bruderländer« auf den im Mai 1948 ausgerufenen Staat Israel, das dreifache »Nein« zu einer Konfliktbeilegung aus Khartum nach dem Sechstagekrieg im Juni 1967, die Terrorüberfälle auf die Zivilbevölkerung oder die blutrünstige Rhetorik arabischer Führer.

Doch diese und viele andere zur Rechtfertigung vorgebrachten Begebenheiten sind tief verwoben mit der Geschichte des Zionismus, des Nahen Ostens und ihren weltpolitischen Überlagerungen. Sie sind Teilchen einer verworrenen Schicksalskette von Wirkungen und Gegenwirkungen. Wer das Licht nur auf ein einzelnes Geschehnis richtet und das übrige Geflecht im Dunkeln lässt, will den Realitäten nicht ins Auge schauen, trägt zur Verhärtung der Fronten bei und leistet der Irreführung Vorschub. Sumaya

Farhat-Naser drückt dies so aus: »Es wäre falsch, danach zu fragen, wer begonnen hat und wer jetzt die Eskalation bewirkt, denn es ist ein Kreislauf.«

Doch nicht allein deswegen ist jeder Versuch sinnlos, ja geradezu kontraproduktiv, den Weg zu einer Konfliktlösung in irgendwelcher Weise mit Schuldzuweisungen zu verbinden. Der Begriff der Schuld ist emotional und vor allem auch religiös so hochgradig aufgeladen, dass nur schon seine Erwähnung die Motivation und Bereitschaft zu einer realitätsnahen Sicht trübt und unkontrollierte Abwehrreflexe auslöst. Das Konzept der Schuld ist massgeblich eine Erfindung der alten Hebräer und der Preis, den sie für ihren Monotheismus bezahlen mussten. Wenn es nur eine einzige externe Autorität gibt, so repräsentiert dieser Weltgott die universale Ethik und das nicht hinterfragbare Gesetz. Im zweiten Buch Mose des Alten Testaments wird beschrieben, wie Moses vom Berg Sinai hinuntersteigt und den Israeliten die Tafeln mit Gottes Geboten verkündet. Das Volk antwortete mit »na'aseh wenishma« (Exodus, Kap. 24, 3), was mit »wir werden es tun und werden hören« übersetzt werden kann. Aus dieser Verpflichtung zum absoluten Gehorsam gegenüber dem alleinigen Allvater wurde die Vorstellung der Schuld als Verstoss gegen das göttliche Gebot geboren. Das Christentum und der Islam übernahmen später diese Doktrin. Dem Sündigen drohen quälende Schuldgefühle und Strafen, vor allem auch im Jenseits. Die Urchristen, anfänglich eine sozialrevolutionäre Bewegung von unterprivilegierten und verarmten Juden im römisch beherrschten Palästina, öffneten dann mit der Idee der Übernahme der Schuld eines jedes einzelnen durch den Opfertod von

Jesus einen Weg zur Befreiung aus diesen Nöten. Diese Erlösungsvorstellung war ein wichtiger Grund für den Siegeszug des Christentums durch die Welt. Ein weiterer bestand in der Abschwächung des uneingeschränkten Monotheismus. Dem oft strengen, zürnenden und strafenden Gott der Juden, den es durch Gehorsam zu besänftigen gilt, stellte man ausgleichend einen zum Gottessohn erhobenen Menschen zur Seite, der Liebe, Gerechtigkeit und Gnade predigte und verkörpert. Mit der Aufnahme seiner Mutter in das Glaubenskonzept wurde zudem die patriarchalische Härte des Religionsbildes aufgeweicht und die natürliche Sehnsucht des Menschen nach einer wärmenden und schützenden Frauenfigur befriedigt.

Das orthodoxe Judentum rückt hingegen nicht von den überlieferten Schuldvorstellungen ab. So begründen Rabbiner in Israel immer wieder Terrorüberfälle, Naturkatastrophen oder schwere Unfälle jeder Art mit vielen Todesopfern als von Gott gewollte Strafen für sündiges Verhalten und Ungehorsam gegenüber seinen Geboten. Rabbi Menachem Schneerson, der 1994 verstorbene Führer der Lubavitscher Chabad-Sekte – er soll nach der Überzeugung ihrer zahlreichen Anhänger in aller Welt bald wieder als Messias auferstehen –, hatte einmal verkündet, der Holocaust sei eine von Gott gewollte Strafe zur Reinigung des Judentums von Sünde. Rabbi Ovadia Josef, das geistige Oberhaupt der sephardischen Orthodoxie in Israel, hat in einer über Satelliten übertragenen Rede ähnliches Gedankengut verbreitet. Der frühere sephardische Oberrabbiner Israels, Mordechai Eliyahu, deutete einmal den Holocaust als Strafe Gottes wegen des Aufkommens der jüdischen Reformbewegung in

Deutschland, womit er Hitler und den in Israel hingerichteten Adolf Eichmann zu Vollstreckern eines göttlichen Willens erhob. Es kann deshalb nicht erstaunen, dass Schuldabwehrreflexe zu den auffallenden Verhaltensmustern in der israelischen Gesellschaft gehören.

Verantwortlichkeit besteht auch ohne Schuld

Als am 9. Juni 2006 eine ganze Familie am Meeresstrand von Gasa durch einen israelischen Luftangriff getötet wurde, schrieb Sumaya Farhat-Naser in ihr Tagebuch: »Israel äussert Bedauern, nie jedoch kommt eine Entschuldigung, denn das würde bedeuten, dass sie die Verantwortung übernehmen. Aus diesem Grund entschuldigt sich Israel niemals. Das steigert bei vielen Palästinensern Wut und Zorn, was in Hass und weitere Gewalt umschlägt.«

Diese Verknüpfung von Schuld mit Verantwortung blockiert elementare Einsichten, die zur Beilegung des Nahost-Konfliktes unerlässlich wären. Die Verantwortlichkeit besteht ja unabhängig von Schuld. Sie humanisiert den einen Menschen auszeichnenden freien Willen und lenkt diesen in sozialverträgliche Bahnen. Das Verantwortungsgefühl gehört immanent zum Menschsein und prägt auch die Kulturhöhe eines jeden Kollektivs. Der aus Berlin stammende Rabbi Schlomo Carlebach (1925–1994), der mit seiner Familie vor den Nazis nach den USA flüchten musste und dort als Komponist und Sänger von religiösem Folkrock berühmt wurde, hat einmal erklärt, dass die Sünde von Adam und Eva nicht im verbotenen Verzehr der Frucht der Erkenntnis von Gut und Böse bestand, sondern in der Schuldzuweisung und Abwälzung der Verantwortung. Tatsächlich gilt der Ungehorsam der biblischen Urahnen im Judentum nicht als »Erbsünde« wie im Christentum.

Die Verantwortlichkeit ist eine nicht an eine Religion gebundene Haltung zum Leben und zur gesellschaftlichen Existenz. Sie orientiert sich an den produktiven, universalen humanistischen Wertvorstellungen, wie sie sich auf Grund der Erfahrungen in einem langen Zivilisations- und Kulturprozess herausgebildet haben. Zu ihnen gehören beispielsweise Prinzipien der Menschenrechte und Gerechtigkeit oder die Einschätzung des menschlichen Lebens als höchstes Gut. Der Sozialphilosoph Max Weber hat dafür den Begriff der *Verantwortungsethik* geprägt.

Das offizielle Israel stellt sich nach aussen unermüdlich als einen den fortschrittlichen Werten der westlichen Zivilisation zugewandten Staat dar, als die »einzige Demokratie im Nahen Osten«. Schon deshalb, aber vor allem auch angesichts der bedrohlichen Situation im Nahen Osten, darf und muss die Substanz seiner Verantwortungsethik Gegenstand einer Klärung sein. Dies steht übrigens ganz im Sinne der meisten zionistischen Vordenker, deren Namen zahlreiche Strassenschilder in Israel schmücken. Diesen Pionieren ging es nicht nur um die Errichtung einer von der Welt anerkannten, sicheren Heimstätte für die Juden als Mittel zur Überwindung des sonst unbesiegbaren Antisemitismus, sondern mindestens ebenso um die Schaffung eines neuen jüdischen Menschenbildes und die Errichtung einer gerechten Gesellschaft. Der Zionismus war nie nur ein Kind des europäischen Nationalismus, sondern wurde massgeblich geprägt von den Ideen der Aufklärung, den universalen Werten in der jüdischen Religion und den schmerzlichen Lehren aus der langen Leiderfahrung des jüdischen Volkes.

Das Prinzip der Verantwortlichkeit ohne schuldhaftes Verhalten ist übrigens auch in der Rechtswissenschaft als »Kausalhaftung« bekannt. Entsprechend sollte man in der Ethik den Begriff der *Kausalverantwortlichkeit* einführen.

Die Verantwortung gegenüber den Palästinensern

Israel besitzt aufgrund seiner militärischen Potenz die volle Hegemonie über das Westjordanland und hält den Gasastreifen in Belagerung. Es herrscht deshalb über fast vier Millionen Palästinenser, von denen die meisten nichts anderes wünschen als in ihrer angestammten Heimat in Frieden ein menschenwürdiges Leben zu führen. Dies ist ihnen versagt. Dafür trägt Israel eine von der Schuldfrage losgelöste Verantwortung. Die dramatische Erkenntnis daraus wird in Israel wenig in ihrer ganzen Tragweite wahrgenommen: Wenn das zionistische Experiment, aus welchen Gründen auch immer, das palästinensische Volk derart ins Leid gestürzt hat, fehlt ihm die moralische und historische Verankerung und bleibt es deshalb den rauhen Winden unwägbarer Entwicklungen ausgesetzt, die eine solch untragbare Situation auslöst.

Die Verantwortung gegenüber seinen eigenen Bürgern

Mit der visionslosen Ausblendung dieser Einsicht und der Unterlassung einer aktiven und ehrlichen Friedensstrategie verletzt die israelische Regierung auch ihre Grundverantwortung gegenüber den eigenen Bürgern. Jenseits der greifbar nahen »Grünen Grenze« behandeln junge Männer in

Uniform wehrlose Zivilisten als minderwertige Wesen oder schiessen auf Kinder, die sich ihrer Ansicht nach irgendwie verdächtig machen, und kehren am Abend unbehelligt zu ihren Familien in Israel zurück, wo dies als Verbrechen gilt. Eine ambivalente und in sich gespaltene Moral ist jedoch nur so gut wie ihre dunkelste Seite. Die kolonialistische Unterdrückung korrumpiert und schlägt hart auf die israelische Gesellschaft zurück. Dies manifestiert sich auf mannigfache Weise. Eine unfreundliche, oft sogar aggressive Grundstimmung belastet die zwischenmenschlichen Beziehungen. Gewaltbereitschaft, Kriminalität und Korruption bis in die allerhöchsten Ränge steigen erschreckend an. Die Behandlung des Schwächeren, ein untrüglicher Gradmesser der Zivilisationshöhe, degeneriert, was sich beispielsweise darin äussert, dass in keinem Land der westlichen Welt, unter Berücksichtigung aller relevanten Parameter, so viele Fussgänger von rücksichtslosen Automobilisten getötet oder verletzt werden wie in Israel. Der Geist der Solidarität und andere ideologische und moralische Werte, welche die zionistische Bewegung anfänglich ausgezeichnet hatten, sind einem Klima des Eigennutzes gewichen. Die Kluft zwischen Arm und Reich ist in keinem Industriestaat so ausgeprägt, vielleicht ausgenommen in den USA. Im Schatten einer kleinen Minderheit von Privilegierten, die ihren Reichtum gerne zur Schau stellen, breitet sich immer mehr Armut aus. Ein Drittel aller israelischen Kinder lebt unter der Armutsgrenze. Dies ist aber auch eine Folge einer massiven Fehlleitung der wirtschaftlichen Ressourcen. Die Besatzung, die Besiedlung, der Bau von Strassen für die Siedler und der sogenannten Trennmauer, um nur einige Beispiele aufzuführen, verschlingen gewaltige Mittel, die deshalb für Sozialdienste, Erziehung, das Gesundheitssystem oder dringend notwendige Infrastrukturaufgaben fehlen. Allein die Trennmauer hat bisher den enormen Betrag von 3,5 Milliarden Dollar verschlungen. In einer solchen Atmosphäre verkümmert auch das Verständnis für die Notwendigkeit des Schutzes der Umwelt, die deshalb einer raschen Dezimierung ausgesetzt ist.

Besatzung und Besiedlung des Westjordanlandes haben einen Prozess der Fragmentierung der Gesellschaft in Gruppierungen ausgelöst, die sich feindselig und dialogunfähig gegenüberstehen und durch kein Band gemeinsamer Werte zusammengehalten werden. Das Thema einer Rückgabe der besetzten Gebiete als Mittel der Konfliktlösung ist emotional, nationalistisch und religiös derart aufgeladen, dass bürgerkriegsähnliche Zustände drohen, wie sie sich bereits mehrfach abzuzeichnen begonnen haben. Auch die Ermordung des den Frieden suchenden Ministerpräsidenten Rabin war eine Folge der inneren sozialen Verfeindung. Diese geht mit der zunehmenden Neigung einher, die eigene Ideologie mit Gewalt durchzusetzen.

Die Politiker betonen zwar ihre Verantwortung für die Sicherheit der Bevölkerung, mit der sie jedoch Massnahmen rationalisieren, welche hintergründig andere Ziele verfolgen und voraussehbar den gegenteiligen Effekt bewirken. Das Joch der Besatzung schafft in nächster Nähe ein explosives Glutbecken von Wut und Hass, dessen Ausbrüche von keiner Mauer und keinem Checkpoint aufzuhalten sind. Zudem werden Motivation und Schlagkraft der Armee geschwächt, wenn sie als kolonialistische Polizeitruppe gegen eine Zivilbevölkerung eingesetzt wird. Dies ist im zweiten Libanonkrieg im Sommer 2006 derart deutlich geworden, dass das kriegsverhindernde Abschreckungspotential des israelischen Militärs in Mitleidenschaft gezogen worden ist. Vor allem aber wird Israel heute als Besatzungsmacht angesehen, was seine moralische Geltung in der Weltöffentlichkeit schwer kompromittiert. Das noch vor 40 Jahren hohe Ansehen des Landes in der westlichen Welt ist förmlich zusammengebrochen. Die Lesart Israels, wonach es selbst Opfer der arabischen Aggression sei und sich nur verteidige, wird mit jedem unschuldig getöteten Palästinenser unglaubwürdiger. Das Image eines Landes ist aber von grosser Bedeutung für seine Sicherheit, weil die Hemmschwelle für einen Angriff auf seine Integrität viel höher ist, wenn es mit der Unterstützung der zivilisierten Staaten rechnen kann.

Die Machthaber verletzen ihre Verantwortung gegenüber dem eigenen Volk aber vor allem auch mit der Verdrängung der Schicksalsfragen, wie Israel einen ewigen Krieg mit den Arabern überleben kann und ob die militärische Überlegenheit und die lebenswichtige Unterstützung der Weltmacht USA für alle Zeiten gegeben sind. Die Vergänglichkeit einer jeden physischen Machtkonstellation durchzieht ja die Geschichte der Menschheit wie ein eisernes Gesetz. »Warum lernen wir nicht aus der Geschichte?« schreibt die Autorin in ihr Tagebuch.

Im Lichte dieser Überlegungen handelte die Regierung des damaligen Ministerpräsidenten Scharon verantwortungslos, die Friedensinitiative der Arabischen Liga im Jahre 2002 völlig zu ignorieren. Noch steht dieser Plan im Raume, doch ist seine Bedeutung nur wahrnehmbar mit der

Erkenntnis, dass die Sicherheit der Einwohner Israels einzig durch einen umfassenden Frieden gewährleistet werden kann. Eine militärische Lösung ist undenkbar.

Die Verantwortung gegenüber den Arabern Israels

Die Regierung trägt auch eine unabdingbare Verantwortung gegenüber den Arabern des Landes. Obwohl sie mit etwa zwanzig Prozent der Bevölkerung eine bedeutende Minderheit ausmachen, leiden sie unter einer wirtschaftlichen und sozialen Diskriminierung, die seit dem Ausbruch des Widerstandes gegen die Besatzung, der sogenannten *Intifada,* deutlich zugenommen hat. Sie werden als Verwandte der aufmüpfigen Palästinenser jenseits der »Grünen Grenze« betrachtet, als potentielle »Fünfte Kolonne« und als demographische Gefahr für den Charakter des Landes. Auf diese Weise werden ihre wünschbare Identifikation mit dem Staat gehindert und rassistische und undemokratische Strukturen erzeugt. Bei einem guten Einvernehmen könnten sie auch Brücken zur arabischen Welt bauen und damit eine bessere Integration Israels in der Region fördern. Diese Möglichkeiten werden vergeben.

Die Verantwortung gegenüber den Flüchtlingen

Das schwierigste Hindernis zur Beilegung des Konfliktes ist die Frage des Rückkehrrechtes der Palästinenser, die im Krieg nach der Staatsgründung im Mai 1948 aus ihren Heimstätten im heutigen Israel geflüchtet sind. Ihre Zahl ist seither von etwa 750 000 auf vier Millionen angewachsen. Sie leben heute mit Unterstützung der Uno-Hilfsorganisationen in Lagern in Israels Nachbarländern. Nur eine kleine Minderheit von ihnen ist dort integriert. Israel weist jede Schuld für dieses Ereignis, das die Palästinenser *nakba* (Katastrophe) nennen, von sich mit der Behauptung, diese Menschen seien freiwillig gegangen in der Hoffnung, mit den siegreichen Armeen der Brüdervölker wieder zurückzukehren und sich dann schadlos zu halten. Die Überfälle der jüdischen Terrorgruppen *Lechi* und *Ezel*, vor allem aber die Zerstörung von 400 arabischen Dörfern zur Verhinderung ihrer Rückkehr, sprechen eine andere Sprache, doch geht es besonders auch hier nicht um Schuld, sondern um Verantwortung. Diese ist nicht verrückbar, weil der zionistische Anspruch auf einen Staat zu diesem tragischen Flüchtlingsschicksal geführt hat, aus welchen Gründen auch immer. Die Anerkennung von Verantwortung ist hier zusätzlich von grosser psychologischer Bedeutung, weil eine Rückkehr der Flüchtlinge und ihrer Nachkommen angesichts der entstandenen Realitäten – im Gegensatz beispielsweise zu einer Aufgabe der besetzten Gebiete – praktisch nicht mehr möglich ist. Im Rahmen einer eingestandenen Verantwortung kann Israel jedoch mit internationaler Hilfe tatkräftig an einer Integration der Flüchtlinge mitwirken, sei es in den Ländern ihres heutigen Aufenthaltes, in einem palästinensischen Staat oder in anderen Ländern, die zur Aufnahme einer bestimmten Anzahl von Menschen bereit sind. Israel sollte ausserdem nach bestimmten Kriterien in begrenztem Ausmass Flüchtlinge aufnehmen und integrieren, um die Glaubhaftigkeit seiner Neuorientierung zu unterstreichen und eine umfassende Friedenslösung zu fördern.

Einer der bedeutsamsten Aspekte der Arabischen Friedensinitiative, die Ende März 2007 in der saudischen

Hauptstadt Riad bestätigt wurde, ist die angedeutete Hilfe der Arabischen Staaten zur Lösung des Flüchtlingsproblems.

Die Verantwortung gegenüber der jüdischen Religion

Ein tragischer Aspekt des Konfliktes zwischen Israel und den Palästinensern ist der Missbrauch der jüdischen Religion zum Zwecke der Eroberung und Unterdrückung. Das religiöse Establishment und die Siedler, vor allem deren militante Gruppen, berufen sich auf das in der Bibel erwähnte göttliche Versprechen an die Juden, ihnen Judäa und Samaria in Besitz zu geben. Natürlich hat man einem so grosszügigen Gott zu danken und zu dienen. Die Siedler geben sich daher dogmatisch »religiös« und neigen einem messianischen Mystizismus zu. Die eingesessenen Araber sind allesamt Nachkommen der in der Bibel erwähnten Urfeinde, die sich gegen die Verheissungen des Judengottes auflehnen und daher verfolgt werden müssen. Die entsprechend hasserfüllte, rassistische Rhetorik israelischer Religionsführer gegen die Palästinenser besitzt in den westlichen Ländern keine Parallelen und würde dort strafrechtlich geahndet. Auch der Mord an Rabin wurde von orthodoxen Rabbinern abgesegnet.

Die machtlose, oft diskriminierte und verfolgte Minderheitsgruppe der Juden hat über Jahrtausende hinweg wegweisende humanistische Wertvorstellungen in ihre Religion einfliessen lassen wie die Universalität der Ethik, Frieden, Gerechtigkeit, Achtung des Fremden und Schwachen, und vor allem jene Ehrfurcht vor dem menschlichen Leben, die auch Sumaya Farhat-Naser hervorhebt mit ihrem Eintrag

»Leben zu erhalten ist ein Grundprinzip der Menschlichkeit«. In der Autonomie Israels wurden diese ethischen Grundsätze vom religiösen Establishment abgeworfen. Der »Hebräische Humanismus« (Martin Buber) lebt zwar weiter in den Friedensbewegungen, den Reformbemühungen aufgeschlossener Religionsführer oder im Mut einzelner konservativer Rabbiner, die sich für die Unteilbarkeit der Menschenrechte einsetzen oder gegen die brutalen Demolierungen arabischer Häuser auflehnen. Ihre Exponenten haben jedoch nicht die Macht und den Einfluss, um gegen die auch von säkularen Politikern unterstützten Strömungen anzukommen.

Israel definiert sich zwar als »jüdischen Staat«, zerstört aber gleichzeitig die universale und ethische Substanz der jüdischen Religion. Dieser Prozess begann bereits mit David Ben Gurion, dem ersten Ministerpräsidenten Israels, der aus politisch-opportunistischen Gründen die Vertreter der orthodoxen Richtung der Religion mit Steuergeldern, Privilegien, Zugeständnissen und Monopolen überhäufte. Er übertrug ihnen auch Aufgaben, die heute in jedem modernen Staat Sache des Staates sind. Er schlug die visionären Warnungen von Theodor Herzl in dessen Manifest *Der Judenstaat* aus dem Jahre 1896 in den Wind und unterlief die Ideologie der zionistischen Pioniere, die einen säkularen, aufgeschlossenen Staat anstrebten. So legte er als Atheist den Grundstein für eine kuriose Halbtheokratie und zum einzigen Land der westlichen Welt, in dem Juden keine Religionsfreiheit besitzen.

Israel verletzt seine Verantwortung gegenüber der jüdischen Religion durch die Nichttrennung von Religion und Staat. Die eindeutigen Lehren der Geschichte, dass theokratische Strukturen sowohl der Religion als auch dem staatlichen Sozialwesen schweren Schaden zufügen, werden in Israel ignoriert. Das Streben nach Erhaltung einer einmal eingenommenen Machtposition ist unvereinbar mit echter Religiosität. So muss die Orthodoxie ihre Privilegien mit dem Anspruch rechtfertigen, allein ihre Anschauungen und Lebensweisen entsprächen dem gottgewollten Judentum, obwohl dieses bekanntermassen nur durch eine ständige Anpassung an sich verändernde Umfeldbedingungen überleben konnte. Ihr Monopolanspruch auf die einzig wahre jüdische Identität ist eine Perversion. Sie führt dazu, dass die von einer kleinen Minderheit beachtete Richtung der Religion offizialisiert und von selbstbezogenen und streng dogmatisch orientierten Technokraten nur noch verwaltet wird. Diese erheben weltfremde Formalismen und Rituale über Menschlichkeit und Vernunft und würgen eine dringend wünschbare Revitalisierung der jüdischen Religion ab. Sie verwechseln sektiererischen Gehorsam mit gelebter Gläubigkeit, so dass ihre Anfälligkeit für Korruption und parasitäre Grundhaltungen nicht überrascht.

Die Fundamentalisierung der Religionselite erschwert massgeblich die Friedenssuche. Leidtragende sind jedoch nicht nur die Palästinenser, sondern auch viele Israelis, wie beispielsweise jene Frauen, die von den zuständigen rabbinischen Gerichten nicht geschieden werden, obwohl sie von ihren Ehemännern seit Jahren gequält werden. Nach »jüdischem Gesetz« kann eine Frau nur mit Einverständnis des Mannes geschieden werden. Eine andere betroffene Gruppe sind die Hunderttausende von Neueinwanderern, hauptsächlich aus den Ländern der ehemaligen Sowjetunion, die vom Oberrabbinat nicht als »Juden« anerkannt werden und deshalb nicht in Israel heiraten können, obwohl sie nach dem Einwanderungsgesetz »Juden« sind.

Oft übersehen wird auch die in die Zukunft gerichtete Schädigung der Friedensbereitschaft der israelischen Gesellschaft durch das autoritäre orthodoxe Establishment. Fast ein Drittel aller Kinder besucht heute religiöse Schulen, weil die besseren äusseren Bedingungen auch nichtreligiöse Eltern aus ärmeren Schichten dazu verleiten, ihre Kinder dort einzuschreiben. Obwohl diese Schulen vom Steuerzahler finanziert werden, ignorieren die Rabbiner die vorgeschriebenen Lehrpläne, halten die Schüler von profanen Fächern wie Sprachen, Naturwissenschaften, Kultur und Sport ab und stellen das Studium der Bibel und des monistischen Judentums in doktrinärer Auslegung in den Vordergrund. Die Überhöhung der eigenen Doktrinen und die kompromisslos autoritäre Erziehung infizieren die Kinder mit Intoleranz gegenüber Nichtjuden. Diese Knebelung der seelischen und geistigen Entwicklung verstösst zudem gegen die Uno-Konvention für die Rechte des Kindes aus dem Jahre 1990, die von Israel unterzeichnet worden ist.

Die Verantwortung gegenüber Juden im Ausland

Israels Anspruch auf den Charakter eines »jüdischen Staates« impliziert eine grosse Verantwortung gegenüber den nicht in Israel lebenden Juden. Diese spüren zunehmend den wachsenden Unmut weiter Bevölkerungskreise über die unerträgliche Situation im Nahen Osten. Unentschuldbare antisemitische Ausschreitungen werden durch die israelische Gewaltherrschaft über die Palästinenser ausgelöst, rationalisiert oder sind durch sie motiviert. Viele Juden nehmen für Israel Partei und übernehmen die Rechtfertigungen und Rationalisierungen der israelischen Regierungssprecher und Politiker. Dies hat nichts mit Stammessolidarität zu tun, wie häufig angenommen wird, sondern mehr mit der Neigung zur Identifikation mit Stärke und der diffusen Vorstellung, Israel werde sie vor Wellen eines neuen Antisemitismus schützen oder ihnen schlimmstenfalls eine sichere Zufluchtsstätte bieten. Mit einer solchen Haltung werden sie aber selbst mit Israel und dessen Politik identifiziert und wecken so antisemitische Gefühle.

Nicht wenige hingegen geraten durch Israels Taten und die täglichen quälenden Ereignisse in schwere Gewissenskonflikte und stellen sich auf die Seite des israelischen Friedenslagers.

So wird auch die jüdische Gemeinschaft ausserhalb Israels tief gespalten, wozu die aggressive Rhetorik der Befürworter der israelischen Politik nicht wenig beiträgt. Auf einer ihrer Websites findet man die Namen, teilweise mit Biographien und Bildern, von über 7000 Persönlichkeiten jüdischer Abstammung, die als »Juden mit Selbsthass« und ähnlichen Attributen abgewertet werden. Es wird ihnen unterstellt, sie würden absichtlich den Staat Israel gefährden.

Die Verantwortung gegenüber den Nationen

Wenig wahrgenommen wird in Israel auch die Verantwortung gegenüber der Familie zivilisierter Staaten. Wie vor zwei Jahrtausenden beeinflusst ein kleines Volk auf einem winzigen Stück Erde das Schicksal der Weltgemeinschaft mit einem Gewicht, das in einem geradezu surrealen Verhältnis zu seiner zahlenmässigen Grösse steht. Der ungelöste Konflikt zwischen Israel und den Palästinensern belastet das weltpolitische und auch weltwirtschaftliche Klima schwer. Der »islamistische« Terrorismus schöpft zwar seine Motivation nicht direkt aus dem Leid der Palästinenser, doch wird dieses oft zur Rechtfertigung mörderischer Taten vorgeschoben und Israel als Verkörperung der zu bekämpfenden westlichen Unkultur hingestellt. Auch wird Palästina von den Angehörigen des Islams als »Heiliges Land« angesehen, als Ort von Legenden und Begebenheiten aus der Zeit der Religionsgründung. Jerusalem (al-Kuds) wird zwar im Koran nicht namentlich, aber gemäss dessen Interpreten indirekt erwähnt. Die Fremdbestimmung eines arabischen Volkes belastet das Verhältnis zwischen der westlichen und der islamischen Welt und stellt einen permanenten Gefahrenherd dar.

Korrektur verfälschter Geschichtsbilder

Sumaya Farhat-Naser ruft in ihrem palästinensischen Tagebuch ihre israelischen Nachbarn eindringlich zur Verantwortung auf, wenn auch nicht mit direkten Worten. Ihre Botschaft kann aber nur gehört und in ihrer ganzen Tragweite verstanden werden, wenn die Geschichtsbilder von den Fälschungen und über ihren Symbolgehalt hinausgehobenen Mythen befreit werden. Es waren ja vor allem Psychologen jüdischer Herkunft, welche den Mechanismus der Verleugnung mittels Imaginationen entdeckt und beschrieben haben. Der Nahostkonflikt ist nur mehr lösbar auf der Grundlage von Vernunft, Realitätssinn und Hochhaltung der universalen Menschenrechte für alle als oberstes Prinzip. Es gibt keinen anderen Weg zur Befreiung von den hemmenden Fixierungen.

Zu den Lebenslügen gehört die ständig wiederholte Behauptung, die Juden seien nach der Zerschlagung ihres Aufstandes gegen die Römer und der Zerstörung des Zweiten Tempels in Jerusalem im Jahre 70 n. Chr. aus dem Lande vertrieben worden, weshalb die Gründung des Staates Israel nur die Realisierung des natürlichen Rechtes auf Rückkehr aus dem aufgezwungenen Exil sei. Auch nach der Zerschlagung der letzten Revolte im Jahre 135 n. Chr. fand keine Vertreibung statt. Hingegen ist in jedem Geschichtsbuch die Tatsache nachzulesen, dass schon zur Zeit von Jesus mehr Juden in der Diaspora lebten als in Palästina. In Alexandrien blühte eine Gemeinde der Juden, die 40 Prozent der Bevölkerung stellten. Doch auch in der heutigen Türkei, in Syrien und vielen anderen Gebieten, einschliesslich Italien und Gallien (Frankreich) lebten Juden.

Die Römer gestatteten einem angesehenen Rabbiner und Mitglied der Obersten Religionsbehörde, Jochanan ben Sakkai, nach der Zerstörung des Tempels die Gründung einer jüdischen Religionsakademie in Jawneh, südlich von Jaffa. Dieser grosse Gelehrte begrüsste die Trennung der Religion von staatlichen Aufgaben und vom degenerierten Tempelkult in Jerusalem. Es war der Beginn des rabbinischen Judentums, dessen physische Machtlosigkeit zur wichtigsten Quelle einer nach innen gerichteten Gelehrsamkeit und Lebensweisheit wurde. Die Römer zerstörten den Tempel, retteten aber die jüdische Religion. Die fanatischen Gruppen in Israel, welche den Tempel wieder am früheren Ort aufbauen möchten, wollen in ihrer Ignoranz und Machttrunkenheit diese Entwicklung rückgängig machen. Sie planen ein Replikat des vom bausüchtigen Römervasallen und nichtjüdischen Idumäer Herodes erstellten Prunkbaus.

Auch der Anspruch auf eine nationale Souveränität gründet sich auf Geschichtsverdrängung, denn nach dem Tode von König Salomon waren die Juden im damaligen Palästina nie unabhängig, vielleicht ausser in den etwa hundert Jahren vor der Übernahme der Macht durch die Römer im Jahre 63 v. Chr. Doch gerade diese Zeit der Herrschaft der militanten Hasmonäer gehört zu den wenig ruhmreichen Perioden der jüdischen Geschichte. Die Balfour-Deklaration aus dem Jahre 1917, die oft zur Berechtigung eines eigenen Staates angeführt wird, stellte entsprechend auch nur eine »Heimstätte« für die Juden in Aussicht mit der ausdrücklichen Auflage, dass dadurch die Rechte der einheimischen Bevölkerung nicht in Mitleidenschaft geraten.

Doch auch seit der Staatsgründung im Jahre 1948 werden Legenden gezüchtet und zu festen Bestandteilen von Geschichtsbildern erhoben. Im sogenannten Unabhängigkeitskrieg nach der Ausrufung des Staates war es nicht eine Handvoll jüdischer Kämpfer, welche die zahlenmässig weit überlegenen Armeen der Nachbarländer besiegten. Die während der britischen Mandatszeit gegründete Verteidigungsgruppe Hagana war den eindringenden Truppen zahlenmässig und bezüglich Ausrüstung, Motivation und Kampferfahrung weit überlegen. Wie schon in anderem Zusammenhang erwähnt, wird auch die nachgewiesene Tatsache bestritten, dass mindestens ein Teil der etwa 750 000 geflüchteten Palästinenser vertrieben worden ist.

Eine Täuschung ist auch die sogenannte Wiedervereinigung von Jerusalem nach dem Sechstagekrieg im Juni 1967, die Jahr für Jahr als »Jerusalem-Tag« feierlich begangen wird. Die Stacheldrahtzäune zwischen dem Westen und dem Osten der Stadt sind zwar weggeräumt, doch erheben sich an ihrer Stelle viel erbarmungslosere Barrieren. Sie trennen zwischen Herrschern und Beherrschten, voll berechtigten Staatsbürgern und Menschen, die in ihren angestammten Wohngebieten zu blossen Aufenthaltern degradiert worden sind, zwischen den Juden im entwickelten Westteil der Stadt und den Arabern in den übervölkerten und vernachlässigten Quartieren des Ostteils. Jerusalem ist gespaltener denn je, vereint lediglich durch die ungehindert fliessenden Ströme von tiefem Misstrauen und Hass. «Jerusalem ist so getrennt wie noch nie«, schreibt Sumaya Farhat-Naser in ihr Tagebuch. Jedes Jahr verlassen gegen 20 000 jüdische Einwohner das gefeierte »Vereinigte Jerusalem«, weil sie die bedrückende Atmosphäre der Trennung nicht mehr ertragen.

Die Fata Morgana eines jüdischen Staatscharakters

Das offizielle Israel definiert sich als Staat mit »jüdischem und demokratischem Charakter«. Aus dieser Selbsttäuschung erhebt sich eine Fata Morgana, die in eine gefährliche Richtung verführt. Ein »jüdischer Charakter« ist unbestimmbar und daher eine Fiktion. Jede Gruppe hat darüber eine andere, meist diffuse Vorstellung. Seine ständige Beschwörung ist ein verzweifelter Versuch, mit einem Leitwort die innere Zerrissenheit der Gesellschaft zu überdecken und die nie beantwortete Frage nach dem geeigneten Staatscharakter Israels aufzufangen. Lediglich die Ultra-Orthodoxie besitzt eine klare Vorstellung von einem »jüdischen Staat« als eine reine Theokratie mit der Thora und deren von Gott inspirierten Auslegungen, der »halacha«, als unverrückbares, oberstes Gesetz. Für sie ist aber »Demokratie« ein Teufelswerk, genauso wie für die ihnen seelenverwandten islamistischen Fundamentalisten.

Allgemein neigt man in Israel einem diffusen ethnisch-demographischen Staatsverständnis zu mit der Folge von Diskriminierung von Minderheiten und rassistischen Tendenzen, die leider unübersehbar sind und auch in untragbaren Gesetzesbestimmungen Eingang gefunden haben. So hat das israelische Parlament im Sommer 2007 mit grosser Mehrheit einem Gesetz zugestimmt, das es dem im Jahre 1901 in Basel gegründeten »Jewish National Fund« verbietet, Boden aus seinem reichen Besitz in Israel an Nichtjuden zu verkaufen. Israel hat auch keine Verfassung, obwohl David Ben Gurion bei der Staatsgründung eine solche versprochen hatte und sie ein Kennzeichen einer modernen Demokratie ist. Die Politiker wollen eben keine Konstitution, weil darin die Rechte aller Staatsbürger verbrieft sein müssten, auch die der nichtjüdischen.

Ein »jüdischer Charakter« in diesem Sinne impliziert die ungute Trennung zwischen »wir« und »die andern« und kann daher nur durch eine jüdische Mehrheit gesichert werden, welche dazu neigt, die nichtjüdischen Minderheiten als Bedrohung des »Staatscharakters« wahrzunehmen und deshalb zu dominieren. Solche Tendenzen sind in Israel in verschiedenen Variationen fast täglich zu beobachten. Im Mai 2007 erklärte der Chef des Internen Sicherheitsdienstes

Schin Bet, Juval Diskin, er betrachte jede Gegnerschaft gegen den »jüdischen und demokratischen Charakter« als eine Subversion, welche die fundamentalen Werte des Staates zu untergraben versucht. Er werde sie als solche verfolgen, auch wenn die Gegner mit legalen und demokratischen Mitteln vorgehen, und dabei auch zu ausserordentlichen Mitteln greifen wie Lauschangriffe auf die Privatsphäre. Die rechtsextreme Partei »Israel beitenu« (»Israel ist unser Heim«) hat ein Gesetz lanciert, wonach alle Knessetmitglieder, also auch die arabischen, in Zukunft auf den »jüdischen und demokratischen Charakter« des Staates Israel schwören müssen. Israel Katz, ein Knesset-Mitglied der rechten Likud-Partei, will ein Gesetz, wonach nur solche Bürger an den Parlamentswahlen teilnehmen dürfen, die ihre Loyalität gegenüber einem »jüdischen und demokratischen« Staat erklären. Alle anderen sollen für ein palästinensisches Parlament abstimmen. Nicht erstmals in der Geschichte der Neuzeit sollen mit demokratiefeindlichen Mitteln scheindemokratische Strukturen geschaffen werden.

Das aufgesetzte ethno-zentrierte Selbstverständnis unterläuft so den behaupteten »demokratischen Charakter«, dessen wirkliches Wesen in Israel ohnehin wenig verstanden wird. Dies mag damit zusammenhängen, dass die Einwanderer aus den arabischen Ländern und den Staaten der ehemaligen Sowjetunion, welche heute die deutliche Mehrheit der Bevölkerung stellen, keine demokratischen Traditionen besitzen und in Israel auch keine geeigneten Vorbilder dazu finden. Der Wunsch nach einem »starken« Führer, auch in religiösen Kreisen, ist unter ihnen weit verbreitet. Im Raume stehen zudem die Fragen, ob sich ein Staat »jüdisch«

nennen darf, in dem über 30 Prozent der Einwohner keine Juden sind, und »demokratisch«, wenn Millionen von Palästinensern unter seiner Herrschaft keine politischen Rechte besitzen. Eine selektive Demokratie ist schliesslich ein Widerspruch in sich selbst.

Es gibt aber auch keine funktionierende »Demokratie für die Juden«, so dass man hoffen könnte, das Volk werde diese Zustände ändern. Die politischen Rechte auf Staatsebene beschränken sich im wesentlichen auf die Einlegung einer Parteiliste für die Wahlen in das israelische Parlament, die Knesset. Das Volk hat keinen Einfluss auf die Namen und deren Reihenfolge auf den Listen. Diese werden von den Parteigremien in einem Kräfte- und Ränkespiel ausgehandelt. Die Abgeordneten sind daher nicht dem Volk und seinen Wünschen verpflichtet, sondern den Parteitechnokraten. In der Knesset sitzen daher viele Abgeordnete, die nur ihre persönlichen Interessen verfolgen, während geeignete Persönlichkeiten einen solchen Politdschungel meiden. Dies führt zu undemokratischen Strukturen. So hat beispielsweise die grosse Mehrheit des Volkes keine Möglichkeit, die von ihr gewünschte Trennung von Staat und Religion durchzusetzen, während die Knesset-Mitglieder mit einer einfachen Mehrheit aus reinen Opportunitätsgründen auch die sogenannten Grundgesetze biegen oder Gesetze einbringen können, die nur ihrer Gruppe dienen. Weiten Bevölkerungsschichten fehlt daher jenes Vertrauen in das Parlament, wie es für eine funktionierende Demokratie unerlässlich ist.

Träger von »Israels Verantwortung« ist das israelische Regierungskabinett in Verbindung mit dem politischen System, das seine Entscheidungsautorität sichert. Dieses Machtzentrum agiert öfters in grosser Distanz zur Bevölkerung. Wie gross diese Kluft sein kann, hat eine Umfrage im Frühjahr 2007 gezeigt: Nur gerade zwei Prozent der Befragten hatten Vertrauen in Ministerpräsident Olmert und seine Politik, ohne dass sie ihre Enttäuschung und Frustration in Veränderungen umsetzen konnten. Kritik an Israel, oft tabuisiert und verfemt als versteckter Antisemitismus, ist vielmehr Fürsprache für ein anderes Israel, das endlich seine Verantwortung anerkennt.

Die Desintegration der israelischen Gesellschaft in verfeindete Gruppen ohne gemeinsame Werte entzieht einem grossen Teil der Bevölkerung die Motivation zur aktiven politischen Mitwirkung. So konnte sich jene schweigende Mehrheit herausbilden, wie sie von Historikern und Soziologen auch für andere Länder und Zeitphasen analysiert worden ist. Resigniert wird das Feld politischen Aktivisten überlassen und Minderheiten, welche vermöge ihrer Aggressivität die Richtung bestimmen. Die mutigen und sich aufopfernden Friedensaktivisten repräsentieren zwar das Gewissen Israels und erfüllen deshalb eine wichtige Funktion als Aufklärer und Hoffnungsträger, doch sind sie bisher politisch machtlos, was auch damit zusammenhängt, dass sie in einer Vielzahl von Organisationen und Gruppierungen zerstreut agieren, anstatt sich zusammenzuschliessen.

Was hat der Zionismus bisher erreicht? Israel ist eine Realität und besitzt ein noch weitgehend brachliegendes, grossartiges Potential, für dessen Entwicklung jedoch Frieden und eine bessere Integration des Landes in der Region unerlässlich erscheinen. Auch sind die Juden in diesem Land gefährdeter als in den meisten anderen Staaten. Herzls Traum von einer sicheren Heimstätte für Juden ist, entgegen den endlos wiederholten Beteuerungen israelischer Politiker, noch nicht in Erfüllung gegangen. Auch in vielen andern Belangen ist Israel noch weit entfernt vom Idealstaat seiner Vorstellungen, den er mit seinem berühmten Satz beschwor: »Wenn ihr wollt, ist es kein Märchen.« Man müsste ihn angesichts der gesellschaftlichen und politischen Krise ändern in: »Wenn ihr Verantwortung übernehmt, ist es kein Märchen.«

Ernest Goldberger, 1931 in Basel geboren und aufgewachsen. Studium in Genf und Basel. Doktorierte 1955 in Sozialwissenschaften bei Edgar Salin mit einer Dissertation über die Grundprobleme der Gesellschaft, Wirtschaft und Wirtschaftspolitik Israels. 1957 Gründung eines Beratungsunternehmens für die Exportwirtschaft. 1973 Gründung und Leitung des Verbandes »Kooperationsgemeinschaft Swissexport«. Organisation von schweiz. Industrie-Ausstellungen u.a. in Singapur, Hongkong u. Japan. Verfasser verschiedener Fachbücher. Mitwirkung an staatlichen und privaten Forschungsprojekten. 1991 Auswanderung nach Israel. 2004 erschien sein Buch *Die Seele Israels – Ein Volk zwischen Traum, Wirklichkeit und Hoffnung* im NZZ-Verlag.

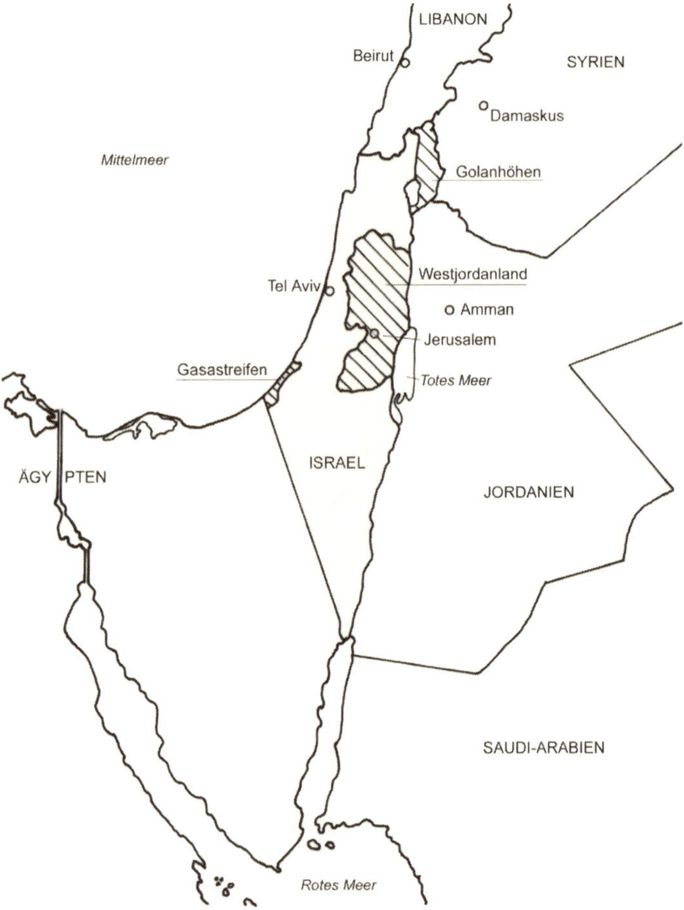

Der Nahe Osten seit 1982

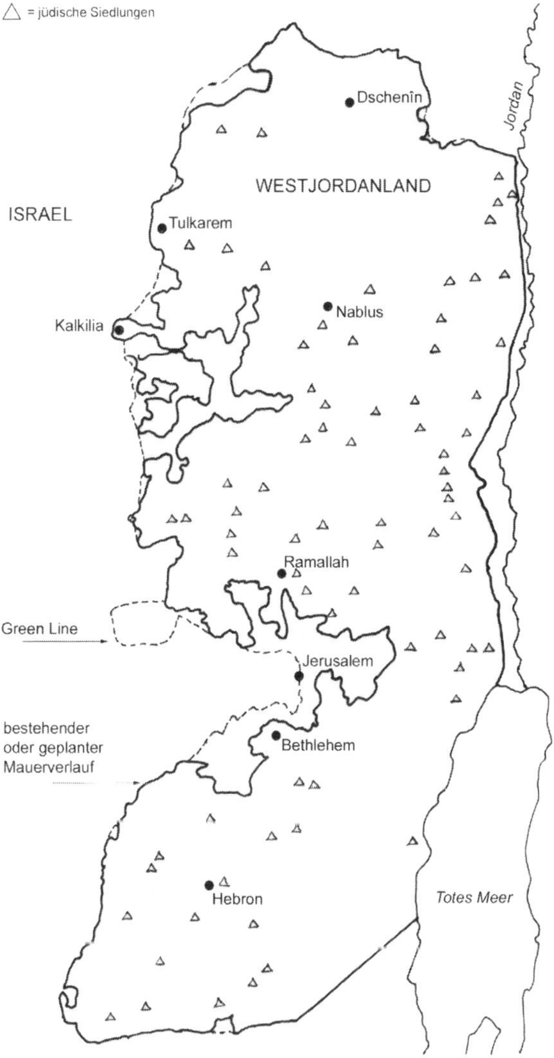

Das Westjordanland 2007

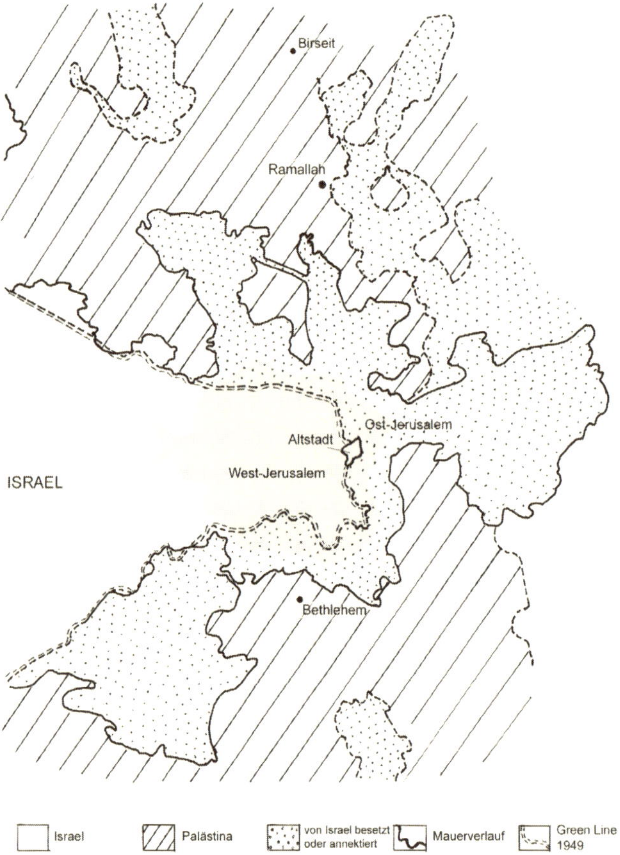

Grossraum Jerusalem 2007

Chronologie

1896
schlägt Theodor Herzl in seinem Buch *Der Judenstaat* die Schaffung eines jüdischen Staates vor.

1897
Auf dem ersten zionistischen Kongress in Basel wird die Schaffung einer »Heimstätte für das jüdische Volk in Palästina« zum Programm erhoben.

1917
In der Balfour-Erklärung wird am 2. November den Juden von den Briten eine »nationale Heimstätte« in Palästina zugesagt.

1947
Am 29. November beschließt die Uno-Vollversammlung, dass die 609 000 Juden Palästinas 55 Prozent des Bodens (darunter aber auch die Negev-Wüste) erhalten, wohingegen den 1,38 Millionen Arabern Palästinas 42 Prozent zugesprochen werden. Die arabischen Staaten, die Arabische Liga und das palästinensische »Hohe Arabische Komitee« lehnen die Teilung daraufhin ab.

1948
Staatsgründung Israels; erster arabisch-israelischer Krieg. »Nakba« der Palästinenser (Vertreibung und Besetzung).

1959
Jassir Arafat gründet zusammen mit drei anderen palästinensischen Studenten die Fatach.

1967
Sechstagekrieg: Israel besetzt das durch Jordanien verwaltete Westjordanland, die ägyptische Sinai-Halbinsel und den durch Ägypten verwalteten Gasastreifen. In den folgenden Jahren beginnt Israel damit, die Gebiete systematisch zu besiedeln.

1973
Jom-Kippur-Krieg: Ägypten und Syrien erzielen zunächst militärische Anfangserfolge, werden dann aber von Israel zurückgedrängt.

1978
Menachem Begin und Anwar Sadât unterzeichnen in Camp David ein Friedensabkommen, das von Jimmy Carter ausgehandelt wurde. Die palästinensische Seite verpflichtet sich zum Gewaltverzicht, während die israelische Seite ein Ende des Siedlungsbaus sowie den Rückzug aus den besetzten Gebieten zusagt.

1980
Per Gesetz annektiert Israel im Juli das im Sechstagekrieg eroberte Ost-Jerusalem und erklärt Jerusalem zur »ewigen« und »ungeteilten« Hauptstadt.

1982

Israel zieht sich von der Sinai-Halbinsel zurück.

1987

Erste Aktivitäten der Hamâs, Ausbruch der ersten Intifada, gewalttätige Unruhen in der israelischen Besatzungszone.

1993

Beginn des Oslo-Friedensprozesses: Verhandlungen zwischen Israel und der PLO. Die PLO erklärt Gewaltverzicht. Israel sichert die Errichtung eines autonomen palästinensischen Staates zu. Jitzhak Rabin, Schimon Peres und Jassir Arafat erhalten für diesen historischen Schritt den Friedensnobelpreis.

1995

Jitzhak Rabin wird am 4. November von einem israelischen Rechtsextremisten ermordet.

1996

Nach mehreren Selbstmordattentaten am Anfang des Jahres gewinnt der Kritiker des Oslo-Friedensprozesses Benjamin Netanjahu die Wahlen. Nach konsequenter Weigerung Israels, die Siedlungen ohne Vorleistungen zu räumen, kommt es zu gewalttätigen Aufständen der Palästinenser sowie Übergriffen auf die palästinensische Zivilbevölkerung.

2000

Die Verhandlungen zw. Ehud Barak und Jassir Arafat von Camp David II scheitern. Ausbruch der zweiten Intifada.

2001

Ariel Scharon wird zum Ministerpräsidenten gewählt. Der Konflikt intensiviert sich (Selbstmordattentate der Palästinenser, Tötung von führenden Mitgliedern der palästinensischen Widerstandsgruppen durch die Israelis).

2003

US-Präsident George W. Bush stellt die Roadmap zum Frieden vor, die beinhaltet, dass die palästinensische Seite auf Angriffe gegen Israel verzichtet und Israel Palästina als autonomen Staat anerkennt. Israelische Truppen marschieren immer wieder kurzfristig in den Gasastreifen und ins Westjordanland ein. Die israelische Regierung beginnt mit dem Bau einer etwa 720 km langen Sperranlage um das Westjordanland.

Israelische und palästinensische Persönlichkeiten unterzeichnen die »Genfer Initiative«, ein virtuelles Abkommen zur Lösung des Nahostkonflikts: ein palästinensischer Staat in beinahe den gesamten Gebieten des Westjordanlandes und des gesamten Gasastreifens mit Hauptstadt Jerusalem, Räumung der meisten jüdischen Siedlungen und Rückkehrrecht für eine beschränkte Anzahl palästinensischer Flüchtlinge.

2004

Jassir Arafat stirbt am 11. November in Paris.

2005

Im August beginnt die einen Monat dauernde Räumung aller 21 illegal errichteten jüdischen Siedlungen im Gasastreifen sowie vier weiterer im Westjordanland durch die israelische Armee.

2006

Die Widerstandsgruppe Hamâs gewinnt die Wahlen in Palästina. Das Nahostquartett (USA, Russland, EU, Uno) erklärt den diplomatischen und finanziellen Boykott der Palästinensischen Autonomiebehörde.

Am 25. Juni entführt die Hamâs einen israelischen Soldaten. Israel kontert sofort mit massiven Bombardements in Gasa und im Westjordanland. Als sich die libanesische Hisbollah solidarisiert und am 12. Juli auf israelischem Staatsgebiet zwei israelische Soldaten entführt und acht weitere tötet, greift Israel massiv den Libanon an, der zweite Libanonkrieg bricht aus.

Am 11. August beschliesst der UN-Sicherheitsrat eine Waffenstillstandsresolution.

2007

Am 9. Februar einigen sich Fatach und Hamâs unter saudischer Vermittlung in Mekka auf eine Regierung der nationalen Einheit.

Die bürgerkriegsähnlichen Kämpfe zwischen Hamâs- und Fatachkämpfern in Gasa dauern aber an. Mitte Juni übernimmt die Hamâs die Kontrolle über Gasa. Die Fatach bricht alle Beziehungen zur Hamâs ab, und Präsident Machmûd Abbâs löst die Regierung der nationalen Einheit auf, worauf Israel und das Nahostquartett ihre Zahlungen an die palästinensische Behörde wieder aufnehmen.

Herausgeber und Herausgeberinnen

Chudi Bürgi, geboren 1956, Studium der Germanistik und Volksliteratur in Zürich und Berlin. Langjährige Beschäftigung mit Literatur aus verschiedenen Kulturen, als Journalistin und (Mit-)Herausgeberin, u. a. von Paula Charles: »Go, Josephine, go« (1993); »Küsse und eilige Rosen. Die fremdsprachige Schweizer Literatur« (1998) und »Soukous, Kathak und Bachata. Musik und Tanz aus Afrika, Asien und Lateinamerika in der Schweiz« (2004). Seit 1994 Mitarbeiterin der Kulturvermittlungsstelle »Kultur und Entwicklung« in Bern.

Martin Heule, geboren 1948, Studium der Volkskunde in Zürich. Seit 1987 Journalist bei Schweizer Radio DRS. Reist regelmässig nach Israel und Palästina.

Regula Renschler, geboren 1935, Studium der Romanistik und modernen Geschichte in Zürich. Auslandredaktorin an verschiedenen Tageszeitungen. Von 1974–1985 Sekretärin der »Erklärung von Bern«, ab 1985 Redaktorin bei Schweizer Radio DRS als Fachfrau für andere Kulturen und Minderheiten. Ausgedehnte Reisen nach Afrika, Asien und Lateinamerika. Übersetzte u. a. *Weder arm noch ohnmächtig* von Axelle Kabou sowie *Blätter von unterwegs* von Nicolas Bouvier.